学术研究丛书

主　编：田　丰　李旭明
执行主编：叶金宝　杨向艳

史学探骊：
史学研究的现代转型与开新

商务印书馆
2011年·北京

图书在版编目(CIP)数据

史学探骊：史学研究的现代转型与开新/田丰，李旭明主编.—北京：商务印书馆，2011
（学术研究丛书）
ISBN 978-7-100-07531-2

I.①史… II.①田… ②李… III.①史学—中国—文集 IV.①K207-53

中国版本图书馆CIP数据核字(2010)第234203号

所有权利保留。

未经许可，不得以任何方式使用。

史学探骊：史学研究的现代转型与开新
主编：田 丰 李旭明
执行主编：叶金宝 杨向艳

商 务 印 书 馆 出 版
（北京王府井大街36号 邮政编码 100710）
商 务 印 书 馆 发 行
三河市尚艺印装有限公司印刷
ISBN 978-7-100-07531-2

2011年11月第1版 开本880×1230 1/32
2011年11月北京第1次印刷 印张12 5/8
定价：32.00元

丘逢甲离台内渡考　戚其章 241

屈大均与《广东新语》　来新夏 262

史学与史家
　　——《史学新论》之二　田昌五 267

论"曙石器问题"争论的学术背景与中国猿人及其文化的性质问题　梁钊韬 288

理学的历史意义　张岱年 311

释龟蛇　秦　牧 314

中山君誉考略　饶宗颐 321

桂林石刻《元祐党籍》　陈乐素 329

浅议司隶校尉初设之谜　朱绍侯 345

二十世纪初孙中山和资产阶级改良派的斗争　陈锡祺 355

论中国近代社会的畸形发展　李时岳 371

关于中国农学史的若干问题　李根蟠 383

目录

大珠小珠落玉盘（代序）
——《史学探骊》读后　李凭 001

张曲江集万历癸丑刊本之攘功斗争及集本文字与残余石刻之会勘　岑仲勉 006

《柳如是别传》缘起　陈寅恪 025

战国中山国史札记　顾颉刚　顾洪整理 037

宋代吉金书籍述评　容庚 046

中国思想史上的"天人合一"问题　刘节 114

从农民斗争到资本主义萌芽看中国封建社会的弹性　傅衣凌 135

中国历史上对石油天然气的认识利用及其与西方的关系　戴裔煊 141

关于1922年香港海员罢工的几个问题　金应熙 164

关于中外关系史研究的几点看法　朱杰勤 182

论明代里甲法和均徭法的关系　梁方仲 189

清代幕府制的变迁　郑天挺 223

清代区域社会经济史研究概况　韦庆远 229

大珠小珠落玉盘（代序）
——《史学探骊》读后

李 凭

我对《学术研究》杂志一向心仪，并不仅仅由于它是南国学术期刊界的一面旗帜，而是因为它长期恪守学术道德与科学准则，所以令我敬重。最近，《学术研究》编辑部遴选了一批以往刊载的重要文章，将它们汇编成丛书，我听说此事，深表赞成。因此，当编辑部嘱托我为该丛书之三《史学探骊》写序时，便欣然从命了。然而，看到杨向艳编辑送来的样稿后，我却为自己的不慎允诺而后悔不迭。因为，《史学探骊》中收录的文章都是在学术界享有盛誉的前辈宗师的成果，而我则年资低浅，实在自惭形秽，没有资格作序，只能谈点读后感想而已。

如今衡量学术期刊的等第，有所谓核心与非核心的分野，有所谓 A 类、B 类和 C 类的区别。其标准是格式化的，追求的目标是转载率和各项影响因子。但是，我倒以为，决定学术期刊高下的最重要因素，应该是支撑它的作者群体；衡量学术期刊优劣的最主要标准，应该是所刊载文章的质量。当然，按照现行的等第，《学术研究》无疑是归入核心期刊之中的 A 类者；而从作者群体和文章质量的角度考察，《学术研究》则属于更上乘者。因为，就辑录自《学术研究》的

《史学探骊》而言，其中的文章便篇篇精彩，它们大多是前辈宗师的代表性作品。

刊登这些前辈文章的期号，早自1958年《学术研究》初名《理论与实践》时的第2期，收载了秦牧先生的《释龟蛇》；晚至2000年的第10期，收载了戚其章先生的《丘逢甲离台内渡考》。这些文章所属的学科，主要是中国历史学，也兼收考古学。其研究对象，远从梁钊韬先生论"曙石器问题"之争起，近到金应熙先生解析1922年香港海员大罢工止。数量虽仅24篇，时代却涵盖了各主要的断代，上起先秦，中经汉唐宋明清，下至近现代。其门类则涉及诸重要的分科，包括政治史、经济史、思想史、文化史、中外关系史、史学理论以及地方文献等专门学科。无论是历史学还是考古学方面的文章，几无应景之作，大多为作者本专业的研究成果。它们表达了深邃的学术思想，体现了发表之际的高标准学术水平，反映了所属的专门学科在当时达到的成就。

《史学探骊》辑录了不少长文，按发表的期号顺序计，有《论"曙石器问题"争论的学术背景与中国猿人及其文化的性质问题》（梁钊韬）、《中国思想史上的"天人合一"问题》（刘节）、《关于1922年香港海员罢工的几个问题》（金应熙）、《二十世纪初孙中山和资产阶级改良派的斗争》（陈锡祺）、《张曲江集万历癸丑刊本之攘功斗争及集本文字与残余石刻之会勘》（岑仲勉）、《桂林石刻〈元祐党籍〉》（陈乐素）、《史学与史家——史学新论之二》（田昌五）、《丘逢甲离台内渡考》（戚其章）等，这些文章都在万字以上；又如《宋代吉金书籍述评》（容庚）、《论明代里甲法和均徭法的关系》（梁方仲）、《中国历史上对石油天然气的认识利用及其与西方的关系》（戴裔煊），因为篇幅很长，均分作两期刊载。这些长文大作都运用缜密的思维，经过细致的解析和透彻的论证，从而得出令人信服的结论，迄今仍旧是学术界引论的依据。《史学探骊》中更多的是数千字的中短篇论文，如《释龟蛇》（秦牧）、《〈柳如是别传〉缘起》（陈寅恪）、《中山君冕考略》（饶宗颐）、《清代幕府制的变迁》（郑天挺）、《战国中山国史札记》（顾颉刚）、《关于中外关系史研究的几点看法》（朱杰勤）、《从农民斗争到资本主义萌芽看中国封建社会的弹性》（傅衣凌）、《屈大均与〈广东新语〉》（来新夏）、《清代区域社会经济史研究概况》（韦庆远）、《论中国近代社会的畸形发展》（李时岳）、《浅议司隶校尉初设之谜》（朱绍侯）等，这些文章考据具体而论理深远，或者以小见大，启迪心智，指引人们深入探微；或者高屋建瓴，发现内在的联系，指示事件发展的规律。在《史学探骊》中，字数最少的文章是张岱年先生的《理学的历史意义》，虽然仅为一页，却将理学的精髓显现清晰，那就是，"理学家吸取了佛学和道家的一些思想资料，但其基本精神是回到孔孟，为孔孟的伦理学说提供了本体论的基础"。要而言之，《史学探骊》辑录的24篇论文，无论长短，都是值得诵读回味的华章。真如大珠小珠落玉盘，而承载这些珍珠的玉盘就是《学术研究》杂志。

前辈的生平与成就，已经为学术界众所咸知，不烦一一赘述，也不敢妄作具体点评，请读者自己品味《史学探骊》这本论文集。

不过，值得注意的是，前辈宗师全都出生于19世纪末叶至20世纪初期。岑仲勉先生为最早出生者，生年是1885年；19世纪90年代出生的是陈寅恪、顾颉刚、容庚、郑天挺四位先生；多数前辈是20世纪20年代之前出生的，依时间顺序排列为刘节、陈乐素、戴裔煊、梁方仲、张岱年、傅衣凌、陈锡祺、朱杰勤、梁钊韬、饶宗颐、金应熙、秦牧、来新夏、戚其章、田昌五和朱绍侯诸位先生；而韦庆远和李时岳两位先生出生年代最晚，生于1928年。到1958年之际，他们中的年长者已近耄耋，早就享誉中外；年轻者已入而立之年，时值风华正茂，也具有累累的学术硕果。而《学术研究》恰于此年创刊，真乃适逢其时而得天独厚。编辑部紧抓机遇，密切联系诸位前辈，在以后的数十年间陆续获得他们的有力支持。通过发表前辈宗师的佳作，《学术研究》将更多优秀的学者吸引和团结在周围，从而营造起浓重的学术氛围。这样，既为学术发展推波助澜，也为自身树立起高品位的学术形象和追求真理的社会影响。

又值得注意的是，分拣这批文章，不难发现它们发表的时间多数属于20世纪的60年代前期和80年代两个时段。其中，60年代前期的文章为6篇，占全部选文的四分之一；80年代的文章为12篇，占全部选文的二分之一。这一现象的出现并非偶然，因为在中国历史学的发展过程中，这两个时段均具有继往开来的意义。从19世纪末到20世纪50年代末，中国历史学经历了由传统史学经近代史学而向马克思主义史学发展的曲折历程。到20世纪60年代前期，马克思主义史学完全占据了史学研究的指导地位。此时的中国历史学界，接受并且运用历史唯物主义和辩证法，以崭新的思想看待历史事件和历史人物，以崭新的观念审视以往的历史研究，于是一批优秀的科研成果应时发表。20世纪60年代后期到70年代后期，中国的历史学界经历了空前的浩劫，笼罩于影射史学的阴影之下。20世纪80年代，中国进入改革开放的时代，科学的春天随之来临。经过锤炼的中国历史学界，不仅坚持马克思主义的指导，而且吸收和扬弃了诸多海内外学术流派的思想和成果，使得自身日益成熟发达，于是又有大批优秀的科研成果应时问世。《史学探骊》中的文章数量，恰好以60年代前期和80年代两个时段居多，这并非巧合，更非有意而为，而是对于时代特征的客观印证。阅读《史学探骊》，不仅可以重温前辈宗师的佳作，而且能够豹窥一斑地察觉中国历史学上两次重大转折的痕迹，这正是这本论文集的意义所在。

还值得注意的是，如今适逢提倡学术的大好时代，而《学术研究》恰好已过知天命之年。《学术研究》深刻地理解自己肩负的历史使命，它已经成熟而且稳健，所以并不满足于仅仅继承传统的优秀作风，而是更加追求发扬光大的精神。与此相应，新一代的学问大家也在陆续地脱颖而出。因此，更多的璀璨明珠正在纷纷落入《学术研究》的玉盘之中。

《史学探骊》即将付梓，我有幸先读，以为快事，故而写下上述感想。

庚寅立冬于华南雨静苑

张曲江集万历癸丑刊本之攘功斗争及集本文字与残余石刻之会勘

岑仲勉

汉族文化的扩展，循着自北而南的途径，广东的文化比黄河、长江两流域发展落后，其故即在于此。广东人充任唐朝宰相的，要推曲江张九龄先生为第一位，文集保存得较完全传留到今日的，也以《张曲江集》为最早。这一集本不单在广东文献为瑰宝，就保存原来面目而论，称为唐集之雄，[1]也毫无愧色。记得抗战开始前两个月，我曾写了一篇《张曲江年谱及曲江集之拾证》，邮寄广州，后由阳朔转昆明，被邮局遗失，本无存稿，大旨已完全忘记。过了几年《广东丛书》第一集用徐绍棨所藏温汝适批校本刊出，温氏对这本文集确曾用过功夫，徐则专业皮书，毫无表见，以致讹舛之处，刊剃未尽。返粤后，因就所知，写成《张曲江集十刻之表解》的短篇，[2]近年广东博物馆收进一本，据说仍是万历四十一年癸丑的补刻本。今年春间又根据授唐史时的补充资料，对《曲江集》附录诰命之许多错误，大体加以订正。[3]

---

[1] 参见拙著《依唐代官制说明张曲江集附录诰命的错误》，载《中山大学学报》（社会科学版）1958年第2期。
[2] 《广东文物》，第137—139页。
[3] 参见拙著《依唐代官制说明张曲江集附录诰命的错误》。

至于全集文字之校勘，因各刻本多已散佚，尚存者难以汇集，暂时无从着手。兹仅将较易为力的勘证，及万历癸丑刻本的攘功案，略述管见，以期完成《曲江集》整理的一份工作而已。

一、万历癸丑刻本的李延大攘功案

这就是所称"祠堂本"的祖本，万历四十一年刻于韶州，祠堂本李延大序有云："今幸公裔孙筠将兄节琼归原板，为补刻焉，是则贤后此补，岂曰全集，亦集所由全也。"又"所望贤哲之后，若节与筠二昆，当时名士必有绍公而兴起者"。又雍正十三年刻陈象谦曲江文集后序云："自文庄公抄之馆阁，刻于郡斋，借王文谿重葺后，公之裔爱竹再补刻焉。君讳筠，宿学明经，与乃兄孝廉节相同订梓，遗训珍藏。"（仲勉按："文谿"乃"金谿"之讹）合观两序，这回重刻无疑是由节、筠兄弟发起，所以我在《张曲江集十刻之表解》就书为"主刻者张节、张筠"。[1] 可是据温汝适《曲江集考证》下，他所购得万历原本，内李序与祠堂本录出者有许多不同，即如前引两节，李序实作"余甚悯之，于是觅公旧集友人家，为补刻焉。然则不佞此补，敢曰全集，抑亦集所由全也"。又"然高山之仰，人当不异我，安知后来之人不有慕公而兴起者"。两相比勘，便见其叙述迥异者计有三点：

（甲）祠堂本"李序"以此次补刻归功于张节、张筠兄弟，对之特予褒扬，李原序则完全不提及他们。

（乙）祠堂本"李序"称补刻据张节琼归原板，李原序则说得旧集

[1]《广东文物》，第137—139页。

于友家。

(丙)祠堂本"李序"称为张氏兄弟所补,李原序认为延大个人补之。温汝适氏《曲江集考证》下因作出如下的批评云:

"惟李司勋延大序,今韶本虽载而改易字句颇多,谬误不可读。余曩在京师购得原书,乃知司勋原文本不如此也;其引杨国忠雕盘镂冰事,虽误信《开天遗事》,考证尚疏,而文气明畅,笔致亦俊爽。乃为流俗妄改数十字,沈霾晦昧,几及百年,一旦见原刻顿释凝滞,亟存之以还庐山真面目。读者即古本以正今,则亦如规矩设而方圆不能遁矣。"

若深憾乎后人之擅改者,温氏复于集首所附祠堂本李序,点窜一过,吾人就文论文,自必寄温氏以同情,且不虞其中还有别的枝节。但细想一下,这个问题是值得研究的。

1. 韶州自万历癸丑重刻之后,经过顺治十四年周日灿(字天近)、曾旅庵(名未详,中州人)一次捐俸镂板,方到雍正十三年之重刊,李序之改窜是在顺治时抑雍正时呢?

2. 无论在任一期间改窜,主持改窜的人总有其动机,相信非无的之矢,其动机是什么?

3. 改窜文义,在翻刻中常会碰见,更改事实则不然,试对勘两序不同之处,最要是延大原序说他自己觅得旧刻,特为补刊,没谈到有别人帮助。改序却说,由于张节、张筠兄弟得琼归原板,从事补刊,并未说延大本人曾出过什么力量。这是事实上很大的矛盾?

顺治本尚存钱朝鼎、周日灿两序。据《广东通志》四三,钱,江南常熟人,前丁丑进士,顺治十年任广东学政。又《广东通志》四四,周,山东(东莱)人,贡生,十四年任南韶道。他们都是外省人,对万历当地翻刻经过，当然不十分熟悉，两序内也未发现可疑之点。故问题1之解答，我们相信与顺治本无关，其唯一可能即雍正时窜改。

从问题2、3两点来会推，改窜之目标，无疑在事实方面，亦即癸丑翻刻之人事历程，当年陈象谦之书后（引见前），正是桴鼓相应的。

再进一步来窥测，万历癸丑之翻刊，可确信系张节、张筠兄弟的力量，大约当日想请一位朝官替他们作序以郑重其事，故而拉出李延大来。不意延大老不客气，竟把全部工作攘为己力，因而有"余偶携公集，因内焉"。"觅公旧集友人家"和"不佞此补"之种种扯谎及矛盾，是即温氏所谓"司勋原文本不如此"者。

李既攘张氏之功，当然人心不服，但为什么还把它刻在卷首呢？这个疑问却不难解答。据《广东通志》二八九，李为乐昌人，字四余，万历二十年壬辰进士，及升吏部稽勋郎中（据序是万历卅五年丁未），未几即乞休。他是当地的大绅，凭借绅士的气焰，居然明目张胆无耻地夺人之功，张氏子孙即使不服，也只得隐忍求全，照本刊出，这是合乎事理的设想。

然而不服还是不服，虽然过去了一百二十多年（由万历四十一年即1613年至雍正十三年即1735年），张氏子孙知其乡人对当年李延大以土霸身份攘夺他人的成绩，义愤填膺，无时忘掉斗争和报复。适再逢翻刻机会，遂把李序攘功的语句，换入当年事实，窜改经过，大约如此。唯是序文既改，恐怕读者拿与癸丑本比勘时不明所以，而张氏子孙又不愿直接攻击李延大，于是请出中间人陈象谦写一篇后序，单说明万历癸丑由谁主持翻刻，明眼人看到，便了然于延大之怎样霸占了。陈象谦可信是好打不平的人，序文的改窜也可能经过他的参酌。

此外改动较要的地方，如"自非丘公得之馆阁，杨公新之韶阳……我韶一代文献无而获有旧而获新者，前后两太史功也"，改为"自非邱公得之馆阁，王公新之韶阳……我韶一代文献无而获有旧而获新者，前后皆赖名贤也"。丘为丘濬，杨为杨起元，"丘"字雍正时已讳作"邱"，故改。万历十二年韶州刻本非由杨起元主持，余已于《张曲江集十刻之表解》历历指出，[1] 改"杨"为"王"，似乎更合于事实。又序末之"同里后学四余李延大序"改为"同里后学四余李延大顿首拜书"，亦憎厌延大自高自大之一端。独改"奈何剖厥不三十年"为"未四十年"，则雍正诸人显然失考，从万历十二甲申数到万历四十一癸丑，实只为二十九年也。

可惜温氏太过大意，没有把原序、改序和陈象谦后序比读，谛审所以改窜的原因，遽然断定"乃为流俗妄改数十字，沈霾晦昧，几及百年"；事实上恰得其反。自有温氏的错判，而雍正时对李延大之斗争，乃湮没至今一百六十余年矣（温书刻于乾隆五十七年即1792年）。温上去雍正翻刻，未六十年，访诸耆旧，当仍有略知当日改本之缘起者，此乃温氏疏于联系查访之过失也。

为要了解李序的原文，我在草《张曲江集十刻之表解》时，曾取广东省立图书馆入藏万历癸丑刻本的李序，阅读一过，此本先经叶德辉藏，后归徐绍棨。阅过之后，使我有点茫然不解。据温氏说，考证转录的李序系据在京购得的癸丑原本，但拿与省立本子一比，则字句间异同很多，最著的是：

温录李序开首云："盖公仕司勋时，燕国公称为后来词人之冠，明

---

[1] 《广东文物》，第137页。

皇亦曰：九龄文章，朕日夜师之，不得其一二，真文场之元帅也。是其文名固奕焉当年矣。"祠堂本同。省立本则云："盖公仕司勋时，燕国公称为后来词人之冠，文名固奕焉当年矣。"缺少二十七字。

又如温录李序的中段云："曲江固相乡哉！余生相乡，不能为相乡重，然高山之仰，人当不异我，安知后来之人不有慕公而兴起者，而慕公者文章云乎哉？公盖以节义为文章也。当时杨国忠权倾天下，孰不争趋，而公迺比之向火乞儿，至雕盘镂冰，拒不敢献，此其人真可寒奸雄之胆，而壮义士之颜也，文章云乎哉？邵康节闻杜鹃鸣天津而知南人作相……"祠堂本除在"不能为相乡重"句之后，改叙节、筠之事（引见前），自"不有慕公"以下，几完全相同，只"不有慕"作"必有绍"，"而慕公"作"而绍公"，"杨国忠"讹"如曰忠"，"趋"作"趍"，"迺"作"乃"，小小相异。省立本则云："曲江固相乡哉！故曰江以南第一流人物也。余生相乡，不能为相乡重，然高山之仰，人当不异我，安知后之人不有继公而起者，而非徒秉枢当轴之为荣耳。文章节义，则文献我师也。宋邵康节闻杜鹃鸣天津而知南人作相……"除"后来"无"来"字，"慕公"作"继公"，"兴起"无"兴"字，又"邵"上多"宋"字外，"相乡哉"下多了十一字，"而兴起者"下增减相消，仍少了四十九字。简单地说，温氏所购癸丑本，与省立本差异很大，却与祠堂本相近，煞是可怪！

更如延大之结衔，省立本及祠堂本均著为"忝知政事"，而温录李序却没有。此外字句小小差异者数尚不少，不复缕指。

三本互比之后，就发生如下的疑问，温氏在京购得的原书，既与省立本同为万历癸丑翻刊，为什么李延大序有这样大大的差异？是不是那时李序初次镂板之后，觉其不合，又再改板？但改板如果相去无几时，自应一律抽换，为什么容许两种不同序文之流行？而且寻其差异，都属于不甚紧要之文字修改，与事实无关，何以弄到大加删削？尤其可怪的，温氏所见李序，除涉事实者外，字句却偏近于祠堂本经过修改之序，这是什么原因？种种疑云，初时使我无从置答，即是说，温氏的李序和省立本的李序，其中必有真伪之分。省立本明是旧刻，似无可疑，温氏所购原书，今虽不可得见，犹不能不令人联想到伪在温氏所见的"原书"了。

昔北京书贾往往制造伪本以牟利，这是人人皆知的。据我推测，温氏为研究故，急于购求癸丑旧刻，利之所在，人争趋之，奸商要做这宗厚利买卖，一时却找不到相当完本，但他们久于此道，对李序之后先异同，总有其一知半解，比平常人"高明"一些。因此之故，他们遂把雍正刻本的李序伪为万历刻本的李序，然而剪补过多，容易露出马脚，故而只择重要关键，像"王公新之韶阳"，"前后皆赖名贤也"，"今幸公裔孙筠将兄节琼归原板重为补刻焉，是则贤后此补"，及"所望贤哲之后若节与筠二昆"等处，照李氏原序改换，以掩伪迹。温汝适所见之李序，偏与雍正祠堂本相近，就是这个道理。由此观之，误信《开天遗事》，其过又不在李延大而在雍正时诸人。温氏不察，上了他们的大当，反而转售其欺于后人，奇矣！温氏考证初刻于乾隆壬子，再刻于嘉庆丁丑，前后相去二十六年，这个期间，相信他没有见过完本的癸丑原刻，不然，断不会留下这一点严重错误。

由此来看，负驰缪之重责的，应落在徐绍棨身上。徐氏既拥有叶藏旧刻，对于板本源流尤关之李序，竟不取与温氏涂改或录出之文，互校一回，便草率地付刊于广东丛书，本文前面说他"专业皮书"并不批评过当。若徐作温氏校本《张曲江集·序》称，"七刻于雍正十二年韶郡裔孙振文,有广东布政使武遂序",以"武遂"为人姓名,[1] 犹是较小的错误了。

总括地说,现在所见曲江集李延大序,计有不同的三种:其一即万历癸丑原刻的序文,确是李延大自作,但隐瞒了当日真相。其二即祠堂本的序文,系雍正时翻刊诸人替他改写的,虽不是延大自作,却反映了万历时的事实。这两种都应该保存在集首以表现斗争的经过。其三即广东丛书所刻温汝适改本及其《曲江集考证》下所录的序文,则无疑是书贾把一二两种拼凑而成,事实上并未尝有过这种刊布,可称为"伪序",以后翻印时不应再行录入。

二、集本文字与残余石刻之会勘

全集文字之校勘,一时不易进行,前面业已说及。曲江文字留存于近世石刻,完全或残破的,共有四篇,其中只三篇为《曲江集》所收,会勘尚易。我所对校的《曲江集》,是四部丛刊本(省称丛本),四部备要本(省称备本),及广东丛书的温汝适校本(省称温校;温校本跟备本原来同是祠堂本,但备本因排印时或有错误,故别为两种)。校对之法,系以石刻文为底本,如现行各集本有不同的地方,都在各句下校出。至石刻里面已经磨灭之字,则用空格表示,不把各集本所有之字来填入。简单地说,就是只把石刻所见的残文,来校对各集本相当的文字。

---

[1] 《广东文物》,第 138 页。

(一) 唐故襄州刺史靳公遗爱颂并序

这块碑刻，首先由南宋王厚之《复斋碑录》著录，它说：

唐刺史靳恒遗爱颂并阴，唐张九龄撰，高慈正书，开元十一年立。碑阴述群官陪靳使君登岘山纪文（据陈思《宝刻丛编》三，襄州下转引）。

以后没有人提及，直至清代而复出，《湖北通志》称：

《池北偶谈》记岘山一石幢卧地上，其文可辨者十字，曰石于山巅，播清芬而不已，末云开国男张九龄撰。乾隆乙卯移植羊公祠中，拓而视之，即遗爱颂也。此幢凡八面，前四面六行，行四十字，而此文裁七百四十一字。（据陆增祥《八琼室金石补正》五二转引）

《池北偶谈》的作者王士禛，死于康熙五十年（1711年），至乾隆六十年乙卯（1795年），石才移到羊公祠去，由何人主持迁移，可不晓得。

《八琼室金石补正》（以下省称补正）又说这块石碑，高五尺四寸，八面，面广九寸，六行，行四十字，字径寸许，正书，在湖北襄阳羊公（祜）祠前。

这一篇颂的字数，据前引《湖北通志》为七百四十一字，南海吴荣光所著《筠清馆金石记》（该书未付刊，只据《补正》转引，省称吴校）则称，"凡七百二十字，可辨者仅四百三十二字"。今据《补正》

计算（除去标题及撰书人姓名不计），颂的全文应为七百四十字，可辨认的得四百七十九字，约十分之六强。我未见到拓本，下文所校，全系根据《补正》。

以上系石碑的情形。关于刻本方面，这篇文字曾被收入宋真宗时官修的《文苑英华》（省称英华），温汝适没见到石刻，只用《英华》来校祠堂本，吴荣光则用《英华》校石刻。

《英华》标题这一篇为"故襄州刺史靳公遗爱碑铭并序"，丛本、备本无"碑"字，我相信"铭"字应依《复斋》改作"颂"。以下便是序文、颂文的校勘。

是以天子念□我共理　共，丛本、备本都作"之"，温未校，《补正》说："《英华》本共字上多之字。"

西□人也　丛本、备本均作"某人"也，温校引《英华》，"石本作河西"。

祖师　温校也改"祖师"，丛本、备本都作"祖帅"。按唐人书法，"帅"字也有上一划，只以中竖师字不出头，帅字出头存分别，故"师"、"帅"两字很容易混乱。

代不苟合　丛本、备本均作"世不苟合"，温校引《英华》，"世，石本作代"，太宗名世民，故张九龄用"代"字，集本是后人替他追改的。

即温而□□□□居□　温校引《英华》，"居"字也在这十个字中的第九位，丛本、备本作，"即温而厉，居敬而简"，脱去两字，且误把"居"字移前三位。

郎官□□　丛本、备本均作"郎官"。《补正》作"即官"，显系刊刻的错误，不是石刻的错误。

□御史中丞　温校引《英华》有"中"字，丛本、备本均脱漏。

唐代官制，御史大夫之下便是御史中丞，无单称"丞"的，它是职司纠察的宪官，外州长官常兼着这个衔头，清代各省巡抚之兼右副都御史，就是沿袭旧日的制度。

岂唯上德 吴校与《补正》相同，吴校称"《英华》唯作为"，丛本、备本均作"惟"。

先是兵连蛮徼 备本徼误"獙"，温未校正。

扰我公私 扰，丛本误"优"。

每十五六 吴校称《英华》十下多有字，丛本、备本跟《英华》相同。依古代的文法，"十五六"即十分之五六，如作"十有五六"则为十五或十六，意义完全不同。

□也推□ 《补正》说："《湖北通志》所引，误推行为惟行"，但陆氏自己录出的碑文，仍误"推"为"惟"，现在我替他改正。丛本、备本均作"惟"。

端本肇末 《全唐文》讹"末"为"未"。

物知所劝 吴校称："《英华》知作加"，作"加"是错的。

夫然人斯耻格 丛本、备本皆作"夫然后"，温校引《英华》，"石本无后字"。按唐人写文，常用"然"作"然后"解，后世不懂唐人的文法，所以加入"后"字。

□少争讼 丛本、备本皆作"诤讼"，温校改"诤"为"争"。

□佐闲□ 闲，《全唐文》作"闲"。

属城晏如 温校引《英华》，"和，石本作如"，"和"是错的。

三年而颂盈 丛本、备本皆作"颂兴"，温校改作"颂盈"。

开元十一年 丛本、备本皆作"十二年"。《复斋碑录》以为遗爱颂碑立于开元十一年，但十一年只是靳恒由襄州刺史迁陕州，他不定就死于这年。依我的见解,《池北偶谈》所记"开国男张九龄撰"七字,当是这篇颂文的撰人题名,因为开元八年至十一年时间,曲江先生方在长安任职(据《曲江集附录》及温汝适《曲江年谱》),群官陪靳恒登岘山的记事,似乎不应远邀曲江替他们撰文。这一个推论如果不错,那么,曲江先生到开元十二年正月十三日才被封为曲江县开国男,廿三年三月九日晋封为始兴县开国子(均见《曲江集附录》),撰文不得在开元十二年正月以前,亦即这一篇颂文断不是开元十一年所刻了。复次,群官陪靳恒登岘山的记事,照理应刻于恒在襄州任内时候,换句话说,就是"正碑"。遗爱颂刻于恒已离开襄州及死后,依时间顺序来说,当是"碑阴"。《复斋碑录》以前者为碑阴,后者为正碑,适得其反。

暨解□去郡 吴校称"《英华》暨作既","既"字是错的。暨的意义为"到",如说到了他要解官离去时候,百姓攀留,是很自然的话。但如果说他已经离郡("既"是"已经"),百姓哪能够攀留呢?

攀车盈涂 涂,丛本、备本均作途。

或借留□缘 丛本、备本均作"或愿借留无缘",温校引《英华》,"石本无愿"。《全唐文》作"或愿借无缘"也不合。

或瞻望弗及 温校引《英华》,"弗"作"不"。

五里已终朝 丛本"已"误"而"。

而皆有言曰 吴校称,"《英华》无有字"。

哀可知矣 吴校称,"《英华》矣作已"。

惠爱之结深 吴校称,"《英华》无爱字"。

动必兼选 《补正》是如此转录,大有疑问。按前一句,丛本、备本皆作"郎官高选",温校改"高迁";但"选"是韵脚,应与下文"践""典""沔"为韵(《广韵》典入二十七铣,选、践、沔入二十八狝、铣、狝两韵同用），温校据《英华》改"高迁"，不顾及失韵一层，未免草率。这一句，吴校称"《英华》作选动必兼"，又与下句"能皆再践"不相对偶。我以为曲江原文应作"郎官高选，动必兼迁"，犹之说，任职凡有移动，皆是迁官的意思。也许书碑人大意，误将"选""迁"两字上下倒置，这点因我未见拓本，不能遽下断定。

激励素风 丛本、备本作"厉"，温校改"励"。

物固推诚 丛本、备本作"故"，温校改"固"。

感被□□ 备本误"彼"，温校改"被"。

勒石是图 吴校称，"《英华》勒作斲"。

还有一个字，错得比较严重而温氏漏校的，就是"父礼庭，奉天讨、监察御史"的"讨"字（丛本、备本及《全唐文》均同）。石刻这个字已漫灭，《补正》改作"尉"，可信绝对真确。奉天系京兆府属县，中宗文明元年始置。尉系官名，约相当于清代各县的巡检。

这个颂断断不是刻于开元十一年，前面已提出相当理由。曲江先生以开元十五年三月，由中书舍人出为洪州刺史（见《曲江集附录》），依唐代交通来说，应经过襄阳赴任（白居易自京官降为江州司马，即走这一条路，可参见《白氏长庆集》一五），也许颂文就是那一年的作品。又靳恒，《新唐书》、《旧唐书》都无传，其事迹可参见劳格《郎官考》三及拙著《元和姓纂四校记》八。关于书碑人的姓名，宋无名氏《宝刻类篇》三（粤雅丛书本）也作高慈，《湖北通志》引《类篇》作高恒慈，不知它据哪一个本子？《新唐书》七一下，宰相世系表有高慈，系天官郎中（武后时才有这个官称）光复的侄儿，时代恰可相当。隋、唐人因有改两字名为一字名的习惯，《补正》说颂文第二行尚存一恒字，因断旧作高慈之误，还未能算为定案。

（二）后汉徵君徐君碣铭并序

宋王象之《舆地碑记目》，隆兴府下始有"后汉徵君徐君碣铭，张九龄撰"的记载。《补正》五三说：

> 今仅存曲江张三字矣。《明一统志》，墓在南昌进贤门外望仙寺东。……《江西通志》云，开元十五年张九龄撰。今缺年月，原石久佚，残本仅存半截，旧藏仁和赵氏，后归武进孙氏，今未详所在。此本乃番禺潘伯临正亨据孙本钩摹者，从海琴借录之。

又说，"字径一寸五分，正书"。按这一篇文，除见丛本、备本的《曲江集》之外，宋姚铉《唐文粹》五三（丛刊本）及《全唐文》二九二均有收入。温氏完全没校。陆增祥又未取《曲江集》对勘，强将现存的残字连缀起来，所以不可通读。今计集中这篇文约四百七十九字，石刻（标题除外）存一百二十三字，实占四分之一少强，不知孙氏的孤本尚存天壤间否？

□□徵□**徐君碣铭并序**　唐曲江张《文粹》只题"后汉徐徵君碣"。

□**汉高士**　丛本"士"误"氏"。

动适玄妙　《全唐文》及《补正》均讳"玄"作"元"。

□**时溷浊不抗迹以庇物**　《明一统志》误溷浊为混俗（据《补正》引）。迹字唯《文粹》同，丛本、备本及《全唐文》均作"迹"。

又举有道　又，丛本、备本皆误"文"。

□**时之不可久也**　久，《文粹》及《全唐文》皆作"支"。

□□**所将**　将，《文粹》及《全唐文》皆作"加"。

□**此之类也**　《文粹》无"之"字。

□□**修于世**　修,《文粹》及丛本作"脩"。

　　□□**日季登笃行孝弟**　登,《文粹》误"察",《后汉书》八三也称徐稺的子字季登。又弟,各本均作"悌"。

　　□□**是**□　原文为"风流是仰",《补正》误缀于末句"以观其妙"的下面。

(三)大唐故光禄大夫行侍中兼吏部尚书弘文馆学士赠太师正平忠献公裴公碑铭并序

　　该碑首见欧阳修《集古录目》,曲江系奉诏撰述,由玄宗自书,以开元二十四年十一月立,碑在闻喜县,即裴光庭的本籍。到清末时,石已折断,王昶《金石萃编》八一始把其残文录出,残缺的地方,依《英华》补入,据说"不知其高几许,广五尺六寸五分,三十一行,字数无考,行书"。《金石补正》五六对王氏所缺漏的又略有校补。全文除见集本及《全唐文》之外,胡聘之《山右石刻丛编》六亦曾收入,但据哪一种本子来补石刻的残缺,胡氏却没有说明。

　　关于碑的题款,"裴公碑铭并序"六个字,现已漫灭,温校据《英华》改为"侍中兼吏部尚书裴光庭神道碑",是不对的,那不过是编纂文集时的省称。尤其是,碑志的题款,旧日并没有写上碑主人名(光庭)的体例。

　　其次,备本题为"大唐金紫光禄大夫行侍中",又与唐代官制不合。唐代官制,凡散官比职事官较高的才称为"行",光禄大夫是从二品文散官,侍中是正三品职事官,故用"行"字。假是金紫光禄大夫,则为正三品文散官,跟侍中同等,不能加上"行"字。何况碑文下头明明说"加光禄大夫"嘛。题御书的裴耀卿,其官衔也称"金紫光禄大夫侍中"，这是本地风光的反证。

又次，弘文，《补正》作"宏文"，是避清代的讳。唐高宗的太子"弘""贤"两字至开元时已不复讳避，所以同时又有集贤院。

又次，忠献，《旧唐书》八四同，《新唐书》一〇八改作"忠宪"。《补正》说，"碑作忠献者，盖避让皇帝之讳也，凡谥宪者碑多作献，似异而实同"。殊不知"献"字自古已为谥法之一种，薛收谥献，高士廉、刘仁轨及崔元㬢谥文献（见《唐会要》七九及八〇），均在玄宗以前。反之，玄宗时苏颋也谥文宪（《唐会要》八〇及《旧唐书》八八），尤其是本碑石刻的铭文尚存"纳于宪府"一句，当日何尝定要讳避"宪"字？《新唐书》这类改作，直是宋祁自作聪明，陆氏替他辩护，有点枉费功夫。《集古录》称，"按唐书列传云……特赐谥曰忠宪，今碑及题额为忠献"，欧阳修对他的同事，已露点弦外之音了。

夫道常口故　丛本、备本及《全唐文》"道"下均有"遵"字，胡氏也以为石刻有"遵"字，未见拓本，不能决定。

得精忘分鹿　忘，《全唐文》误"亡"。

古所则哲虽帝其难　温校改"所"为"谓"，"虽"为"维"。

天而既厌随德矣　"而"，丛本、备本及《全唐文》均作"之"，"随"作"隋"；按初唐人常有写隋为"随"的。

谥之曰忠　丛本及备本"忠"下均衍"宪"字，系后人涉光庭谥忠献而妄加的，仁基谥忠，见《裴積志》（《古志石华》一一）及《旧唐书》八四裴行俭传。

公即太尉公次子　丛本及备本均作"公即献公之第七子"。

越在初服　丛本、备本及《全唐文》均作"初岁"，温校据《英华》改"服"。

嘉太尉之元勋 嘉，丛本、备本均误"盖"，温校改"嘉"。

献琛赍者 琛，备本作"赈"，温校改"琛"。

详施税简稽之赋 施，丛本、备本作"征"，宋彭大夏《文苑英华辨证》一引《周礼·大司马》，施贡分职，以"施"字为是。

攻九伐之刑 攻，丛本、备本及《全唐文》均作"设"。

先是大化之行也 丛本、备本及《全唐文》均无"也"字。

遵夫易简旧章存而不□ 易简，丛本、备本及《全唐文》均作"简易"，又"存"均误"在"。

噂嗒不能□其量 噂嗒，丛本、备本作"蹲踏"。

群方改瞻 群，丛本、备本误"郡"。

守而勿失云尔哉 尔，丛本、备本讹"耳"。

廿年冬 丛本、备本及《全唐文》均作"二十年冬"。按古代常写"二十"为"廿"。

公尝□易至益之□ 温校改"益"为"乾"，是错的。

迺□□□□ 《全唐文》同，丛本、备本作"乃"，温校称"《英华》无乃字"。

廿有一年 丛本、备本及《全唐文》均作"二十有一年"，说见前。

春三月癸卯 《金石萃编》说，"《纪》书三月乙巳裴光庭薨，碑则云癸卯，小异耳"。考唐制，大臣死后，俟奏报到后，才举行辍朝典礼，实录即书其死于辍朝日之下；本纪根据实录，所以比实际迟了两天，这种情形，凡将碑志与史文比较时候，最要记取。

薨於京师 於，丛本、备本作"于"。

有诏追赠太师 丛本、备本及《全唐文》均无"追"字。

谥曰忠献使左庶子摄鸿胪卿李道邃 献，不应作"宪"，已见前文。

丛本、备本只作"使某官某",《全唐文》"胪"下多"寺"字,"李"下只注称"阙一字"。按道邃是鲁王灵夔之孙,见《新唐书》七〇下。

忠莫厚焉 焉,丛本、备本及《全唐文》均讹"矣"。

悟而不改 悟,三本均作"悟"。

作摇山往□ 摇,三本均作"瑶"。《补正》说,"摇山作摇,未可谓误,从扌从木,往往溷淆,即如检校等字,皆当从木,而碑皆作扌旁也"。按唐人书法常木、扌通用,故姓"杨"的也可写作"扬"。

微而章 章,丛本、备本及《全唐文》均作"彰"。

宜其存无幸人 幸,丛本、备本均讹"辜",温校改"幸"。

嗣子稹京兆府司录参军 稹的墓志,已引见前文,温校改"积"是错的。又"录"下,丛本、备本及《全唐文》均衍"事"字。

德成三祖琅琊象贤 成,丛本、备本及《全唐文》均作"盛",又琅作"瑯",但前文"琅琊王氏",石刻也作"琅",可见同一碑里面,书法也不一致。

怀文佩武 石刻于"佩"字侧边注"珮"字。

代天施化 施,丛本、备本及《全唐文》皆讹"流",温校改"施"。

(四)孟县令崔府君夫人源氏墓志铭

这一篇文,《曲江集》未收,《书林》一卷八期始将原文刊出,故无可校勘。志没有提及府君的名字,只知他有五个儿子,长均,并府仓曹。次志廉,曹州长史。次忱,同州司仓。次恽,安府兵曹。次志诚,兴宁陵令。志立于开元三年十月廿二日,所记的官职,当然是三年以前所充任。考《新唐书》七二下,宰相世系表郑州崔氏,哲,巴令子均,丹州刺史;次志廉,右庶子;次广。均、志廉两名都与志相同，行序也相同，若官历不同，应是开元三年以后的升转。哲既作县令，未必只巴县一任，志称孟县令，也许各举其一。哲为隋黄门传郎君肃（君肃大业时尚生存，见《隋书》八四）之孙，武后时宰相元综的从祖兄弟，源夫人享寿七十七，应生于贞观十三年，时代也正相当。所以，我认定崔府君就是崔哲。

关于源夫人的先世，志曾说"祖师，隋尚书左丞。父直心，司刑太常伯"。《书林》的跋引《隋书》六六源师传"有子昆玉"，以为"所谓直心当即昆玉"，那是错的。据《元和姓纂》四，"师生昆玉、直心、诚心。昆玉，比部郎中。……直心，尚书左丞、司刑太常伯，生乾珍、乾曜"。《新唐书》七五上，世系表同（只把太常伯讹为太常丞）。那么，昆玉跟直心是兄弟，并非同一人。《隋书》系唐初所修，当日尚生存而比较知名的人物，往往附录在他们父兄的传末（这是《隋书》的特例），但不是全数都举出。例如，《隋书》六五，薛世雄传附著四个儿子的名而没有薛万备（见《新唐书》九四）在内。"有子"与"一子"不同，前者可以包含后者的意义，并不定只有一个儿子。源夫人是乾曜的姊妹，曲江先生写此文，相信是由乾曜属托的。

志内曲江先生的结衔为"宣义郎左拾遗内供奉范阳张九龄撰"，宣义郎（《旧唐书》四二误"宣议"）是从七品下散队。

最末，《文苑英华辨证》校勘《曲江集》的文字，共有六条，温汝适《曲江集考证》下漏引一条，现在并补录下方以成完璧：

李仁瞻碑"元茂生赵郡太守府君讳风升"，《辨证》三说，"（《新唐书》）表作子云字风升"。

原载《学术研究》1982 年第 2 期

《柳如是别传》缘起

陈寅恪

咏红豆并序

昔岁旅居昆明,偶购得常熟白茆港钱氏故园中红豆一粒,因有笺释钱柳因缘诗之意,迄今二十年,始克属草。适发旧箧,此豆尚存,遂赋一诗咏之,并以略见笺释之旨趣及所论之范围云尔。

东山葱岭意悠悠,谁访甘陵第一流。
送客筵前花中酒,迎春湖上柳同舟。
纵回杨爱千金笑,终剩归庄万古愁。
灰劫昆明红豆在,相思廿载待今酬。

题牧斋初学集并序

余少时见牧斋初学集,深赏其"埋没英雄芳草地,耗磨岁序夕阳天。洞房清夜秋灯里,共简庄周说剑篇"之句。(牧斋初学集叁陆"谢象三五十寿序"云"君初为举子,余在长安,东事方殷,海内士大夫自负才略,好谭兵事者,往往集余邸中,相与清夜置酒，明灯促坐，扼腕奋臂，谈犁庭扫穴之举"等语，可以参证。同书玖拾天启元年浙江乡试程录中序文及策文第伍问，皆论东事及兵法。按之年月节候，又与诗意合。牧斋所谓"庄周说剑篇"者，当是指此录而言也。）今重读此诗，感赋一律。

　　早岁偷窥禁锢编，白头重读倍凄然。夕阳芳草要离家，东海南山下潠田。（牧斋有学集壹叁东涧诗集下"病榻消寒杂咏"四十六首之四十四"银牓南山烦远祝，长筵朋酒为君增"句下自注云："归玄恭送春联云，居东海之滨，如南山之寿。"寅恪案，阮吾山葵生茶余客话壹贰"钱谦益寿联"条记兹事，谓玄恭此联，"无耻丧心，必蒙叟自为"。则殊未详考钱归之交谊，疑其所不当疑者矣。又鄙意恒轩此联，固用诗经孟子成语，但实从庾子山哀江南赋"畏南山之雨，忽践秦庭。让东海之滨，遂餐周粟"脱胎而来。其所注意在"秦庭""周粟"，暗寓惋惜之深旨，与牧斋降清，以著书修史自解之情事最为切合。吾山拘执孟子诗经之典故，殊不悟其与史记列女传及哀江南赋有关也。）谁使英雄休入彀，（明南都倾覆，牧斋随例北迁，河东君独留金陵。未几牧斋南归。然则河东君之志可以推知也。）转悲遗逸得加年。（牧斋投笔集下后秋兴之十二云："苦恨孤臣一死迟。"）枯兰衰柳终无负，莫咏柴桑拟古篇。

　　上录二诗，所以见此书撰著之缘起也。
　　寅恪少时家居江宁头条巷。是时海内尚称逸安，而识者知其将变。寅恪虽年在童幼，然亦有所感触，因欲纵观所未见之书，以释幽忧之思。伯舅山阴俞觚斋先生明震同寓头条巷。两家衡宇相望，往来便近。俞先生藏书不富，而颇有精本。如四十年前有正书局石印戚蓼生钞八十回石头记，其原本即先生官翰林日，以三十金得之于京师海王邨书肆者也。一日寅恪偶在外家检读藏书，获睹钱遵王曾所注牧斋诗集，大好之，遂匆匆读诵一过，然实未能详绎也。是后钱氏遗著尽出，虽几悉读之，然游学四方，其研治范围与中国文学无甚关系，故虽曾读之，亦未深有所赏会也。丁丑岁芦沟桥变起，随校南迁昆明，大病几死。稍愈之后，披览报纸广告，见有鬻旧书者，驱车往观。鬻书主人出所藏书，实皆劣陋之本，无一可购者。当时主人接待殷勤，殊难酬其意，乃询之曰，此诸书外，尚有他物欲售否？主人踌躇良久，应曰，曩岁旅居常熟白茆港钱氏旧园，拾得园中红豆树所结子一粒，常以自随。今尚在囊中，愿以此豆奉赠。寅恪闻之大喜，遂付重值，借塞其望。自得此豆后，至今岁忽忽二十年，虽藏置箧笥，亦若存若亡，不复省视。然自此遂重读钱集，不仅借以温旧梦，寄遐思，亦欲自验所学之深浅也。盖牧斋博通文史，旁涉梵夹道藏，寅恪平生才识学问因远不逮昔贤，而研治领域，则有约略近似之处。岂意匪独牧翁之高文雅什，多不得其解，即河东君之清词丽句，亦有瞠目结舌，不知所云者。始知禀鲁钝之资，挟鄙陋之学，而欲尚论女侠名姝文宗国士于三百年之前（可参云间杜九高登春尺五楼诗集贰下"武静先生席上赠钱牧斋宗伯"诗云："帐内如花真侠客"及顾云美苓"河东君传"云："宗伯大喜，谓天下风流佳丽，独王修微杨宛叔与君鼎足而三。何可使许霞城茅止生专国士名姝之目。"）诚太不自量矣。虽然，披寻钱柳之篇什于残阙毁禁之余，往往窥见其孤怀遗恨，有可以令人感泣不能自已者焉。夫三户亡秦之志，九章哀郢之辞，即发自当日之士大夫，犹应珍惜引申，以表彰我民族独立之精神，自由之思想。何况出于婉娈倚门之少女，绸缪鼓瑟之小妇，而又为当时迂腐者所深诋，后世轻薄者所厚诬之人哉！牧斋事迹具载明清两朝国史及私家著述，固有阙误，然尚多可考。至于河东君本末，则不仅散在明清间人著述，以列入乾隆朝违碍书目中之故，多已亡佚不可得见，即诸家诗文笔记之有关河东君，而不在禁毁书籍之内者，亦大抵简略错误，抄袭雷同。纵使出于同时作者，亦多有意讳饰诋诬，更加以后代人无知之虚妄揣测。故世所传河东君之事迹，多非真实，殊有待发之覆。今撰此书，专考证河东君之本末，而取牧斋事迹之有关者附之，以免喧宾夺主之嫌。起自初访半野堂前之一段因缘，迄于殉家难后之附带事件。并详述河东君与陈卧子［子龙］程孟阳［嘉燧］谢象三［三宾］宋辕文［征舆］李存我［待问］等之关系。

　　此稿既以释证钱柳姻缘之诗为题目，故略述释证之范围及义例。自古诂释诗章，可别为二。一为考证本事，一为解释辞句。质言之，前者乃考今典，即当时之事实。后者乃释古典，即旧籍之出处。牧斋之诗，有钱遵王曾所注初学集、有学集。遵王与牧斋关系密切，虽抵触时禁，宜有所讳。又深恶河东君，自不著其与牧斋有关事迹。然综观两集之注，其有关本事者，亦颇不少。兹略举其最要者言之，如遵王初学集诗注壹陆丙舍诗集下"雪中杨伯祥馆丈廷麟过访山堂即事赠别"诗，"贾庄"注，详述崇祯十年十一年与建州讲款及卢象升殉难于贾庄之史实。同书壹柒移居诗集"茅止生挽词十首"，其第二首"武备新编"，第四首"西玄"，分别注出止生以谈兵游长安，挟武备志进御事及止生妾陶楚生事。（可参列朝诗集丁下"茅待诏元仪"及闰集"陶楚生"两小传。）同卷"姚叔祥过明发堂，共论近代词人，戏作绝句十六首"，其中"高杨""文沈""何李""钟谭"等人，皆注出其事迹。又"钟谭"注中云"[王]微[杨]宛为词客,讵肯与[钟谭]作后尘。公直以巾帼愧竟陵矣"等语,可见牧斋论诗之旨也。同卷永遇乐词"十六夜见月",注中详引薛国观事。注末数语,其意或在为吴昌时解脱。同书贰拾东山诗集叁"驾鹅行。闻潜山战胜而作"诗,"潜山战"注,述崇祯十五年壬午起马士英为凤督。九月己卯(明史贰肆庄烈帝本纪"己卯"作"辛卯"。是。)总兵刘良佐、黄得功败张献忠将一堵墙于潜山。十月丙午刘良佐再破张献忠于安庆等事。盖遵王生当明季,外则建州,内则张李,两事最所关心。涉及清室者,因有讳忌,不敢多所诠述。至张李本末,则不妨稍详言之也。又同卷"送涂德公秀才戍辰州,兼简石斋馆丈"一题,"戍辰州"注,言涂仲吉因论救黄道周,下诏狱,戍辰州事。注末云"道周辨对,而斥之为佞口,仲吉上言,而目之为党私。稽首王明,叹息何所道哉?此公之深意,又当遇之于文辞之外者也"。遵王所谓文辞外之深意,自当直接得诸牧斋之口。有学集诗注贰秋槐支集"闽中徐存永陈开仲乱后过访,各有诗见赠,次韵奉答"四首之四,"沁雪"注,及"夏日宴新乐小侯"诗题下"新乐"注,遵王皆引本事及时人之文以释之。同书肆绛云余烬集"哭稼轩留守相公诗","留守"注,述瞿式耜本末甚详。同卷"孟阳家孙念修自松圆过访,口占送别二首",第壹首"题诗"注,述牧斋访松圆故居,题诗屋壁事。第贰首"闻咏"下注云:"山庄旧有闻咏亭,取老杜诗罢闻吴咏之句。"检有学集壹捌"耦耕堂诗序"云:"天启初,孟阳归自泽潞,偕余栖拂水涧,泉活活循屋下,春水怒生,悬流喷激。孟阳乐之,为亭以踞涧右,颜之曰闻咏。"遵王注可与此序相参证也。同书伍敬他老人集上"简侯研德兼示记原"诗,附笺语,详述侯峒曾本末及嘉定屠城事。岂因李成栋后又叛清降明,故不必为之讳耶?同卷"路易(长?)公安卿置酒包山官舍,即席有作"二首之一"怀羽翼"注,述路振飞事迹。同书陆秋槐别集"左宁南画像歌。为柳敬亭作"注中载左良玉本末甚详,并及柳敬亭事。同卷"丙申春就医秦淮,寓丁家水阁"三十绝句,其第壹玖首"四乳"注,述倪让、倪岳父子本末。第贰壹首"紫淀"下载张文峙改名事。第贰捌首"史痴""徐霖"注,言及两人之逸闻。同卷"读新修滕王阁诗文集,重题十首"第柒首"石函"注云:"彭幼朔九日登高,寄怀虞山太史诗,石函君已镌名久,有约龙沙共放歌。幼朔注曰,近有人发许旌阳石函记。虞山太史官地具载。其当在樵阳八百之列无疑。故落句及之。"检同书壹壹红豆二集"遵王赋胎仙阁看红豆花诗。吟叹之余,走笔属和"诗后附钱曾原诗,有"八百樵阳有名记"句,当即用此事。同书捌长干塔光集"大观太清楼二王法帖歌"中,"鲁公孝经"注云"公云,乱后于燕京见鲁公所书孝经真迹,字画俨如麻姑仙坛记。御府之珍,流落人间,可胜惋惜",或可补绛云楼题跋之遗。同书壹肆东涧诗集下"病榻消寒杂咏四十六首"其第壹叁首"壬午日鹅笼公有龙舟御席之宠"诗,注云"鹅笼公谓阳羡也"。其第叁肆首"追忆庚辰冬半野堂文宴旧事"诗,"看场神鬼"注云:"公云,文宴时,有老妪见红袍乌帽三神坐绛云楼下。"(寅恪案,范锴华笑庼杂笔壹"黄梨洲先生批钱诗残本"条,载太冲批语云:"愚谓此殆火神邪?"可发一笑!又崇祯十三年庚辰冬河东君初访半野堂时,绛云楼尚未建造。遵王所传牧斋之语,初视之,疑指后来改建绛云楼之处而言。细绎之,则如遵王有意或无意牵混牧斋殇子寿耉之言,增入"绛云"二字,非牧斋原语所应有也。以增入此二字之故,梨洲遂有"火神"之说,可谓一误再误矣。详见第伍章论东山酬和集河东君"春日我闻室作呈牧翁"诗节。)诸如此类,皆是其例。但在全部注本之中，究不以注释当日本事为通则也。至遵王初学集诗注壹捌东山诗集壹"有美一百韵，晦日鸳湖舟中作"诗"疏影词"注，引河东君金明池"咏寒柳"词及何士龙疏影"咏梅上牧翁"词，并载陆敕先之语。则疑是陆氏所主张，实非出自遵王本意。其他有关年月地理人物，即使不涉及时禁，或河东君者，仍多不加注释。质此之故，寅恪释证钱柳之诗，于时地人三者考之较详，盖所以补遵王原注之缺也。但今上距钱柳作诗时已三百年，典籍多已禁毁亡佚，虽欲详究，恐终多讹脱。若又不及今日为之，则后来之难，或有更甚于今日者，此寅恪所以明知此类著作之不能完善，而不得不仍勉力为之也。至于解释古典故实，自以不能考知辞句之出处为难，何况其作者又博雅如钱柳者乎？今观遵王所注两集，牧斋所用僻奥故实，遵王或未著明，或虽加注释，复不免舛误，或不切当。据王应奎海虞诗苑肆所载钱文学曾小传略云：

曾字遵王，牧翁宗伯之族曾孙也。宗伯器之，授以诗法。君为宗伯诗注，廋词隐语悉发其覆，梵书道笈必溯其源，非亲炙而得其传者不能。

及同书伍所载陆文学贻典小传云：

贻典字敕先，号觌庵。自小笃志坟典，师[钱]东涧[谦益]，而友[冯]钝吟[班]，学问最有原本。钱曾笺注东涧诗，僻事奥句，君搜访伙助为多。

夫遵王敕先皆牧斋门人，而注中未能考知牧斋之僻事奥句，即有所解释，仍不免于错误或不切者，殆非"智过其师，乃堪传授"之人，此点可姑不置论。但两人与牧斋晚年往来密切，东涧诗中时地人之本事，自应略加注明，而遵王之注多未涉及者，则由于遵王之无识，敕先不任其咎也。又观有学集叁玖"复遵王书［论己所作诗］"云：

居恒妄想，愿得一明眼人，为我代下注脚。
发皇心曲，以俟百世。今不意近得之于足下。

然则牧斋所属望于遵王者甚厚。今观遵王之注，则殊有负牧斋矣。抑更有可论者，解释古典故实，自当引用最初出处，然最初出处，实不足以尽之，更须引其他非最初，而有关者以补足之，始能通解作者遣辞用意之妙。如李壁王荆公诗注贰柒"张侍郎示东府新居诗，因而和酬"二首之一"功谢萧规惭汉第，恩从隗始诧燕台"之句下引蔡絛西清诗话（参郭绍虞校辑宋诗话辑佚上。）云：

熙宁初，张掞以二府初成，作诗贺荆公。公和之，以示陆农师［佃］，农师曰，"萧规曹随"，"高帝论功"，皆撼故实，而"请从隗始"，初无"恩"字。荆公笑曰，子善问也。韩退之斗鸡联句，"感恩从隗始"。若无据，岂当对"功"字也。

寅恪案：王介甫此言可以见注释诗中古典，得其正确出处之难。然史记、汉书及昌黎集，皆属古籍，虽出处有先后，犹不难寻检得之。若钱柳因缘诗，则不仅有远近出处之古典故实，更有两人前后诗章之出处。若不能探河穷源，剥蕉至心，层次不紊，脉络贯注，则两人酬和诸作，其辞锋针对，思旨印证之微妙，绝难通解也。试举一例以明之，如东山酬和集壹河东君次韵答牧翁冬日泛舟诗中"莫为卢家怨银汉，年年河水向东流"之句，与最初出处之玉台新咏"歌词"二首之二"河中之水向东流，洛阳女儿名莫愁"，"卢家兰室桂为梁"，"头上金钗十二行"，"平头奴子擎履箱"，"恨不嫁与东家王"等句及第贰出处之李义山诗集上"代［卢家堂内］应"云：

　　本来银汉是红墙。隔得卢家白玉堂。
　　谁与王昌报消息，尽知三十六鸳鸯。

有关，固不待言。其实亦与东山酬和集壹牧翁"次韵答柳如是过访山堂赠诗"："但似王昌消息好，履箱擎了便相从"有关。尤更与牧翁未见河东君之前，即初学集壹陆丙舍诗集"［崇祯十三年春间］观美人手迹，戏题绝句七首"其三云：

　　兰室桂为梁。蚕书学采桑。
　　几番云母纸，都惹郁金香。（原注云：金壶记"蚕书，秋胡妻玩蚕而作"。河中之水歌"十四采桑南陌头"。）

及同书壹柒移居诗集永遇乐词"［崇祯十三年］八月十六夜有感"云：

　　银汉红墙，浮云隔断，玉箫吹裂。白玉堂前，鸳鸯六六，谁与王昌说。今宵二八，清辉香雾，还忆破瓜时节。（寅恪案：牧斋

"观美人手迹"七首之五云:"笺纸劈桃花。银钩整复斜。却怜波碟好,破体不成瓜。"原注云:"李群玉诗,'瓜字初分碧玉年'。)剧堪怜,明镜青天,独炻长门鬓发。

莫愁未老,嫦娥孤另,相向共嗟圆阙。长叹凭阑,低吟拥髻,暗与阴蛮切。单栖海燕,东流河水,十二金钗敲折。何日里,并肩携手,双双拜月。

有密切关系。今之读者,若不循次披寻,得其脉络,则钱柳因缘之诗,必不能真尽通解矣。(寅恪检初学集壹柒移居诗集有"杂忆诗十首次韵"当赋成于崇祯十三年庚辰五月间。不知为何人而作。岂为杨宛叔而作耶?抑或与河东君有关耶?姑识此疑,以俟详考。)职是之由,此书释证钱柳之诗,止限于详考本事。至于通常故实,则不加注解,即或遵王之注有所未备,如无大关系,则亦不补充,以免繁赘。但间有为解说便利之故,不得不于通常出处,稍事征引,亦必力求简略。总而言之,详其所应详,略其所当略,斯为寅恪释证钱柳因缘诗之范围及义例也。

复次,沈偶僧雄、江丹崖尚质编辑之古今词话,"词话"类下云:

沈雄曰,花信楼头风暗吹。红栏桥外雨如丝。一枝憔悴无人见,肯与人间绾别离。离别经春又隔年。摇青漾碧有谁怜。春来羞共东风语,背却桃花独自眠。此钱宗伯牧斋竹枝词也。(寅恪案:此二诗乃初学集壹壹桑林诗集"柳枝十首"之第壹第贰两首。作"竹枝词",误。牧斋此诗乃崇祯十年丁丑初夏被逮北行途中所作。)宗伯以大手笔,不趋佻俭,(寅恪案:"俭"疑当作"险"。)而饶蕴藉,以崇诗古文之格。其永遇乐三四阕,偶一游戏为之。

又袁扑村景辂所编松陵诗征肆沈雄小传略云：

  周勒山云，偶僧覃思著述，所辑诗余笺体，足为词学指南。其自著绮语，亦超迈不群。
  扑村云，偶僧从虞山钱牧斋游，诗词俱有宗法。

寅恪案：沈氏为牧斋弟子，故古今词话中屡引牧斋之说。袁氏谓偶僧所著诗词受牧斋影响。诗固牧斋所擅长，词则非所措意。偶僧于其书中已明言之。（并可参古今词话"词品"上"钱谦益曰，张南湖少从王西楼刻意填词"条。）若如扑村之说，沈氏之词亦与师门有关，则当非受之师父，而是从师母处传得衣钵耳。盖河东君所作诗余之传于今者，明胜于牧斋之永遇乐诸阕，即可为例证。不仅诗余，河东君之书法，复非牧斋所能及。倘取钱柳以方赵管，则牧斋殊有愧子昂矣。偶僧诗词仅见选本，未敢详论。但观王兰泉昶国朝词综壹肆所录偶僧词二首，则周袁二氏之语，颇为可信。寅恪别有所注意者，即兰泉所选偶僧词，浣溪沙"梨花"云：

  压帽花开香雪痕。一林轻素隔重门。抛残歌舞种愁根。
  遥夜微茫凝月影，浑身清浅剩梅魂。溶溶院落共黄昏。

又云：

  静掩梨花深院门。养成闲恨费重昏。今宵又整昨宵魂。
  理梦天涯凭角枕，卸头时候覆深樽。正添香处忆温存。

沈氏之词有何所指，自不能确言。然细绎语意，殊与河东君身世人品约略符合，令人不能无疑。东山酬和集壹牧翁所作"寒夕文宴，再叠前韵。是日我闻室落成，延河东君居之"诗（自注"涂月二日"）结语云：

　　今夕梅魂共谁语，任他疏影蘸寒流。（自注："河东君寒柳词云，约箇梅魂，与伊深怜低语。"）

若取偶僧之词与牧翁之诗综合观之，其间关锁贯通之处，大可玩味，恐非偶然也。至关于河东君诗余之问题，俟后论之。兹附言及此，不敢辞附会穿凿之讥者，欲为钱柳因缘添一公案，兼以博通人之一笑也。

原载《学术研究》1978 年第 1 期

战国中山国史札记

顾颉刚　顾洪整理

前记：自从1974年，在河北省平山县发现了战国中山王铜器及其长篇铭文以来，人们对于中山国的历史获得了新的认识。

顾颉刚先生的笔记中，曾经搜集过一些有关中山国的资料，并与当前的讨论有一定联系。为此特把它摘录出来，并分成如下几个问题整理成文。希望它对于充分利用古籍中的历史资料和新发现的实物材料互相印证、更深入地研究中山国历史有所裨助。顾洪记。

一、鲜虞与中山

《春秋·昭公十二年》云："晋伐鲜虞。"杜预注云："鲜虞，白狄别种，在中山县新市。"《汉书·地理志》云，中山国，属冀州，有新市。应劭曰："新市，鲜虞子国。"《郡国志》云："新市，故国，子姓。"《左传·定公三年》云："秋九月，鲜虞人败晋师于平中，获观虎，恃其勇也。"又《春秋·定公四年》云："晋士鞅、卫孔圉帅师伐鲜虞。"

此年《左传》云："三月，刘文公合诸侯于召陵，谋伐楚也。晋荀寅求货于蔡侯弗得，言于范献子曰：'国家方危，诸侯方贰，将以袭敌，不亦难乎。水潦方降，疾虐方起，中山不服，弃盟取怨，无损于楚而失中山，不如辞蔡侯。……'"此鲜虞名中山之始见也。又《春秋·定公五年》云："冬，晋士鞅帅师围鲜虞。"又《左传·哀公元年》云："师及齐师、卫孔圉、鲜虞人伐晋，取棘蒲。"又《左传·哀公三年》载，因晋赵鞅纳卫太子蒯聩于戚，故"春，齐、卫围戚，求援于中山"。可见从昭公十二年（前530年）至哀公三年（前492年），三十多年间，鲜虞强大，建中山国号。雷学淇《竹书纪年义证》于"晋出公十八年（前457年），晋荀瑶伐中山，取穷鱼之丘"注云：鲜虞"终春秋之世，与晋为难，故此年知伯伐之"。

二、疑"鲜虞姬姓"说

《春秋·昭公十二年》"晋伐鲜虞"，《公羊》无传，《穀梁》则曰"其曰晋，狄之也。其狄之何也，不正其与夷狄交伐中国，故狄称之也。"范甯注曰："鲜虞，姬姓，白狄也，地居中山，故曰'中国'，夷狄谓楚也。……郑氏释之曰：'晋不见因会以绥诸夏而伐同姓，贬之可也。……楚终灭蔡，今又伐徐，晋不纠合诸侯以遂前志，舍而伐鲜虞，是楚而不如也，故狄称之焉。'……"杨士勋《疏》引糜信云："夷狄交伐，谓楚伐徐，晋伐鲜虞是也。"《疏》又云"鲜虞姬姓，白狄也者，《世本》文也。"如其说，是晋不救徐而反伐同姓，故《春秋》以狄视之，而但称曰"晋"。徐彦《公羊疏》云："诸夏之称，连国称爵，今单言晋，作夷狄之号。"义取《穀梁》。杜注《左传》云：

"不书将帅，史阙文。"孔颖达《正义》云："十五年'晋荀吴帅师伐鲜虞'，定四年'晋士鞅、卫孔圉帅师伐鲜虞'，二者皆书将帅，此独不书将帅，知是史阙，或是告辞略，史阙不得书，亦得言史阙文也。……左氏无贬中国从夷狄之法。……鲜虞，夷狄也，近居中山，不式王命，不共诸夏，不事盟主，伐而取之，唯恐知力不足，焉有以夏讨夷，反狄中国，从此以后，用师多矣，何以不常狄晋，更复书其将也，杜以其言不通，故显而异之。"此驳明快，《穀梁》之说实太主观。鲜虞姬姓，杨士勋《疏》谓出《世本》，予颇疑由《春秋》"晋伐鲜虞"来，汉人为《春秋》之学者，在此一条上为晋定罪状，说其伐同姓，遂谓鲜虞为姬姓。《世本》本"历史手册"之流，随时可以增改，因有其文尔。

三、"中山武公为西周桓公之子"说之谬

《史记·六国年表》记，周威烈王十二年（前414年）"中山武公初立"。《集解》引徐广曰："周定王孙，西周桓公之子。"此与《史记·赵世家》献侯"十年，中山武公初立"，《集解》引徐广说同，后者多"桓公者，考王弟而定王子"一句。《汉书·古今人表》列中山武公于"中中"栏内，自注："周桓公子"，此为徐广说之根源。

按《周本纪》："考王封其弟于河南，是为桓公，以续周公之官职，桓公卒，子威公代立，威公卒，子惠公代立，乃封其少子于巩，以奉王，号东周惠公。"在周畿内，考王封其弟于河南，号为西周；在西周境内，惠公封其少子于巩，号为东周，此本当时封国之常理。今中山远地也，与齐、燕、赵接境，而与周畿脱节，西周桓公何以得封其子

为中山武公？此大可疑。

《水经·滱水注》云："唐亦中山城也，为武公之国，周同姓。周之衰也，国有赤狄之难，齐桓霸诸侯，疆理邑土，遣管仲攘戎狄，筑城以固之。其后桓公不恤国政，周王问太史馀曰：'今之诸侯孰先亡乎？'对曰：'天生民而令有别，所以异禽兽也。今中山淫昏康乐，逞欲无度，其先亡矣！'后二年，果灭，魏文侯以封太子击也。"

此文与徐广所言有相似处，亦有大不似处。其曰中山武公，周同姓，其相似者也。其以武公之封，推至齐祖霸业之前，与周定王及西周桓公无干，其大不似者也。其言魏文侯灭以封太子击，说亦本《史记》。

《六国年表》魏文侯十七年云："击宋（守）中山"，又云："魏使太子伐中山"，《魏世家》云："伐中山，使子击守之，赵仓唐傅之"，皆是也。是年，据《六国年表》为周威烈王十八年，即公元前408年，距中山武公初立（前414年）才短短六年耳。在此六年中，武公已逝、桓公已侈，何其速也？是则郦道元之言亦有绝不可信者。

《太平寰宇记》小变其说，云中山武公本周之同姓，其后桓公不恤国政，传"五叶"为赵所灭。是则桓公虽淫昏，魏文虽置其子击为守，犹传五叶而亡于赵。

按《史记·赵世家》敬侯十年（前377年）"与中山战于房子"，十一年"伐中山，又战于中人"，成侯六年（前369年）"中山筑长城"，武灵王十九年（前307年）"王北略中山之地，至于房子"，二十年"王略中山地至宁葭"，二十一年"攻中山……王军取鄗、石邑、东垣，中山献四邑请和，王许之，罢兵"，二十三年"攻中山"，二十六年"复攻中山"，惠文王三年（前296年）"灭中山，迁其王于肤施"。盖赵集八十余年之力，仅乃克之，亦足以见中山之善守，非桓公不恤国政之所致矣。

《赵世家·索隐》云："中山，古鲜虞国，姬姓也，《系本》云：'中山武公居顾，桓公徙灵寿，为赵武灵王所灭。'不言谁之子孙。徐广云：'西周桓公之子'，亦无所据，盖未得其实。"此评甚是。《世本》不言其为谁之子孙，知所谓系出西周者妄矣。徐广、郦道元，并为西汉后人，其受《穀梁》"视晋为狄"之欺蒙宜也。

程恩泽《国策地名考》云："中山乃周之支庶，并非白狄别种，且其封在战国之世，与春秋之鲜虞无涉。特鲜虞亦号中山（见定四年），而武公所封适居其地，故仍以中山为号耳。高诱谓，'中山一名鲜虞'，似混；其谓中山即鲜虞者尤非。"此亦承徐广之讹。试问战国之中山如非即春秋之鲜虞，则春秋之鲜虞为谁所亡者乎？除非西周桓公能亡之，乃得解其迷耳。而西周桓公之实力何在也？无怪乎苏辙《古史》亦发问云："不知（徐）广何自得此说，然是时周衰已甚，亦安能使其子弟据中山乎？"

中山在战国时先灭于魏，其后复国，屡与赵争战，终灭于赵。武公居顾，在今河南范县东南五十里，桓公居灵寿，在今河北灵寿县西北十里。其故都中山，为今河北定县。据此三地可设想其疆域在太行之东，河北省之西部及南部，山东省之西部，犹然为春秋时狄人之区域也。故徐广谓中山武公为西周桓公子一说实为奇突之谈。

四、中山与赵

《史记·赵世家》记武灵王谓公子成曰："吾国东有河、薄洛之水，与齐、中山同之，无舟楫之用。自常山以至代、上党，东有燕、东胡之境，而西有楼烦、秦、韩之边，今无骑射之备。故寡人无舟楫之用，夹水居之民，将何以守河、薄洛之水；变服骑射，以备燕、三胡、秦、韩之边。且昔者简主不塞晋阳及上党，而襄主并戎取代以攘诸胡，此愚智所明也。先时中山负齐之强兵，侵暴吾地，系累吾民，引水围鄗，微社稷之神灵，则鄗几于不守也。先王丑之，而怨未能报也。今骑射之备，近可以便上党之形，而远可以报中山之怨。而叔顺中国之俗以逆简、襄之意，恶变服之名以忘鄗事之丑，非寡人之所望也。"

"薄洛"，《集解》引徐广云："安平县西有漳水，津名薄洛津"，《正义》云："安平县属定州也。""与齐、中山同之"，《正义》云："尔时齐与中山相亲，中山、赵共薄洛水，故言'与齐、中山同之'，须有舟楫之备。""自常山以至代、上党"，《集解》引徐广云："一云'自常山以下，代、上党以东。'""三胡"，《索隐》云："林胡、楼烦、东胡，是三胡也。""无舟楫之用"数句，泷川龟太郎《史记汇注考证》云："董份曰：'无舟楫，将何以守者，反言也；变服以备者，正言也，战国先秦文字多如此。'愚按，数句欠明邑。若移'故寡人'三字于'之水'下，'变服'上添'将'字，则其义始明邑。""简主不塞晋阳"，《史记汇注考证》引徐孚远云："先时不塞此险，欲以并戎、胡，盖为攻计，非为守计也。""鄗"，《考证》云："故城在今直隶柏乡县北。"按读此，知中山曾联齐以伐赵，且以水攻鄗，犹夫知伯之引汾灌晋阳也。史迁失记其事于前，岂敬、成之世乎。中山后亡，殆以有齐援也。

中山侵赵而引水围鄗，则孟子所谓"以邻为壑"者。《赵世家》于肃侯十八年云："齐、魏伐我，我决河水灌之，兵去。"可见其以水攻者之多，实为当时通行之战术矣。

《赵世家》记赵武灵王"二十一年，攻中山，赵袑为右军，许钧为左军,公子章为中军,王并将之。牛翦将车骑,赵希并将胡、代。赵与之陉,合军曲阳,攻取丹丘、华阳、鸱之塞。王军取鄗、石邑、封龙、东垣。"此次战事声容甚盛,所攻取者皆中山之邑。"丹丘",《正义》云:"盖邢州丹丘县也。"即今河北曲阳县。"华阳",《正义》据《括地志》以为即恒山(恒山亦曰华)。"鸱之塞",《集解》引徐广云:"鸱,一作鸿。"《正义》云:"鸿上故关,今名汝城,在定州唐县东北六十里,本晋鸿上关城也。"王念孙曰:"今保定府唐县西北七十里有鸿城社,即《正义》所云鸿上故关,今名鸿城者也。""鄗",今河北省柏乡县北。梁玉绳曰:"鄗本赵邑,武灵王三年尝城鄗矣,此何以言'取鄗'?岂前此曾为中山所取耶?""石邑",《正义》引《括地志》云:"石邑故城在恒州鹿泉县南三十五里。""封龙",《正义》引《括地志》云:"一名飞龙山,在恒州鹿泉县南四十五里,邑因山为名。"鹿泉县,今河北获鹿县也。"东垣",泷川《考证》谓即今正定县。曲阳、唐、柏乡、获鹿、正定系在河北省西部,于以见中山国境当太行东麓。

《资治通鉴》卷六,秦始皇十九年,"王翦屯中山",胡注云:"战国时为中山国,赵灭之,以其地为中山郡。"如此说,则赵有中山郡。

五、中山国之文化

周灭商后,在周族所传文献中即表现强烈之民族意识,"封建亲戚",形成自西而东以周族为中心之城邦联盟与宗法文明。周族建立诸国自认灭商以恢复夏人旧宇而称为诸夏,于是东方土人被挤除于城邦联盟之会盟外者,辄被称为"蛮、夷、戎、狄"。《水经·滱水注》云:

"唐亦中山国也。"中山本为尧、舜、禹一系夏族遗民,乃以歧异于周族宗法文明而蒙"戎狄"之落后称号。

《孟子·离娄下》言舜"东夷人也"。《史记·五帝本纪》则云:"舜,冀州之人也。"此为儒家以冀州为东夷地域之证。东夷非无文明,惟与周族文明有所不同。《战国策·中山策》载司马憙报中山王,谓赵王"不好道德而好声色,不好仁义而好勇力",可见中山王已意识于仁义、道德。

俞正燮《癸巳类稿》称"墨子推宋学以合古道术","墨为宋学","墨以殷后,多感激,不法周而法古"。近人推墨子祖先为宋人,然考《史记·邹阳传》"宋信子罕之计而囚墨翟",此墨学在宋碰壁之证。就墨翟称号而言,刑徒可以称墨,此说自江瑔等提出,已无可非议。墨学为"役夫之道",《荀子·王霸篇》早有此言。翟即狄也,其中山亡国之遗民乎?《国语》曰:"有蛮夷之国,有斧钺刀墨之民。"此正墨者之身份。

《吕氏春秋·应言》记"司马憙难墨者师于(中山)王前",是墨学为中山王崇信之明证。《淮南》称"中山信墨而亡",则已指出作为中山国文教中心且具有决定性作用者其为墨学无疑。《说苑》叙墨子言盘庚,以盘庚迁殷,地近中山,亦言其濡染有所自也。

《战国策·中山策》云:"主父欲伐中山,使李疵观之。李疵曰:'可伐也。君不攻,恐后天下。'主父曰:'何以?'对曰:'中山之君,所倾盖与车而朝穷闾隘巷之士者,七十家。'主父曰:'是贤君也,安可伐?'李疵曰:'不然。举士,则民务名不存本;朝贤,则耕者惰而战士懦。若此不亡者,未之有也。'"按李疵之语为反尚贤说,则中山君因尚贤致赵伐。

《庄子·天下》、《淮南·要略》、《史记·自序》、《说苑·反质》均言墨子用"夏政"与"禹道"及"尧舜道",墨子之所以有此特点,盖以倡导虞、夏文化之中山为其温床也。

王先谦《中山疆域图说》共证述鲜虞、昔阳、肥、中人、鼓、平中、棘蒲、柏人、左人、顾、灵寿、房子、九门、鄗、宁葭、曲阳、丹丘、华阳、鸱之塞、石邑、封龙、东垣、扶柳、肤施以及河、薄洛水、呼沱等地名,又列举未见于《国事表》之地名有唐、曲逆、无极、行唐、井陉、获鹿、平山、桑中、乐阳、庐奴、苦陉等。《禹贡》冀州所云,正可认为中山国王朝当其强大时,追迹虞、夏盛世故业,企图以中山国为中心而领其所标举之冀州,扩展其理想中之势力范围。《禹贡》作者意中与之并举者,盖以扬州作为东方之另一中心,即吴越族之活动区,以雍州作为西方之另一中心,即秦族之活动区。而荆州则南方之另一中心,楚族之活动区,盖与北方之冀州分峙于天下也。

是则《虞夏书》当系冀州进入城市文明时代之中山王国所宗述编订者。此与周族诸国传写《周书》,商族宋国传写《商书》,楚族传写《三坟》、《五典》、《八索》、《九丘》的情况固无别也。

原载《学术研究》1981 年第 4 期

宋代吉金书籍述评

容 庚

人类用器之进化,由石器时代,而铜器时代,而铁器时代。吾国于殷、周之际,通行铜器,其种类之丰富,铸冶之精美,有非后代所能及者。秦、汉以还,乃日即苦窳。而当时遗制,后世极少流传,偶有所获,视为至宝。其对于古器之观念,可分三类:

一、以为祥瑞者:如汉武帝元鼎元年(前116年),得鼎汾水上,因是改元(《汉书·武帝纪》应劭注)。四年六月,汾阴后土营旁得鼎,鼎大异于众鼎,文缕无款识。至长安,公卿大夫皆议请尊宝鼎,谓宜见于祖祢,藏于帝廷,以合明应(《史记·封禅书》)。宣帝时,美阳得鼎献之。下有司议,多以为宜荐见宗庙,如元鼎时故事,以张敞上议而止(《汉书·郊祀志》)。

二、以为器用玩好者:如后汉明帝永平六年(63年)二月,王雒山出宝鼎,庐江太守献之,诏陈于庙以备器用(《后汉书·明帝纪》)。梁孝王有雷尊值千金,戒后世善宝之,毋得以与人(《汉书·文三王传》)。

三、以为研究者:如《诗》言牺尊:郑众云:"牺尊饰以翡翠,象尊以象凤皇"。或云："以象骨饰尊。"郑玄云："刻凤皇于尊，其羽形婆娑然也，一云画也。"阮谌《礼图》云："牺尊饰以牛，象尊饰以象，于尊腹之上画为牛、象之形"。王肃云："大和中，鲁郡于地中得齐大夫子尾送女器，有牺尊，以牺牛为尊，然则象尊尊为象形也。"（《诗·闵宫》注疏）刘杳尝于沈约坐语及宗庙牺尊。约云："郑玄答张逸谓为画凤皇尾婆娑然，今无复此器，则不依古。"杳曰："此言未必可按。古者尊彝皆刻木为鸟兽，凿顶及背，以出内酒。顷魏世鲁郡地中得齐大夫子尾送女器，有牺尊作牺牛形。晋永嘉中，贼曹嶷于青州发齐景公冢，又得二尊，形亦为牛象。二处皆古之遗器，知非虚也。"约大以为然。（《梁书》及《南史·刘杳传》）景明四年（503 年）并州获古铜权，诏付公孙崇以为钟律之准（《魏书·律历志》）。

是可知唐以前，已有以古器物为研究之资者，而非尽以祥瑞玩好视之也。

宋代古铜器之研究，始于真宗时。咸平三年（1000 年），乾州献古铜鼎，状方而有四足，上有古文二十一字，诏儒臣考正。而句中正、杜镐验其款识以为《史信父甗》。中正引《说文》"甗，甑也"文，引《墨子》夏后铸鼎四足而方，《春秋传》晋侯赐子产二方鼎，云此其类也（《金石录》十一：二《甗铭》，引《真宗皇帝实录》，雅雨堂本）。为图刻石，则始于《皇祐三馆古器图》。提倡最力者则为欧阳修，著《集古录跋尾》十卷。景祐中，修大乐，冶工给铜更铸编钟，得古钟有铭于腹，因存而不毁，即宝和钟也。修知太常礼院时，尝于太常寺按乐，命工叩之，与王朴夷则清声合。初王朴作编钟皆不圆，至李照等奉诏修乐，皆以朴钟为非，及得宝和，其状正与朴钟同，乃知朴为有法也（《集古录跋尾》一：七《古器铭》，槐庐本）。庆历中，叶清臣守长安,得《秦公钟》上之大乐,考之音中大吕(《东观余论》上五五《秦昭和钟铭说》,徐氏本)。修谓据《史记·年表》始秦仲,则至康公为十二公,此钟为共公时作也。据《本纪》自襄公始,则至桓公为十二公,而铭钟者当为景公也(《跋尾》一:十四《秦昭和钟铭》)。嘉祐中,刘敞为永兴守。长安为秦、汉故都,多古物奇器,埋没于荒基败冢,往往为耕夫、牧竖得之,遂复传于人间。刘氏喜藏古器,由此所获颇多。以修方集古文,故每以其铭刻为遗(《跋尾》一:十九《前汉二器铭》),而修遂著之《集古录》中。敞复自为《先秦古器记》刻之于石。由此古器遂为士夫所宝藏而著录之书日众。

《考古图序》作于元祐七年(1092年),其书所定器名尚多乖舛。苏轼答《胡穆秀才遗古铜器诗》云:

> 只耳兽啮环,长唇鹅擘喙,三趾下锐春蒲短,两柱高张秋菌细。君看翻复俯仰间,复成三角翻两髻。古书虽满腹,苟有用我亦随世。嗟君一见呼作鼎,才注升合已漂逝。不如学鸱夷,尽日盛酒真良计(《东坡集》五:八,四部备要本)。

其状物入微,吾辈一见可知其为爵者,以轼之渊博尚不之知。及《博古图录》成,所定器名,十九确定,亦可知当时诸人研究之猛进矣。

收藏古器,既成风尚,读《博古图》者咸羡内府贮藏之富,而其得之之故,有不忍言者。叶梦得云:

> 宣和间,内府尚古器。士大夫家所藏三代、秦、汉遗物,无敢隐者,悉献于上。而好事者复争寻求,不较重价,一器有值千

缗者。利之所趋，人竞搜剔山泽，发掘冢墓，无所不至，往往数千载之藏，一旦皆见，不可胜数矣。吴珪为光州固始令，先申伯之国而楚之故封也。间有异物而以僻远人未之知，乃令民有罪皆入古器自赎。既而罢官，几得五六十器。与余遇汴上，出以相示，其间数十器尚三代物。后余中表继为守，闻之，微用其法，亦得十余器。乃知此类在世间未见者尚多也。范之才为湖北察访，为绐言泽中有鼎，不知其大小，而耳见于外，其间可过六七岁小儿。亟以上闻，诏本部使者发民掘之，凡境内波泽悉干之，掘数十丈讫无有，之才寻见谪（《石林避暑录话》三：十，涵芬楼本）。

上以是聚敛于官，官以是聚敛于民，而古物遂为暴民之具矣。兹编所述，以关于古铜器之著作为限，先列存者，而以佚者附焉。

一、《考古图》十卷

汲郡　吕大临（与叔）著

　　元祐七年（1092年）二月自序　北京图书馆藏黑字本　明程士庄泊如斋刻本　万历郑朴考正巾箱本　万历二十九年（1601年）吴万化宝古堂翻刻泊如斋本（后改名东书堂等）　清乾隆十八年（1753年）黄晟亦政堂修补宝古堂本

　　吕大临字与叔，京兆蓝田人，大防弟。学于程颐，与谢良佐、游酢、杨时在程门，号四先生。通六经，尤邃于礼，每欲掇习三代遗文旧制令可行，不为空言以拂世骇俗。元祐中，为大学博士，迁秘书省正字。范祖禹荐其好学修身如古人，可备劝学。未及用而卒（《宋史》卷三四〇《吕大防传》）。

此书前列所藏姓氏：自秘阁、太常、内藏以外，目列凡三十七家。然按之本书，东平王氏、京兆孙氏默、庐江高氏三家均无一器。漏列者有河南刘氏、京兆苏氏、苏台蒋氏、河东王氏四家，共三十八家。计秘阁九器、太常六器、内藏十六器。各家以庐江李氏为最多，四十九器、玉器十三器，河南文氏十六器，临江刘氏、新平张氏均十三器，河南张氏十器，开封刘氏九器，睢阳王氏、京兆吕氏均七器，丹阳苏氏五器，京兆田氏四器，扶风乞伏氏、东平荣氏、京兆孙氏、成都大慈寺僧均三器，京兆薛氏、洛阳曾氏、河南许氏均二器，其余眉山苏氏等二十家各一器，缺名者二十二器，扶风王氏石一器，共铜器二百二十四，石器一，玉器十三。卷一鼎属十八器，卷二鬲、甗、鬵十九器，卷三簋属三十器（原目只列二十五器），卷四彝、卣、尊、壶、罍四十七器，卷五爵属、豆属、杂食器十八器，卷六盘、匜、盂、弩机、戈、削十一器，卷七钟、石磬，镈十五器（原目只列十器），卷八玉器十三器，卷九秦、汉器三十九器，卷十秦、汉器二十八器（原目只列二十四器）。每器备载大小、容量、重量，及出土之地、收藏之人。中多引《李氏录》语，薛氏《彝器款识》作《李氏古器录》，即《籀史》所载之李伯时《考古图》五卷也。

其所定器名多舛：如父己鬲、方乳曲文大鬲、方乳曲文次鬲、父癸方彝乃鼎也，单夔从彝一乃断足方鼎也，三牛敦乃鼎盖也，单夔从彝五乃甗也，七旅鬲、四足鬲、单夔从彝四乃盉也，圜乳方文尊乃敦也，中朝事后中尊、象尊乃壶也，单伯彝（铭乃品伯）、龙文三耳卣、三耳大壶乃罍也，商兄癸彝、单夔癸彝、父辛旅彝、祖丁彝、父己人形彝，主父己足迹彝、挈壶乃卣也，单夔从彝二、癸举乃觚也，持戈父癸卣、父乙卣、木父己卣、父己足迹卣乃觯也，从单彝、师艅象彝乃尊也，非有图孰从而知之。

卷八《琥》按语引《复斋漫录》谓元祐八年（1093年），伯时仕京师，居红桥，子弟得陈峡州马台石，斲石为沼，号曰洗玉池。所谓玉者，凡十有六。伯时既没，池亦湮晦。徽宗尝即其家访之，得于积壤中。十六玉惟鹿卢环从葬龙眠，余者咸归内府。此书自序作于元祐七年，而所记乃及徽宗取玉事，若非后人所增，则其成书乃在作序十年以后矣。

钱曾藏《考古图》十卷，《续考古图》五卷，《释文》一卷，谓系北宋镂板。其《续图》及《释文》，《文献通考》未载。间以元刻雠校，牴牾脱落，几不成书。后为季振宜借去不还。振宜殁，此书归之徐乾学。曾复从乾学借来，亲自摹写，其图像命良工绘画，不失毫发，楮墨更精于椠本（《读书敏求记》二：十七，小琅嬛仙馆本）。此影宋钞本曾归清内府，《天禄琳琅书目》（四：一九）著录。今与原刻本俱未见。据《四库总目》（一一五：六四，存古斋石印本）所记钱曾所手录，以较世所行本云：

卷一多《孔文父饮鼎》图一，铭十四字，说五十一字。卷三《邾敦》图多一盖图。卷四开封刘氏《小方壶》图，乃秘阁《方文方壶》图；秘阁《方文方壶》图，乃开封刘氏《小方壶》图，今本互相颠倒。卷六目录多标题"盘、匜、盂、弩、戈、削"一行。卷八多《玉鹿卢剑具》图三，说一百五十五字。又多《白玉云钩》、《玉环》、《玉玦》图各一。卷九多京兆田氏《鹿卢镫》图一，说四十七字。又《犀镫》第二图与今本迥别。又内藏《环耳鬲》多一盖图。卷十新平张氏《连环壶鼎》无"右所从得及度量铭识皆缺失无可考，惟样存于此"二十字。又多庐江李氏《镰斗》图一，又《兽炉》第二图后多说三十五字。又卷末多邛州天宁寺僧捧敕佩图二，说四十六字。卷首大临自序本题曰后记，附载卷末。其余字句行款之异同不可缕举，而参验文义，皆以此本为长。[1]

由此可知北宋刻本与今通行本异同之大概。

1926年8月，余曾借观北京图书馆藏黑字本，谓是元刻，图识皆极劣。陈才子谨序云："汲郡吕公汇诸大家所藏尊、卣、敦、盂之属绘为巨编，兵后多磨灭。吾弟翼俌又广吕公好古素志，属罗兄更翁临本，且更翁刻以传世，并采诸老辨证附左方。"器目前有"默斋罗更翁考订"一行，器目下不注铭若干字，铭文不依原字数分行，而黑字相连直下。每半页八行，每行低一格，十六字至二十字不等。卷一有《孔文父饮鼎》，目下注"京兆田氏"四字。图形制似尊罍，圈足无耳。铭文一行，释文"佳（惟）☰月孔文父作此邵（饮）鼎，子孙宝用"亦一行。说云："右铭文十有四字，余未考。按此器铭谓之鼎，而制度乃类尊壶之属，疑古人制器规模亦有出入不一者。不然，或文同而音异，皆未考也。"考此器形制、花纹、文字皆不合，乃伪器。他本器目有之，下注"阙"字，而无图说。卷三《弜中簠》铭文后云："薛尚功编《鼎彝款识》有此释文五十一字，附见于此"两行，又于图前每注薛编作某者，即陈翼子序所云"采诸君子辨证附其下也"。吾邱衍《学

---

[1] 《总目提要》乃翁方纲所作，别见于《续考古图跋》。翁氏时官文渊阁校理、翰林院编修、四库全书纂修官。《玉鹿卢剑具》说一百五十五字，跋本作一百一十五字，当以跋本为是。

古编》言此书"有黑白两样,黑字者后有韵,图中欠《璃玉瓒》"。此即黑字者,惟后无韵,或缺失也。

传世较佳之明刻本,当推泊如斋及宝古堂。泊如斋只刻《考古》、《博古》两种。宝古堂并及朱德润《考玉图》,合称《三古图》。泊如斋本前有程士庄《重修考古图题辞》,吕大临《考古图记》,陈才子、陈翼子两序。"《考古图》所藏姓氏",每行两家。姓氏之末,有"元默斋罗更翁考订,明新都丁云鹏、吴廷羽、汪耕绘图,吴元满篆铭,刘然书录,汪景补录,黄德时、德懋刻"八行。丁云鹏、吴廷羽皆休宁名画家,以白描人物、佛像著称。刘然字子矜,歙县诸生,楷书学赵孟頫。得其绘图、书录,故图说皆胜于元刻。宝古斋重刻泊如斋本,重刻之精善,几不易辨其优劣。前删去程士庄题辞而易以欧阳序篆书焦竑序。"所藏姓氏",每行一家。姓氏之末,有"考订,默斋罗更翁,黄德时刻"三行,而删去丁云鹏等人名。卷第一器目,"鼎属"二字之下宝古本有"匜钟二"三字,而书内实无此器,泊如本无之。泊如本器目每二器名作一行,而宝古本器名下增"铭若干字",每器作一行。泊如本铭文错误甚多,变易行款,近于黑字本。宝古本则大加修正。如《王子吴鼎》铭文,泊如本作四行,宝古本作六行;《虢叔鬲》及《叔殷毂》(宝古本改作毂)、《鬲》,泊如本作两行,宝古本作一行,试一校勘,可知宝古本乃据薛氏《款识》修改。《庚甗》宝古本于释文之左增入两行云:"薛尚功云,此器藏开封刘氏,铭文极古,惟辨庚玄二字。"解说亦有改正,如泊如本《伯勛父圆旅甗》云,"愚按甗《说文》云'无底甑也',鱼轩、语偃、口蹇、鱼无四切"。宝古本末六字改作"语蹇、鱼蹇四切"。宝古本吴万化跋云:"乃谛加参考,壹以吕氏、欧氏、薛氏为标准,期还旧观",宁知参考之足以失其旧观耶。

泊如斋缩刻此书及《博古图录》，以《博古》之图窜入此书中。有《博古》之图与此全同者，如《癸鼎》、《晋姜鼎》、《公诚鼎》、《宋君夫人铼钎鼎》等是也。有与此异者，如《庚鼎》、《娟氏鼎》、《隋彝》、《仲姞旅匜》、《季姜盉》是也。有此器而同于《博古》他器者，如《郑方鼎》同于《博古》之《亚虎父丁鼎》，《太公缶》同于《博古》之《叔邦父簠》，《虎彝》同于《博古》之《己举彝》，《秦铭勋钟》同于《博古》之《齐侯镈钟》，《楚邛钟妳南和钟》同于《博古》之《蛟篆钟》是也。《某父鬲》同于《博古》之《仲父鬲》，当是一器，乃其一铭文十二字，其一铭文十六字，薛氏《款识》两收之。《散季敦》"惟九年大统未集"之下据薛氏《款识》所引，尚有"武王以明年改元，十三年伐纣乃壬午岁，实"一行十七字，《籀史》所引略同。非二书互校，不知此书之改窜、脱误失真也。

宝古本《三古图》板，乾隆间为天都黄晟所得，修补为亦政堂。黄氏《重刊考古图序》云："顾自原本刊行二百余年，茶陵陈氏更梓之。茶陵距今又四百余年，窃恐是书之泯没无闻也，爰检家藏古本，倩工缮写，参互考证，重付铲（剞之误）劂，以广流传"，一若不知明万历间有宝古堂本，而已所重刊者实即修补宝古堂本而成，不亦诬乎！

郑朴本杨明时刻，后有万历庚子（1600 年）吴廷后序。略称遂州郑公博学多识，以元本《考古图》剥蚀刓缺，命杨不弃重梓云。

二、《考古图释文》一卷

汲郡　吕大临（与叔）撰

光绪十三年归安陆氏刻本附《续考古图》后，初印本置于其前此书前有序，略云：以今所图古器铭识考其文义，不独与小篆有异，而有同是一器，同是一字，而笔画多寡，偏旁位置左右、上下不一者。其异器者，如彝、尊、寿、万等字，器器笔画皆有小异，乃知古字未必同文。至秦既有省改以就一律，故古文笔画，非小篆所能该也。然则古文有传于今者，既可考其三四，其余或以象形得之，或以义类得之，或笔画省于小篆，或笔画多于小篆，或左右、反正、上下不同，有部居可别而音读无存者，又可考其六七，余皆文奇义密，不可强释，姑存其旧，以待知者。序后未署作者姓名，故对于作者未能确定。

《四库》著录此书，附于《续考古图》后，署"宋吕大临撰"五字于书名之下。翁方纲跋据《籀史》有"赵九成著吕氏《考古图释》"之语，遂谓"《释文》一卷，是赵九成撰，其卷前题词，盖九成所为也"。陆氏刻此书，遂沿其说，故于卷端删去"宋吕大临撰"五字。

余取《考古图》校之，《考古》所收除同铭及秦、汉朝玉、石、兵器外，计铜器之有铭者九十六。《释文》采用铜器八十五，铭文之要者尽备于是。计卷一东宫方鼎、公缄鼎、晋鼎（《考古》作晋姜鼎）、孔文父鼎、王子吴鼒、宋君夫人鼎、辛鼎、娟氏鼎、父癸方鼎（《考古》作彝）、伯姬鼎（《考古》未收）、庚鼎、癸鼎、蛮鼎十三器，卷二叔殷毁鬲、父己鬲、某父鬲、虢叔鬲、卜鬲、中信父甗、伯勋父甗七器，卷三邾敦、虢姜敦、周敦、罴敦、牧敦、散季敦、应侯敦、伯百父敦、哉敦、伯庶父敦（又作丹姜敦）、五敦（《考古》作彝）、中信敦、寅簋、师服簋（《考古》作小子师簋）、叔高父簋、师奕父簋、甼中医、史黎缶、太公缶、杜嫣铺二十器，卷四单罺癸彝（又作单癸彝、单罺彝、癸彝）、父丁彝（又误作父鼎彝）、商兄癸彝（又作商癸彝）、单从彝二、单从彝四、父辛彝、閆伯彝、师艅彝、虜彝、虎彝、父癸方彝（又作父癸彝）、篆带彝、主父已彝、祖丁彝、父已人形彝（又作父乙彝）、虢叔彝、乐司徒卣、田卣、木父已卣、父乙卣、立戈卣（《考古》作立戈父已卣）、持戈卣（《考古》作持戈父癸卣）、朝事尊（又误作朝尊，《考古》作中朝事后中尊）、仲丁父壶（《考古》作召中考父壶）二十四器，卷五中爵、言父爵、单爵、已爵（《考古》作已举爵）、主人举爵、篆带爵、癸举、齐豆、伯盉（又作敦盉，《考古》作伯玉敦盉）、伯戈馈盦十器，卷六伯戈颓盘、弨伯匜、中姞匜、季姬匜、季姜盂五器，卷七粤钟、走钟、邡子钟、秦钟（又作秦铭勋钟又误作素钟）六器。八十五器中，为《考古》所未收者，仅《伯姬鼎》琱、敢、穆三字而已。杨铷《增广钟鼎篆韵》（七：五）亦有"吕氏《考古释文》"之语，器之名称十九相同，则其为《考古图》而作，盖无可疑者"。《郡斋读书志》于《广钟鼎篆韵》云："皇朝薛尚功集。元祐中，吕大临所载仅数百字。"此书所收八百二十一字，与《读书志》所云合，并可知其作于元祐中。意此书原载于《考古图》之后，其后《考古图》与《续考古图》合刻，载于《续考古图》之后，皆以为吕大临撰。北宋刻本如是，钱曾影宋抄本后归于清内府，见于《天禄琳琅书目》（四：一九）者亦如是。翁方纲跋初以为"当是大临原本"，后据《籀史》以为赵九成撰，盖考之未审也。

此书据《广韵》韵目分上平、下平、上、去、入四声隶字，后列疑字、象形、无所从三部分，各字间有音释。虽云释文，其用等于字典，故与《续考古图》分列以为《钟鼎篆韵》等书之前驱焉。刻本缺误甚多，铭文校以《考古图》，亦多未合。其《说文》作某之某篆，往往空格。翁方纲跋云："此书仅得见馆写副本，或誊录手写多误，抑或钱氏影写原本有误，皆未可知也"。

三、《续考古图》五卷

赵九成 著

清光绪十三年（1887年）归安陆氏十万卷楼丛书刻本

案：《四库》所收乃钱曾重摹本，附于《考古图》十卷之后者。钱曾谓：

> 《续图》五卷，《释文》一卷，《文献通考》俱不载……间以元刻雠校，牴牾脱落，几不成书。此系北宋镂板，予得之梁溪顾修远（宸）。……后为季沧苇（振宜）借去。……沧苇殁，此书归之徐健庵（乾学）。余复从健庵借来，躬自摹写，其图像命良工绘画，不失毫发，楮墨更精于椠本。（《读书敏求记》二：一七）

《四库总目》（一一五：六五）以其中第二卷《丁举卣》引吕与叔云云，又《螭形卣盖》、《乙鼎》引《考古》云云，第三卷《刁斗》有绍兴壬午在果山见一器正类此云云，遂断谓"其书在绍兴三十二年之后，与大临远不相及；盖南宋人续大临之书而佚其名氏。钱曾并以为大临作，盖考之未审也"。余案《秦权》、《旅簠》，亦见于《考古图》中。《秦权》失摹两诏。《旅簠》与《考古》铭文同而形制殊异，《考古》得于扶风而此得于西洛，乃伪器也。其所用周尺、汉量，与《考古》所云"权、度、量皆用今大府法，有云黍尺、黍量者，各识其下"者不同，亦足证其非大临所作，不仅如《总目》所举"其收藏名姓皆载图说之首，云右某人所得，与前图注姓名于标目下者，例亦小殊"已也。陆心源据《啸堂集古录》李邲序云："吕大临、赵九成二家《考古图》，虽略有典刑，辨释不容无舛"，谓此为九成所辑（《仪顾堂续跋》十：十九），其言可信。《籀史》云："赵九成著吕氏考古图释"，当是脱去一续字。

所收卷一：二十一器；卷二：二十二器；卷三：二十六器；卷四：二十器；卷五：十二器，凡百器（数器一图者以一器计）。其中有玉器三，瓦当四，瓦鼎一，非尽铜器。编次杂乱，铭文不依原行款，图识皆失真。所藏姓氏：范忠献、河南李善初、东明王氏、潘勉之、咸阳张询、杨与权、长安王怀庆、张才元愭、王师文康功、王晋玉玠、祖孟广博、张伯均植、李元均宰、吕子功崕、荣询之咨道、赵承规茂曾、松岛吴衍、丁伯容宏、楚朝宗、荣子雍辑、姚义夫雄、赵仲忽周臣、邢和叔恕、藏仲脩大年、李仲明试、程之奇、其侄克中、克一及其自藏，凡二十九家。[1] 以荣咨道所藏为多，其卷三有云："荣氏所收古器最盛，凡百余种，除已收入《考古图》外，有文刻及形制佳者，取二十六种续编于此。"荣氏疑即著《荣氏考古录》十五卷见

---

[1] 范雍字伯纯，河南人。中进士第，官至礼部尚书，谥忠献（《宋史》卷二八八）。
张询字仲谋，咸阳人。元祐三年（1088年），知越州、福州。元符元年（1098年）知熙州。与黄庭坚为兄弟交，唱和甚多（见《豫章文集》）。
王玠字晋玉。黄长睿官于洛，玠为跋《法帖刊误》（见《东观余论》）。
荣咨道字询之，东平人。尝以二十万钱买虞世南《孔子庙堂字碑》，乃未剷去大周字时墨本（见《豫章文集》二八：一四）。
荣辑字子雍（原误维），官吏部郎（《游宦纪闻》十：二）。黄庭坚有《奉答谢公静与荣子邕论诗长韵》（《豫章文集》二：一四）。
姚雄字义夫，五原人。少勇鸷有谋，年十八，即佐父兕征伐。官至检校司空，奉宁军节度使（《宋史》卷三四九作字毅夫）。
邢恕字和叔，郑州阳武人。博贯经籍，能文章，登进士第。徽宗时，仕至显谟阁待制。卒年七十（《宋史》卷四七一）。
李试字仲明。陆心源以为即李明仲诫，郑州管城人，著有《营造法式》二十四卷（《金石学录补》上十三）。
余未详。

于《籀史》者也。又有各地所出而献之朝廷者，如《熊足盘》、《公諙钟》、《𪔠鼎》是也。

其中定名之误者：如父癸彝、王宫匜、非鬲乃斝也，父乙罍、伯丁罍、父辛、父己二罍，乃尊也，父乙彝乃觯也，彝盖文乃卣盖也，香毯乃熏炉也，商举乃斝也，觥乃匜也，吉金敦乃盘也，宝尊彝乃卣也，父乙斗乃熨斗也。惟兕觥之名，王国维先生谓为至当不可易，并作《说觥》一文以疏通证明之（《观堂集林》三：十二）。

此书所收有铭之器六十四，其见于《考古》者，有秦权、虎彝二器。见于《博古》者，有汤官黄金涂壶、父乙罍（《博古》作尊）、母乙鬲（原无名）、中鬲（《博古》作鼎）、乙鼎、伯丁罍（《博古》作祖丁尊）、父乙彝（《博古》作雌尊）、彝盖文（《博古》作尹卣盖）、篆口鼎、爵、父乙鼎、父丁卣、公諙钟、季娟鼎（原无名）、周处敦、旅车敦、王伯斋（《博古》作鼎）、注水匜、父癸鼎、中姜敦、蔑敖鬲（原无名）、母辛卣、非鬲（《博古》作鼎）、伯穌父敦、父辛罍、父己罍（《博古》均作尊）、宝尊彝（《博古》作卣）、宋公悚鼎（《博古》乃盖，此器盖全）二十八器。铭文见于《薛氏》、《啸堂》两书者，有铜钫、馆陶釜、父癸彝（薛作尊）、螭形卣盖、双鱼洗、兕觥（薛作匜）、大夫始鼎、父丁盉（薛误作彝）、吉金敦（薛作冀师盘）、宝鼎、父辛鼎、𪔠鼎、叔夜鼎、宝敦十四器。其未见于他书者，只有二十器，其中旅簋形制不合，《王宫匜》、《德子盘》（原无名）铭文不通，均属伪作。试将此书图识与《博古》等书比较，便可确知此书失真情况。陆本从钱本出，钱氏前所云云，未免夸张失实。翁方纲跋云："此书仅得见馆写副本，或誊录手写多误，抑或钱氏影写原本有误，皆未可知也。"亦已疑之矣。

陆氏刻本前有陆心源序，后有翁方纲跋，乃据潘祖荫藏本，从翁方纲手抄过录者。翁氏所据即钱曾影摹之本。余尝取陆氏刻本以校文津阁四库本，互有讹夺：阁本每卷之首有"宋吕大临撰"五字。卷一第十一页图前有"灶釜甗突"四字。十五页"前后汉"作"何时作"。十六页图前有"铜龟"二字。卷二第二页图上无篆文四字。第四页图三足非二足。第十四页"父"字上下空四格，乃"与《父乙罍》同"。第十七页上缺七字，乃"右不知所从得盖"，无"云缺九字大形"六字。卷三第二十一页阙铭文。第二十八页图无"昆"宇，说"二囗八斗"，乃"二斗八升许"。卷四第七页无"按处当作虔"五字。第十二叶图识阙，说三行误入《宝鼎》下。陆本有图识，其说均已改正在后半页，不必再云"此半页释文阙"。第二十页"乃周鼎也"下缺"寻上之朝廷"五字。第二十一页图前有一"觚"字。卷五第一页图前缺"母辛卣"三字。又十五页《叔夜鼎》铭文在十三页《畢》图之后。

四、《博古图录》三十卷
（宋）徽宗敕撰

　　元至大重修本　明嘉靖七年（1528年）蒋旸翻至大本　明翻至大本（字作楷书）　万历十六年（1588年）程士庄泊如斋刻本　万历二十四年（1596年）郑朴考正巾箱本　万历二十七年（1599年）广陵于承祖刻本　万历二十八年（1600年）吴万化宝古堂刻本（后改名东书堂等）　清乾隆十七年（1752年）黄晟亦政堂修补宝古堂本

　　案：此书为徽宗敕编，不具姓名，言者多异。有谓为徽宗撰者，

《籀史》是也。有谓仿李公麟《考古图》而作者，《铁围山丛谈》是也。有谓采用黄伯思《博古图说》而作者，《直斋书录解题》是也。有谓为王楚撰者，《郡斋读书志》、余嘉锡《四库提要辨证》是也。有谓成于宣和年间，而凡"臣王黼"云云，元板都为削去者，《读书敏求记》是也。《四库总目》据《读书敏求记》说，谓是书实王黼撰，楚字为传写之讹。许瀚《攀古小庐文》据《读书志》说，谓此盖黼字讹，非楚字讹也。余谓《籀史》之说为得其真。《籀史》云：

> 帝文武生知，圣神天纵，酷好三代钟鼎书，集群臣家所畜旧器萃之天府，选通籀学之士，策名礼局，追迹古文，亲御翰墨，讨论训释，以成此书。

此书乃由徽宗亲御翰墨，王黼为编纂之人，故卷六《龙凤方尊》，卷十《持干父癸卣》，卷十七《兕敦三》，卷廿六《絷马锌》后皆有"王黼曰"，低二格书之，则谓元板削去臣王黼云云，盖臆必之论也。《宋史》（卷四七〇）谓黼初名甫，后封楚国公，或又作楚所由来。

此书之作，蔡绦《铁围山丛谈》（四：二四，知不足斋本）谓在大观初。王国维先生谓：

> 翟耆年《籀史》谓政和癸巳（1113年）秋获兕敦于长安，而《博古图》中已著录是敦；又赵氏《金石录》谓重和戊戌（1118年，戊原误作甲），安州孝感县民耕地得方鼎三，圆鼎二，甗一，谓之安州六器，而此图中已著录其四，其二旧失其名，谅亦必在图中（案王氏所指四器，即《南宫中鼎》三，《父乙甗》一。考

《癸亥父已鼎》，《复斋钟鼎款识》注云"安州六器"。《博古》仅录其一，《复斋》有二铭，恰成六器）。又赵氏谓宣和五年（1123年），青州临淄县民于齐故城耕地得古器物数十种，其间钟十枚尤奇，而此图已著录其五。则此书之成，自当在宣和五年之后，不得在大观之初。（遗书本《观堂集林》十八：十三）

其言是矣而未尽然。薛尚功《钟鼎款识》引《博古图录》或言《博古》，或言《博古录》，或言《重修博古图录》，或言《宣和重修博古图录》。曷云重修？钱曾曰："《博古图》成于宣和间，而谓之重修者，盖以采取黄长睿《博古图说》在前也。"（《读书敏求记》二：十八。阮刻本作"蔡绦曰，盖以采取李公麟《考古图说》在前也"。）黄氏之《博古图说》今不可得见。《直斋书录解题》（八：六）虽云"其后修《博古图》颇采用之，而亦有所删改"。然以徽宗之酷好三代器，"选通籀学之士，策名礼局，追迹古文，亲御翰墨，讨论训释以成此书"，而谓袭用黄氏书名之旧加以重修二字，实为不伦。余谓徽宗敕编《博古图》，经始于大观初，黄氏曾与其事，故所著《古器说》四百二十六篇悉载其中。《博古图》非黄氏作，可得三证。蔡绦云：

> 及大观初，乃效公麟之《考古》，作《宣和殿博古图》，凡所藏者，为大小礼器则已五百有几。（《铁围山丛谈》四：二四）

其数正与陈振孙所云《博古图说》"凡诸器五十九品，其数五百二十七"相合，可知《博古图说》乃徽宗敕撰而非黄氏自作。其证一也。李纲《黄公墓志铭》云：

> 又好古文奇字，官洛下，得名公卿家所蓄商、周、秦、汉钟鼎彝器款识，研究字画体制，悉能了达，辨正是非，道其本末，遂以古文名家。在馆阁时，当天下承平无事，诏讲明前世典章文物，修舆地图，集鼎彝古器考订真赝。公以素学与闻议论，发明居多。所著《古器说》凡四百二十六篇，地志、文字尤富。《古器说》悉载《博古图》。（《东观余论》附录）

是黄氏所作为《古器说》而非《博古图》。因"与闻议论"，故所著《古器说》得"悉载《博古图》"。其子讷《东观余论跋》亦言其所著为《秘阁古器说》。其证二也。《籀史》，所载当时金石书至为详尽，不当于黄氏五百余器之《博古图》而阙之。其证三也。《博古图》成，其后内府复有所获，至宣和乃重修之，故薛氏《款识》引作《宣和重修博古图录》，而其书并由五百二十七器，增至八百三十九器；而陈振孙所云"印章十七品，其数二百四十五"，析出另成《宣和印谱》四卷。此虽忖测，不中不远矣。

卷一至五：鼎、鬲一百二十六器，卷六、七：尊、罍四十一器，卷八：彝、舟二十七器，卷九至十一：卣五十三器，卷十二、十三：瓶、壶五十六器，卷十四：爵三十五器，卷十五、十六上：斝、觚、斗、卮、觯、角等六十四器，卷十六下、十七：敦二十八器，卷十八：簠、簋、豆、铺十一器，甗、锭十五器，卷十九：徽鬲、馥十八器，盉十四器，卷二十、二十一：盦、镰斗、瓿、罂、冰鉴、冰斗十四器，匜、匜盘、洗、盆、铛、杆二十八器，卷二十二至二十五：钟一百一十八器，卷二十六：磬四器，镈一十九器，铎、钲、铙、戚十五器，卷二十七：弩机、镦、盉、钱、砚滴、托辕、承辕、舆辂饰、表座、刀笔、杖头等四十器，卷二十八至三十：鉴一百一十三器，凡二十类，自商至唐，计八百三十九器。类各有总说，器各有图，并记大小、容量、重量、铭识及考说。颇能据实物以订《三礼图》之误。其言曰：

  《礼记》曰：牺象周尊也，郑氏（众）则曰以象骨饰尊，阮氏（谌）则曰以画像饰尊，殊不合古。此作象形而出于冶铸，则郑、阮之谬，概可考矣。其所以然者：三代之器，遭秦灭学之后，礼乐扫地而尽，后之学者，知有其名而莫知其器，于是为臆说以实之，以疑传疑，自为一家之论，牢不可破，安知太平日久，文物毕出，乃得是器以证其谬耶。（七：十《周象尊》）

又云：

  今考诸爵，前若嚼，后若尾，足修而锐，形若戈然，两柱为耳。及求之《礼图》，则刻木作雀形，背负盏，无复古制，是皆汉儒臆说之学也，使夫观此三代之器，则岂复有是陋哉。（十四：五《总说》）

又云：

  去古既远，礼文浸失，况遭秦灭学之后，其书焚矣，疑以传疑而无所考证，则诸儒临时泛起臆说，无足观者。故见于《礼图》则以簠为外方而内圆，以簋为外圆而内方，穴其中以实稻、粱、黍、稷，又皆刻木为之，上作龟盖，以体虫镂之饰，而去古益远矣。(十八：四《簠簋豆铺总说》)

其用力有足称者。《籀史》谓："后世之士，识尊、彝、牺、象之制，瑚、琏、尊、罍之美，发明礼器之所以为用，与六经相表里"，诚非过言。

《考古图》著录秘阁所藏者九器，此书收虿鼎、宋夫人鼎盖、冀父辛卣（《考古》作父辛旅彝），象首罍（《考古》作三耳大壶）四器。太常所藏者六器，此书宝和钟五器（《考古》作走钟）、迟父钟均备。内藏者十六器，此书仅收宰辟父敦一器，而重器若伯勍父圜旅甗、仲信父方旅甗、太公缶、秦铭勋钟均未收。又楚公钟，政和三年（1113年）获于鄂州嘉鱼县以献（见《金石录》十一：五），此书无之。

此书所录八百三十九器，如何下落，其故有可言者。王国维先生《书宣和博古图后》云：

> 至此图中各器物，靖康之乱，已悉为金人辇之而北，然其十之一二，尚见于张抡《绍兴内府古器评》中。盖金人不甚重视古器，而宋之君臣方悬重值购之，故汴京内府及故家遗物，往往萃于榷场。如刘原父旧藏张仲簠，刘炎于榷场得之。毕良史亦得古器十五种于盱眙榷场，上之秘府。其中八种（秉仲鼎、册卣、父辛卣、伯冏敦、伯据敦、宋平公钟、南宫方鼎、周敦），亦《博古图》中物也。（《观堂集林》十八：十三）

赵明诚云："初［李］伯时得古方鼎，遂以为晋侯赐子产者。后得此匜，又以为晋襄公母偪姞器，殊可笑。凡三代以前诸器物出于今者皆可宝，何必区区附托书传所载姓名然后为奇乎，此好古者之蔽也。"（《金石录》十二：三《中姞匜铭》）此书正沿李氏之失。洪迈评此书云：

  政和、宣和间，朝廷置书局以数十计，其荒陋而可笑者，莫若《博古图》。予比得汉匜，因取一册读之，发书捧腹之余、聊识数事于此。《父癸匜》之铭曰："爵方父癸。"则为之说曰："周之君臣，其有癸号者，惟齐之四世有癸公，癸公之子曰哀公，然则作是器也，其在哀公之时欤。故铭曰公癸者此也。"夫以十干为号，及称父甲、父丁、父癸之类，夏、商皆然，编图者固知之矣。独于此器表为周物，且以为癸公之子称其父。其可笑一也。周《义母匜》之铭曰："仲姞义母作。"则为之说曰："晋文公杜祁让偪姞而已次之。赵孟云，母义子爱，正谓杜祁。则所谓仲姞者，自名也；义母者，襄公谓杜祁也。"夫周世姞姓女多矣，安知此为偪姞？杜祁但让之在上，岂可便为母哉。既言仲姞自名，又以为襄公为杜祁所作，然则为谁之物哉？其可笑二也。《汉注水匜》之铭曰："始建国元年正月癸酉朔日制。"则为之说曰："汉初始元年十二月改为建国，此言元年正月者，当是明年也。"按《汉书》王莽以初始元年十二月癸酉朔日窃即真位；遂以其日为始建国元年正月，安有明年却称元年之理。其可笑三也。《楚姬盘》之铭曰："齐侯作楚姬宝盘。"则为之说曰："楚与齐从亲，在齐湣王之时。所谓齐侯，则湣王也。周末诸侯自王而称侯以铭器，尚知止乎礼义也。"夫齐、楚之为国各数百年，岂必当湣王时从亲乎。且湣王在齐诸王中最为骄暴，尝称东帝，岂有肯自称侯之理。其可笑四也。《汉梁山鋗》之铭曰："梁山铜造。"则为之说曰："梁山铜者，纪其所贡之地。梁孝王依山鼓铸，为国之富，则铜有自来矣。"夫即山铸钱，乃吴王濞耳。梁山自是山名，属冯翊夏阳县，于梁国何预焉。其可笑五也。观此数说，他可知矣。（《容斋随笔》十四：二，扫叶山房石印本；又《三笔》十三：一有《再书博古图》大意相同，不具引）

以此书为"荒陋可笑"，不无过当。使今日而评此书，其铭文之误摹误释，正不可胜数。《四库总目》（一一五：六五）云："其书考证虽疏而形模未失，音释虽谬而字画俱存，读者尚可因其所绘以识三代鼎彝之制，款识之文，以重为之核订，当时裒集之功亦不可没。其支离悠谬之说，不足以当驳诘，置之不论不议可矣。"

余所得见者，为嘉靖七年，蒋旸属掌盐司者黄景星翻刻至大本。蒋旸字文辉，山东乐安人。正德十六年（1521年）进士。知沭阳县事，以治最擢监察御史。督盐河东，再巡畿辅。权贵忌之，谪守吉州，后晋贵州佥事，寻致仕。（《山东通志》四七七九页，商务本）此本每页十六行，每行十七字，亦有增至十八九字者。板心高市尺九寸，广一尺四寸。其图于器名下注"依元样制"，或"减小样制"。如《商癸鼎》高七寸八分，耳高一寸，而依元样制，商象形鼎高六寸九分，耳高一寸六分而减小样制，不以板心能容与否为标准也。周伯硕父鼎高一尺六寸九分，耳高四寸四分，周蟠虬鼎一通盖高一尺二寸八分，耳高三寸二分，而云"依元样制"，则其尺寸亦不尽足据。陆心源云："书为徽宗时撰，元人不加一字，至大重修之名，殊不可解。盖靖康之乱，金人尽辇汴京图籍书版而北,见《靖康要录》及《北盟会编》。自金入元,版已残缺。窃意前后必有王黼等进表,及纂修、校勘衔名。元人修补刊完,恶其人而去之,故改题至大重修之名,其版则犹宋刊居多也。首行至大二字,或小或大,或疏或密,与'重修《宣和博古图录》卷第几'各字,气既不贯,字之工拙悬殊,亦以宋刊挖补之一证也。"(《仪顾堂续跋》十:二十)

嘉靖翻至大本间有错误及缺字:如《商若癸鼎》铭误刻《素腹宝鼎》铭;鼎五,三十一器作二十一器;《商父乙鼎》考释缺八字作黑钉;周单从盉缺至五十七字;《汉小鼎》末缺"物也"二字。泊如斋本扉页题"丁南羽、吴左干绘图,刘季然书录"。前有万历戊子(1588年)程士庄撰《博古图录序》。序末有"黄德时刻"四字。图像、铭文均缩小,绘画极精。版心高市尺七寸三分,广九寸三分。宝古堂翻泊如斋本,前有蒋旸及万历癸卯(1603年)洪世俊序,万历庚子(1600年)吴万化跋。以宝古本与泊如本较,图像、字体均难分别,惟铭文略异。宝古复增刻朱德润《古玉图》,合称《三古图》。万历壬寅(1602年),吴万化有《集古考玉图跋》,略谓"予既梓《考古》、《博古》二图成,已披朱泽民氏《考玉图》,若登崑丘、悬圃而发其藏也。……乃并刻是图"云云。

郑朴刻本,每卷首行标题"《博古图录》考正"。前有万历丙申(1596年)十月朔自序。再题云:"《宣和博古图录》一书,乃好古信物之助。旧刻卷裹颇大,即庋置无妨,而囊携称苦矣。予始改册减图,凡摹式、花纹,款识铭籀,则不敢遗旧刻锱黍也。至若名物之稍乖,器目之不协,字释之或讹,剥泐之或缺,具参覈元本,多方订正,或可以秘蔡帐而内巾箱乎。"乃《天禄琳琅书目》(五:五十)著录一本,将自序年月改为"宣和五年（1123年）十月朔"，虽知其"伪充宋本"，未能确定其刊刻年月也。

五、《历代钟鼎彝器款识法帖》二十卷

钱塘 薛尚功（用敏）著

宋绍兴十四年（1144年）石刻本 明万历十六年（1588年）万岳山人刻朱印本 崇祯六年（1633年）朱谋垔刻本 清嘉庆二年（1797年）仪征阮元刻本 博文斋翻阮刻本 光绪三十三年（1907年）贵池刘世珩刻本 民国古书通流处石印本 民国二十一年（1932年）中央研究院历史语言研究所影印石刻残本

薛尚功字用敏，钱塘人。善古篆。绍兴中，以通直郎佥定江军节度判官厅事。宋代集录彝器款识以此书为富，而编次条理亦以此书为优。卷一夏琱戈、带钩、商钟、鼎四十六器，卷二商尊、彝四十三器，卷三商卣三十四器，卷四商壶、罍、爵四十四器，卷五商觚、举、觯、敦、甗、鬲、盉、匜、盘、戈四十四器，卷六至八周钟、磬三十八器，卷九、十周鼎五十七器，卷十一周尊、卣、壶、舟、罍二十二器，卷十二周觯、角、彝、匜三十三器，卷十三、十四周敦三十九器，卷十五周簠、簋、豆、盉二十二器，卷十六周甗、鬲、槃、盂、盦二十九器，卷十七周戈、铎、鼓、琥十三器，卷十八秦玺、权、斤、汉钟、甬、钫、鼎、甗十八器，卷十九汉炉、壶、卮、律管、洗、钲、匜十四器，卷二十汉镫、锭、烛槃、甗、釜、甑、锅、弩机十五器，凡五百一十一器。其所定夏器、商钟当属之周，而商周二代，虽大较近是，而周器有当入之于商者。磬一、鼓十乃石器，琥一、玺三乃玉器，非尽铜器也。

其评此书之得者，《郡斋读书志》（四：十三，王氏本）称其详备。《四库总目》（四一：二八）云："尚功嗜古好奇，又深通篆籀之学，能集诸家所长而比其同异，颇有订讹刊误之功，非抄撮蹈袭者比也。"其言诚是。若所举"其笺释名义，考据尤精"者五条，以《蚕鼎》为商鼎，说尚可从。以《夔鼎》上一字为夔字，《父乙鼎》末一字为彝字，《召夫鼎》释家刊二字（案此乃《册命鼎》文，误以为上一器《召夫鼎》），说均未确。以《父甲鼎》立戈为子，则以不误为误矣。

其举此书之失者，《四库总目》云："其中如十六卷中载《比干墓铜盘铭》之类，未免真伪杂糅。"翁方纲《跋钟鼎款识残拓本》云：

> 《好畤鼎》一跋，详引《汉郊祀志》秦、汉祠五畤事，然以愚详之，此鼎所谓好畤者，特右扶风之邑名耳……奚必援五畤祠乎。……又此残拓内《武安侯钫》跋，楚思王子㥄，以元寿元始（原误封）再封武安侯。考《王子侯表》，思王子㥄以建平四年（纪元前三年）初封武安侯，其元寿年乃其失侯之岁，薛误读史表而讹耳。半卷之残帖，已有参差若此者，安得见其石本全帙，详为核正，庶有益乎。（《复初斋文集》二八：十七）

张澍《书钟鼎款识后》云：

> 《钟鼎款识》云："《汉书言府弩机》铭二十有七字，延光三年闰三（款识无三字）月，书言府作。"澍案书言府或疑是人姓名，

而他书无言及者。独《朱博传》云:"姑幕县有群辈八人报仇廷中,皆不得。长吏自系书言府。"据此是拘絷罪人之所也。书言云者,鞫讯犯人,书两造之供辞耳。而薛尚功乃云:"书言府者,所谓言则左史书之之义,天禄、石渠之属,盖汉之武库,随府有之,若盾省是也。"其说非。既云书言,何得又云武库耶。(《养素堂文集》一八:一)

孙诒让著《古籀拾遗》,序谓"薛氏之旨,在于鉴别书法,盖犹未刊集帖之陋,故其书摹勒颇精,而评释多谬",乃为之校正商钟、己酉戌命尊、许子钟、聘钟、盠和钟、齐侯镈钟、窖磬、晋姜鼎、师艅尊、单癸卣、孟姜匜、宰辟父敦、敔敦、寅簋等十四器。郭沫若著《两周金文辞大系》,采用中齋三器、中觯、中甗、厚趠鼎、稽卣、牧敦、师毛父敦、走钟、蔡敦、成鼎、敔敦、伯克壶、师毁敦、微䜌鼎、裹鼎、师匋敦、罍盨、𢦤敦、鄦敦二器、楚公逆镈、楚王钟、楚王酓章钟二器、伯盏盘、伯盏盨、郘公諓鼎、许子钟二器、宋公戌钟六器、宋公䜌鼎、曩公壶、庆叔匜、叔夷镈、叔夷钟七器、晋姜鼎、伯鄩父鼎、虢姜敦、秦公钟等五十二器,重为考释,其余有待校正者尚多也。以今日尚存之趠鼎及岐阳石鼓十器较之,可知其传写失真。若秦玺三,可确定为宋哲宗时伪造,因而改元元符。赵彦卫《云麓漫钞》(十五:一)已辨之。

其刻本曾宏父《石刻铺叙》谓"二十卷,定江佥幕钱唐薛尚功编次并释……绍兴十四年(1144年)甲子六月,郡守林师说为镌置公库。石以片计者二十有四"。其石刻本流传者,如黄丕烈藏十二卷(缺一至六及十七、十八共八卷),见于《荛圃藏书题识》;翁方纲见第十八卷残拓本《谷口甬》以下凡十段,《谷口甬》篆已失去,见于《复初斋文集》(二八:十七),皆未得见。历史语言研究所整理明、清内阁大库档案,得残页三纸,又购得残页十六纸,适相衔接,为第十三卷仲驹敦、肇父敦,第十四卷散季敦、尨敦、郐敦,凡五器。《直斋书录解题》云:"尚功有《钟鼎法帖》十卷。"《学古编》云:"薛尚功《款识法帖》十卷,碑在江州,蜀中亦有翻刻者,字加肥。"元灵武斡王伦徒跋云:"予读薛尚功集古金石文常叹其博,及见谢长源所收尚功写本,乃知今石刻仅得其半。"(见朱刻本)项元汴《蕉窗九录》(页二十)云:"宋薛尚功编次钟鼎卣彝古铜器铭二十卷,刻于九江府库,临摹极工,甚有古意,今多取便抄录,作十卷以示于人。"似是二十卷本之外又有十卷本。孙诒让云:"盖定江石本,南宋中叶已缺其半,陈直斋所见即不全本,实无二刻也。"(《籀膏述林》六:十)明孙桢《金石评考》则谓"宋刻本有木、石二种"(见下文)。又《金石评考》(页十四)云:"余三次得三册,虽为残断,喜皆旧拓,翻刻手固似三种,又不知何地再摸也。"又云"此帖余得之于崑山沈大中,共十五幅,幅长五尺有奇,剪弃溃烂,装为二册,校之摸本裁得四之一耳。曾宏父乃曰石以片计者二十有四,岂两面皆刻者欤"(《跋薛尚功钟鼎款识石刻》)。

石本在明代已少流传,然颇传真迹尚存于世。都穆《寓意编》云:

史丈(吴江史鉴)复有薛尚功摹《钟鼎款识》真迹二十卷,后题云"嘉熙三年(1239年)冬十有一月望后十一日外孙朝请(原作奉)郎新知临江军事杨伯岩拜观于廿四叔外翁书室;后二十年弁阳周密得之外舅泳斋书房"。赵孟頫鉴定。白野不花、周伯琦题名。张伯雨、柯九思跋。此帖旧为吾乡沈雄仲藏。雄仲名洪，元巨室号万三后，善草隶，老而贫，故史氏得之。成化戊申（1488年），余馆授史氏。九月，其家火作，书画多付煨烬，惟此帖及欧、褚、赵模书数卷独存。

朱存理《铁网珊瑚·书品》（一：二十）并记录柯九思、张天雨等人题跋、观款。《金石评考》（页十五）云：

薛尚功《钟鼎款识》二十卷，余所藏宋刻本有木、石二种，惜皆残缺，未睹其全。闻真迹在吴江史氏，前缺数页，元俞紫芝书以补之，共用绢素百二十翻。屡欲扁舟往访，多难未遑也。……

朱谋垔所刻，即此真迹本。后归范氏天一阁，最后有丰坊题。全祖望云："范氏书帖大半万卷楼故物，而是本独不知得之何人。"（《鲒埼亭集外编》三五：四）然均不言俞和补书之事，岂孙氏所记，得之传闻，不足信耶？

传世木刻、传写之本有五：

（一）明万历十六年，万岳山人木刻朱印本，前有万岳山人序，略云：

《款识》一集，有抄本无刻本。予深悯其传之不博也，意欲梓焉。谋诸数年，因艰于摹写之手而竟不果，然梓行之兴，遂自索然。迩年偶遇松石姜君，亦博物之士，能兼诸家书法，又工篆隶。予以是集而谋诸姜君，彼固惟然，试一为之。予观其摹写之际，运笔精熟，若素所习者，不半月而就，于是遂得而梓焉，初愿始毕。其间多错乱缺文者，悉皆校雠厘正，则鲁鱼、亥豕之讹，庶乎其免矣。

万岳山人不知何许人，序末有"宣公后裔"印，故《天禄琳琅书目》（七：三二）定为陆氏。考证删节不全，每遇略长之考证，辄删去其末段，或并删其前段，且多误字，几于文义不通。如《癸鼎》云："右癸有纽徙而未连之象。万物之出也，草昧而已。草者至巽而齐，昧者至离而明，癸正北方而冬也，故一草。《河图》、《洛书》，三代传宝，而夏、商为近，故书画未分耳。"读者试取它本校之，便可知其谬误之状。

（二）崇祯六年，朱谋垔刻本。谋垔字隐之，号厌原山人，宁藩支裔。好苦吟，为《山居百咏》。善书画。筑寒玉馆，艺竹万竿，轩楹之间，冷碧萧然，列古彝鼎图史，吟啸不倦。著有《画史会要》五卷，《续书史会要》一卷（朱宝符《画史会要·序》）。

此书前有谋垔序，略云：

南宋薛尚功集《钟鼎彝器款识》二十卷，《钟鼎韵》七卷。韵有刻本，传世《款识》则尚功手书，为山阴钱德平秘藏。神物流传，不专一氏。庚午（1635年）夏月，客有持以视余。余喜出殊异，不惜重资购之，而不欲私为己宝也，爰授梓人，公诸同好。……篆文一卷至八卷，临川帅志摹；九卷至廿卷，则族侄统鉫继之；小楷家侄统鉫书。书成，搜其亥豕之讹，则有族侄宝符、统钻。至于命意运指，不失古人遗法，自柔翰以至铁史，皆不佞垔一一指授，愿为薛氏忠臣者。

朱氏所得是吴江史氏本，是否薛氏手书未可必，其于原石本则未见也。

(三) 嘉庆二年，阮元刻本。阮元序略云：

薛尚功《钟鼎款识》宋时为石刻本，故有法帖之名。明万历间，朱印刊本，讹舛最多，跋语亦删节不全。惟崇祯间，朱谋垔所刻尚功原本，较为可据。然板本并佚，传写滋误。今据吴门袁氏廷梼影钞旧本，及元所藏旧钞宋时石刻本，互相校勘，更就文澜阁写本补正之，似可还薛氏旧观。钱唐吴氏文健明于小学，审定文字，以付梓人；陈氏豫钟精篆刻，为摹款识；高氏垲善书，为录释跋，皆一时之能事也。

然刻本无石本"钱唐薛尚功编次并释音"一行，则其自藏必非旧抄宋时石刻本。文澜阁写本从朱氏刻本出，阮氏就文澜阁写本补正，则其未见朱刻可知。

(四) 嘉庆十二年（1807年）平津馆临宋写本。孙星衍序略云：

曩客中州时，见薛氏《钟鼎款识》石刻本于归河丞朝煦处，未及细阅。后至京师，得明刻佳本，旋为友人取去。阮中丞开府浙中，既以宋刻板本校梓行世，视旧本精善。及余再官东省，得见旧写本，多元、明人印章，或题为茧纸薛尚功手书者，未知是非，然纸色旧而篆文极工，核之阮氏刻本及近时本篆体，审正释文，字句增多，可以订别本误改篆文及脱落释文共若干处。记所见法帖本式样正与此相似，虽不敢定为薛氏手迹，其为宋写本无疑矣。亟属严孝廉可均影临古篆，蒋茂才嗣曾写附释文。或有原书笔误，皆仍其旧。

孙氏欲将写本付剞劂未果。光绪三十三年（1907年），贵池刘世珩校刊于武昌，并取阮印本细勘，举阮本误脱共一百二十八处，为《札记》一卷附于后。刘氏未见朱本，只以孙本校阮本，而阮本之同于朱本者，刘氏不知也。余尝以朱本校孙本：如《秉仲鼎》、《休爵》、《丁举爵》、《父己举》、《莲勺炉》，孙本皆夺其目。《岐阳石鼓》之后，孙本缺考说两行五十八字。阮本皆有之，刘氏未曾举出。其余错缺之字，朱、孙两本互有优劣。孙本为缪荃孙旧藏，见于《艺风藏书记》（五：一）。刘氏《札记》颇有误字，如《齐侯镈钟》云："肇霸于戎，按夅，《说文》霸重文，阮本作敏误。"《齐侯钟一》云："余锡汝厘都霸爵，霸不释胤。"《齐侯钟八》云："都霸，阮作都胤。"案朱本、阮本均释肇敏不误，孙本、缪本均释肇霸。霸乃下一行"余锡汝厘都霸爵"之文，朱本、阮本、孙本、缪本均释为胤。《齐侯钟二》肇敏、胤爵之释，四本均同。《齐侯钟十》肇敏改余敏，四本均同；胤惟孙本释作霸。可知敏与胤乃旧释，后人有释胤为霸者，注改霸于篆文之右，刘氏《校记》遂认敏为霸，引《说文》为证，而不知其张冠李戴，《钟二》、《钟十》尚存旧释，未曾尽改也。校记《齐侯钟一》，有《钟二》至《六》之文，《钟八》有《钟十》之文，殊嫌鲁莽。《齐侯钟八》云"肃肃义政，阮作殷殷"。余所见阮本并不误。

（五）古书流通处石印缪荃孙藏本，前有朱谋垔叙，田林记，后有康熙五十八年（1719年），虞山陆亮（友桐）记，阮元、孙星衍序。陆亮记略云：

吾虞湖南毛氏素称藏书家，此写本《钟鼎款识》廿卷，前后皆有汲古阁及黼季印章，其为毛氏家藏本无疑。客持以售，索价甚昂。余贫不能致，复爱甚不忍舍去，因与晖山侄篝灯抄录，凡十昼夜而成帙。惟是亥豕、鲁鱼，句多舛缺，且无叙识款题，不知何人辑录。缙阅之下，每用慨然。己亥（1719年）秋，馆于石城清河公第，得交髯翁田志山先生，见其案有焚余旧本，为先生填补而成者，因乞假校勘。先生学深貌古，性诚悫爽朗，绝无几微吝色。复与晖山侄校其讹谬，并录叙跋，始知为南宋薛尚功所集，而是书竟成完璧矣。

此本前有参校书目云：陆校三种：田志山校补程氏焚余本，明万岳山人刻朱印本，明朱谋垔刻本。缪校六种：宋石刻祖本，阮氏文选楼刻本，黄荛圃校补顾云美钞本，倪暗公旧藏景钞本，周栎园旧藏景钞本，平津馆钞本。"为艺风老人铭心绝品"。案：陆氏《后记》云："因与晖山侄篝灯抄录"，又云"复与晖山侄校其讹谬，并录叙跋"。今此本出于一手，复无校改痕迹。且田林《前记》"子孙"误"予孙"，"复酱瓾"误"复瓾"，此乃后人传钞本，其非陆氏叔侄手写可知。此书《艺风藏书记》（五：二）著录，只云："摹写极精，康熙己亥陆友桐手写本"，并录田氏、陆氏两人手跋而已。至谓陆校三种，缪校六种，何以均无一言及之？《岐阳十鼓》，阮氏属江德地据天一阁本校注其误于字旁，此书同之，是否出于缪氏手笔未可知，可知者书末有缪氏手书"艺风校，癸丑（1913年）十一月又校。小珊"，十二字而已。乃谓："艺风尝遍假南北各藏书家旧钞精刻之本以汇校此本，实为毕生精力之所寄。友桐抄之于前，艺风校之于后，允推此书第一善本"，书估欺人，可恨可笑！实则朱刻本之不如也。

石、木本异同

板本 器名	石本	朱本	阮本	孙本	缪本
仲驹敦盖	不见于□注	不见于传注	不见经传	同朱本	同阮本
	眇逸	同石本	渺逸	同石本	同阮本
	所得断简遗编补缉诂训	所以断简遗编补缉诂训	断简遗编补缉训诂	断简遗编补缉训诂	所简遗编补缉训诂
	无所指归	无所归止	同石本	同石本	同石本
	制作之旨	制作之有	同石本	同石本	同石本
	小补之哉	小补哉	同石本	同石本	同石本
器名前	周敦	缺	同朱本	同朱本	同石本
散季敦	考其铭	考其名	同朱本	同失本	同朱本
	飨乎人	享乎人	同石本	同石本	同石本
	以为之辅	以之为辅	同石本	同石本	同石本
龙敦	尨	同石本	皆作龙	同石本	同石本
	今余惟	同石本	令余惟	同石本	同石本
	命汝洎曰	同石本	命汝众曰	同阮本	命汝伯曰
	人姜氏命	同石本	人姜氏命	同石本	同阮本
	敢有侯止	同石本	敢有候止	同石本	同石本
	文侯颢命 齐侯镈钟	同石本	文侯顾命 齐侯钟铭	同石本	同阮本
	故古人	同石本	于古人	同石本	于古人

五本并观，校以原刻石本残页及《啸堂》宋刻，万岳山人本铭文讹舛，考证删节，其劣不待言。其余四本，出于朱本，而均未见朱本，虽小有异同，由于各人之校改。朱本较佳；孙本差近朱本，而款识笔

画略肥，横画与直画每不相接，如《乙酉父丁彝》之酉字贝字。缪本在孙本与阮本之间，铭文有与阮本同误者，如《夔鼎》。阮本为下，若以《象尊》言，校以《博古》、《啸堂》，薛氏五本均无一是处，且知阮本、缪本实出于万岳本。石刻本每卷之首，有"钱唐薛尚功编次并释音"一行，五本均无之。其考证，石刻残本每行十七字至二十字，万岳本每行二十八九字，朱本每行三十字至三十一字，阮本每行十九字至二十一字，孙本每行二十四字至三十一字，缪本每行二十七字至三十字。《岐阳石鼓》朱、阮、缪三本均始于"而师弓庶"，独孙本始于"吾车既工"。石刻、万岳、朱、阮、孙五本均无板心书名，独缪本板心有"《历代钟鼎彝器款识》卷几"一行。

观于上表，石本虽仅得三器，然与各木本、石印本之同异，大略可见矣。兹将各本异同较大者记录数条于下：

（1）朱本卷三《贝父辛卣》："亦有文（及之误）于贝者也。"（也字衍）下缺"书言大贝在西房，盖国之所宝也。以贝铭之卣间，是亦象矢之义也。父辛则指其人而已"三十四字，与万岳本同。阮本、孙本、缪本均不缺，惟"大贝"阮本作"赤贝"，缪本作"亦贝"。《书·顾命》"胤之舞衣，大贝鼖鼓在西房"，故知阮本、缪本均误也。

（2）朱本卷七《盨和钟》"按本纪"下缺"自襄公为始，则桓公为十二公，而铭钟者为景公也。按秦本纪"二十四字，与阮本同。孙本、缪本均不缺。校以《集古录跋尾》，则应有此二十四字。

（3）朱本卷二十《轵家釜》铭文"轵家容四斗五升，重十斤一两九朱，三年工丙造，第五"，二十一字；《轵家甗》铭文"轵家容三斗，重四斤廿朱，三年工丙造，第五"，十七字，证之《考古图》（九：三一）正合。乃阮本移《轵家釜》于《馆陶釜》之后，铭文十七字，与《轵家甑》相同。《轵家甑》铭文只得前段十字，缺去后段"三年工丙造，第五"七字。孙本《轵家釜》与《轵家甑》铭文互易，《轵家甑》缺去后段铭文七字。缪本先《轵家釜》，次《馆陶釜》，次《轵家甑》，次序与朱本、孙本同，而釜、甑铭文则同于阮本。其余可参见刘氏《校记》，不复备举。

六、《啸堂集古录》二卷

任城　王俅（子弁）著

　　淳熙三年（1176年）以前刻本　明翻刻本，清嘉庆十六年（1811年）夗湖张蓉镜醉经堂校刻本附《考异》二卷　民国振新书社翻明刻本　1921年《百一庐金石丛书》影印明刻本　1922年涵芬楼《续古逸丛书》影印淳熙本

案李邴序云：

　　一日，予故人开国长孺之子王俅子弁见过，出书二巨编，皆类钟鼎字甚富，名《啸堂集古录》，且谓余曰："俅不揆，留意于此久矣，自幼至今，每得一器款识，必摹本而投之箧，积三十余年，凡得数箧，则又芟夷剪截独留善者编次之，其志犹以谓未足也，他日再获古文奇字，即续于卷末。"

　　此书所收：卷上鼎六十八，尊十八，彝十四，卣三十八，壶五，爵二十九，斝三，觚十三，卮一，觯三；卷下角一，敦二十六，簠

一，簠二，豆一，铺一，甗六，虹烛锭一，印三十七，铜盘铭一，带钩一，墓铭一，匜九，盘二，洗一，铞一，杅一，铎一，钟十七，鉴十四，洗一，铗鉴一，鼎一，钟二，鼎三，彝五，钟一，匜一，尊一，鼎一，爵一，敦二，鼎一，彝二，桀一，匜一，甬一，鼎一，权一，凡三百四十五器。自洗以下二十八器，排列失次，即李氏所云再获续于卷末者也。全书只有释文而无考证。续录铭文释文间有删节、缺释。如《齐侯盘》铭文十七字，只录七字，释文只有四字。《齐侯匜》铭文十七字，只录六字，释文只有三字。《谷口甬》铭文四十五字，只录三十二字，又无释文。镜鉴铭文删节尤多。吾丘衍《学古编》辨夏禹印系汉巫厌水灾法印；孔夫印乃孙兹之音误；谓《滕公墓铭》郁郁作两字书，且妄为剥落状，然考之古法，叠字只作二小画附其下，其伪无疑。

李序不记成书年月，考李邴字汉老，济州任城人。崇宁五年（1106年）进士，官至资政殿学士。绍兴五年（1135年），诏问宰执方略。邴条上战阵、守备、措画、绥怀各五事，不报。闲居十一（史误作七）年。绍兴十六年，卒于泉州，年六十三（《宋史》卷三七五）。邴与俅之父长孺同师、同舍、同乡关，又为同年进士，其作序约在闲居之时。淳熙三年，曾机"得其镂板"，复为作跋，李序又云："晚见《宣和博古图》……然流传人间者，才一二见而已。近年好事者亦刊鼎文于石，从而辨识，字既失真，而立说疏略，殊可怪笑。"此书之成在《博古》之后，而非袭取《博古》之铭文，取校《博古》（蒋旸翻至大本），互有优劣；其《齐侯钟》五器铭文略大于《博古》。李序所云"好事者刊鼎文于石"，不知所指。钱塘胡重序醉经堂校本，谓李序之言，指薛氏之《法帖》。然薛氏编次考证视此书为胜，何来立说疏略之讥。赵明诚《石本古器物铭跋尾》亦言:"近世士夫,间有以古器铭入石者,往往十得一二"(《金石录》十三:四),则必别有其书。《齐侯镈钟》著录五器,与《博古》相同。政和六年(1116年)安丘出土之齐侯盘匜二器(见《金石录》十二:四),续于卷末,皆有删节,《博古》有盘无匜。

传本以萧山朱氏藏宋本为至佳,涵芬楼影印于《续古逸丛书》中,前有翁方纲、阮元题识,后有元人书淳熙三年曾机跋,元元统元年(1333年)干文传书跋,明滕用亨观款,翁方纲、阮元、徐乃昌、黄绍箕、郑孝胥题识。嘉庆六年(1801年),宋葆淳得之,寄求翁方纲题识;八年,曲阜颜衡斋以赠阮元;光绪三十年(1904年)徐乃昌以赠端方;后归萧山朱文钧。与明翻本较,肥瘦迥异,明本错误时见,然有宋本误字而明本改正者,如《季娟鼎》"锡贝锡马两",宋本误篆文"贝锡"两字为一鼎字《齐侯镈钟》"不敢憼戒",宋本误释"钦戎"。有宋本阙释而明本补之者,如《虹烛锭》、《注水匜》、《梁山鋗》、《聘钟》、《楚钟》、《大夫始鼎》、《叔夜鼎》、《父乙彝》、《谷口铜甬》、《汾阴侯鼎》是。《言肇鼎》"永宝用享",宋本夺永字篆文,《叔邦父簠》"万年无疆",宋本夺疆字篆文。此则明本之善而亦明本之妄改失本来面目者也。

明翻本与宋本次序相同。惟宋本敦字不缺末笔,而明翻本缺,疑明翻所据之本,乃光宗讳惇以后刻本,而非淳熙以前刻本。张氏醉经堂校本,颠倒零乱,不知所据何本。张氏于李邴序后按语云:"按原刻本无毫发差句,差误作善;失真句,失误作夫;疏略句,疏误作流;殊可句,殊误作朱;坏敝误作怀散(原本作散不误),王俅误作王求,今改正。又后人依仿句,原作士人;出意增损句,原作生意;芟夷剪

截句,原作剪裁;皆依卢氏文弨本改。"可知其错误之多,乃在明翻本之下。张氏跋云:

> 蓉镜既重刻《啸堂集古录》,病其舛讹,复借鲍丈渌饮(廷博),戴子松门(彝)藏帙对勘一过,惟仿宋椠本讹字较少,次第亦善,而阙文仍所不免,因商之妹婿金子小山,取吕氏《考古图》、《宣和博古图录》、薛氏《钟鼎款识法帖》、王氏《钟鼎款识》模勒本,细为雠校,缘镂板已竣,未易全改,故别为《考异》二卷附于后,并补编目次,以备检查,庶几复见古人之真面目。

案《考异》二卷,只取《考古》、《博古》、《薛氏》、《复斋》四书略校器名与释文之同异,未能订正其是非,无足取者。惟《汉孝成鼎》引胡重曰:"汉鼎之容三斗一合,宋宣和时容七升三合,约计汉之一斗,抵宋之二升六合,今之一升五合二勺半强而已。诸鼎之数相似。至若汉之三斤,抵宋之一斤,诸鼎所差,每斤约二三两不等也。"据宋之量、衡以推算汉之量、衡,此吾人所当研究者。但由汉至北宋,已逾千年。中经锈蚀,甚难准确,不过略知大概而已。又周父已鼎据胡重《秀州金石考略》附载宋沈揆《州学古鼎记》,足资异闻。今《秀州金石考略》已佚。

七、《钟鼎款识》一卷

诸暨 王厚之(顺伯)辑

嘉庆七年(1802年)仪征阮氏刻本 道光二十八年(1848

年）汉阳叶志诜翻刻本　　板心人名翻刻本《百一庐金石丛书》缩印板心人名本

王厚之字顺伯，号复斋，浙江诸暨人，宋乾道二年（1166年）进士，历官淮南通判，改江东提刑，直显谟阁致仕（徐象梅《两浙名贤录》，《馆阁续录》八：七）。博雅好古，蓄石刻千计，单骑赋归，行李亦数箧，家藏可知也。评论字法，旁求篆隶，上下数千载，衮衮不能自休，而一语不轻发（陆友《砚北杂志》页十五，得月簃本）。著有《复斋碑录》，据陈思《宝刻丛编》所引共四百三十二种。据影宋钞本《宝刻丛编》残本复可增补四种（杨殿珣说）。又有《石鼓音释》，章樵《古文苑》曾引之。

毕良史字少董，蔡州人。绍兴十二年（1142年）六月，由金放还。以古器书画之说得幸，月入二百千，食客满门，号穷孟尝。十五年九月，知盱眙军，加直秘阁。搜求京城乱后遗弃骨董。命所居曰死轩。凡所服用如玉含蝉之类，皆上古圹中之物（《三朝北盟会编》卷二〇八，《建炎以来系年要录》一五四：七，《砚北杂志》页四三）。

案此书首篆书题"钟鼎款识"四字，曹溶、钱大昕、阮元均定为赵孟頫所书。所收为戎趠钟（原无名）、商鹿钟（乃花纹非字）、商钟、商子父癸鼎、商兕父癸鼎、商伯申鼎、商饮（对铭疑卣）、商父丁爵、商亚父丁爵、商穆父丁鼎、商母乙鬲、商举己卣、商子父己爵、商父辛爵、商父癸爵、周正考父鼎、周叔姬鼎、周师旦鼎、周季娟鼎、周麻城鼎二器、周楚公钟、周癸亥父己鼎（二铭）、周得鼎、周齍女鼎、周仲偁父鼎、周虢姜鼎、周师艅鼎、周师淮父卣盖、周鸡单卣、周四年虢姜敦、周㠱仲簠、周司彝甗、周帛女鬲、周京姜鬲、后汉延光壶、后汉元嘉刀、汉器、汉槃、汉启封镫、晋尺、晋澡盘、夏壶、商秉仲鼎、商册卣、商父辛敦（原作卣）、商父己卣、商父丁卣、周伯囧敦、周伯据敦、宋平公钟、周孟申鼎、周唯叔鬲鼎、周南宫方鼎、周禾爵、周殷、后汉建武鼎、曾侯钟、楚公钟，共三十页，阮元以为五十九器是也。朱彝尊以为六十四器，翁方纲以为六十二种，皆非。

每器之前有厚之所题器名，并记出土之地，收藏之人，释其文字，而钤以"复斋珍玩"、"厚之私印"两印。其在宋代，《楚公钟》有绍兴四年荣芑跋，《虢姜鼎》有曾大中跋。其流传之迹，朱彝尊谓从王氏转入赵孟頫家，孟頫复用"大雅"章兼书薛尚功考证于《曾侯钟》后。案《曾侯钟》考证见于《金石录》（十二：三），薛氏引之，略有修改。此书复引自薛氏，未有署名。朱彝尊谓为赵书，未能确定。明隆庆六年（1572年）二月，檇李项元汴得于吴门徐氏，以篆书题籤。经历其孙项圣谟世守。清康熙初年，归于秀水曹溶。七年，溶出示朱彝尊，属跋未果。二十四年，曹氏逝世，所藏书画多散失。三十二年，此册归于朱氏。四十四年，朱氏以赠马思赞，并为之跋。在马氏时，有查慎行、胡开泰、查嗣瑮、龚翔麟、翁嵩年、沈元沧、金农诸人题跋。乾隆十一年八月，马氏以赠桐乡汪森。六十年十二月，钱唐黄易携所藏《武梁祠石室画像》来吴县，因假此册并观，有钱泳题识。同月李品芳携示钱大昕，有钱氏跋。嘉庆初，归于陆恭松下清斋，有翁方纲跋。七年，归于仪征阮元，群加考释，书以隶体，以别于厚之之笔，摹刻成书。

阮元定此册为王厚之所辑。自夏壶至建武鼎十五器，皆毕良史以进秦熺之物，以青笺亲题其目，末书"良史拜呈"四字。翁方纲谓此书铭文皆就原器拓得者，余意不然。季娟鼎"锡贝锡马两"，贝锡二字误书作鼎，与《啸堂集古录》同，与《博古》、薛氏《款识》异，释文皆不误，一也。《癸亥父己鼎》、《楚公钟》两本微有异同，《癸亥父己鼎》商字缺下口，或一真一复，或两者俱复，二也。《仲偶父鼎铭》八行，他书皆作五行，三也。《虢姜敦》铭一行直下，《虢姜鼎》铭十二字分作五行，《曾侯钟铭》在鼓上，他器无若是者，非翻刻变易其位置，则属伪作之器，四也。惟毕良史青笺十五种似是原拓。原本阮元刊行以后，道光二十三年（1843年）春，文选楼火灾，册毁于火，版片亦烬。安得目睹以证吾说乎！

道光二十八年四月，叶志诜就养南行，道出扬州，阮元以原刻初印本嘱为重刻。是年冬，刻成于广东抚署，有叶氏跋。

版心人名翻刻本四十页中之十五页，版心署有黄林秋、徐福卿、蒋谟卿、杨正宏、蒋作霖五人姓名。间有错字，如第二页阮元跋云"曹倦圃定为松雪书"，徐福卿翻刻，误"定"为"之"。翻刻尚佳，今所流传，多此本也。

八、《绍兴内府古器评》二卷

云间 张抡（才甫）著
（明）毛晋汲古阁刻本

张抡字才甫，云间人，官知阁。乾道三年（1167年）及淳熙六年（1179年）间，以《柳梢青》、《壶中天》、《临江仙》等词进御，赏赐甚渥。曾见汴都之盛，故多感慨（《武林旧事》卷七）。

上卷九十八器，下卷九十七器，凡一百九十五器。除梁博山炉外皆汉以前物。《四库提要》（一一六：七八）谓：

其为明代妄人剽《博古图》而伪作更无疑义。毛晋刻入《津逮秘书》，盖未详考其文也。

余谓提要正"未详考其文"，兹为辨正如下：

（一）《提要》谓：

其中如上卷之周文王鼎、商若癸鼎、父辛卣（《提要》误作鼎）、商持刀祖乙卣、周召父彝、商人辛尊（《提要》人误作父）、商父癸尊（《博古》作卣）、商父庚觚、商持刀父己鼎、周淮父卣、周虎錞、周季妇鼎（妇乃娠之误，《提要》误作父）、周南宫中鼎、商癸鼎、商瞿父鼎（《提要》夺父字）、商贯耳弓壶、商亚虎父丁鼎、商祖戊尊、商兄癸卣、周己酉方彝、周觚棱壶、周纛女鼎、商子孙父辛彝、周叔液鼎、商父己鼎、周宰辟父敦、周刺公敦、周孟皇父匜（《提要》误作彝）；下卷如商冀父辛卣、周举己尊、商父丁尊、周仲丁壶、商父己尊、商象形饕餮鼎、商龙凤方尊、周牺尊、商伯申鼎（《提要》申作伸）、商夔龙饕餮鼎、周节鼎、周中鼎、周妇氏鼎（妇乃娠之误）、商提梁田凤卣、汉麟瓶、周虬纽钟、周乐司徒卣、汉兽耳圆壶、汉提梁小扁壶、商祖丙爵、商子孙己爵、周仲偁父鼎，皆即《博古图》之文，割剥点窜，词义往往不通；其他诸器，亦皆《博古图》所载。

案：此书之多沿《博古》之旧，无可讳言。《提要》列举其周文王鼎以下五十器，割剥点窜，岂皆如《提要》所言。与《博古》略同之周文王鼎，商若癸鼎等器，姑不必辨。其商人辛尊、商父癸尊、周虎錞、商贯耳弓壶、商兄癸卣、周己酉方彝、周觚棱壶、周纛女鼎、商父己尊、商象形饕餮鼎、商伯申鼎、周中鼎、汉麟瓶、商子孙己爵，皆与《博古》大异；周举己尊，《博古》且未著录。兹各录《商人辛尊》一段于下：

亚形者，庙室之象。辛者，商君之号，见于他器者，不过曰祖辛、父辛而已，而此独曰人辛，何也？商器铭文简略淳古，有难以理义推者。士大夫于考正前代遗事，其失常在于好奇，故使学者难信。如曰人辛之类，又岂可以臆论穿凿哉。(《古器评》上八)

曰亚者，次也。或主于献，或主于器，盖未可以定论也。商之君以辛名者多矣，曰祖辛，曰小辛，曰廪辛，而此言人辛者。按《商立戈癸尊》其铭亦称曰人，则人辛者，乃商君之号辛者耳。且此君也，而谓之人。盖二帝而上，体天以治人，故谓之帝。帝也者，天道也。三代而下，修人以奉天，故谓之王。王也者，人道也。故记礼者，称商曰商人，周曰周人者，盖如此。观是器，不铭功，不载誓，宜其后世泯灭而无闻矣。今也千万世而下，人得而想见之，此所谓其人亡而其政存者类矣。且夫政存犹得而考之，矧乃托之金石。而礼之所藏，正在于是，则考之固不谬矣。(《博古图》六：十四)

试一校之，其果点窜而成乎！人辛乃妣辛之误释，宋人尚未之知也。

（二）《提要》谓：

惟上卷商虎乳彝、周言鼎、周尹鼎、周兽足鼎；下卷商祖癸鼎、周乙父鼎、周公命鼎、周方鼎、商立戈父辛鼎、商父辛鼎，为《博古图》所不收而已。

考此书之为博古图所不收者，除所举十器外，如周父戊甗、周公卣、商父乙敦盖、商祖庚爵、商父丁举卣、周亚乳彝、周山雷爵、周庞尊、商山花尊、商尊、周钟、周宝鬲、周季姬鬲、商祖辛尊，此皆在商乳虎彝之前，上卷犹未及半，已如此之多，不知作《提要》者之如何校雠也，周尹鼎乃卣之误，《博古》已收之。一百三十三字之伯吉父匜盘，其器至今尚存，为潍县陈氏所藏。宋人皆未著录，仅见于元陆友《研北杂志》，岂明代妄人所能剽窃而成者耶？

（三）《提要》谓：

> 考《馆阁续录》所载南渡后古器储藏秘省者，凡四百十八事；淳熙以后续降付四十事，别有不知名者二十三事；嘉定以后续降付八十三事，与此书所录数既不符。而此书所载商冀父辛卣、父辛鼎、周南宫中鼎、周嬴女鼎，皆嘉定十八年十一月所续降付，何以先著录于绍兴中。

案据《馆阁续录》器数以疑《古器评》，犹据《铁围山丛谈》所云"政和间，尚方所贮至六千余数百器"以疑《博古图录》。《冀父辛卣》等四器，《博古》已著于录，苟藏之内府，岂待续降付而后知。皇祐三馆古器，《博古》未录其全；《齐侯镈钟》，各家不一其数，古器流转，有非私意所能臆测者。《古器评》既不图器形，复不摹款识，惟考释铭文，品评形色，沿讹袭谬，诚非佳著，则不及见于宋以来诸家书目，事无足奇。若必以为伪作，则诚冤耳。

汲古阁本乃毛晋据范景文所藏于奕正钞本校刻。1939 年 4 月，余得见翁同龢所藏乾隆三十八年（1773 年）浙江巡抚三宝送四库馆钞本，以校汲古阁刻本，刻本缺误甚多，兹举如下：

上卷一　妇康鬲　"康"作"庚"。

　　三　公卣　"但纪其寿"，"寿"作"爵"。

　　四　祖庚爵　空一格乃"鼎庚"二字。

　　五　辛父辛爵　"辛"作"周"；"赍一秬鬯"，"一"作"尔"。

　　六　祖丁盉　"器数"作"器故"，"备其"作"备具"。

　　七　召父彝　空五格乃"故是器铭载尚"六字。

　　八　山花尊　空二格乃"云雷"二字。

　　九　父癸尊　"舞乐"作"武乐"。

　　十一　横戈父癸鼎　"常有戈氏"，"氏"作"父"。

　　十二　淮父卣　四"戈"字皆作"戍"。

　　十三　木觚　"指"下有"一名"两字。

　　　　　虎斝　"袭周"作"袭用"。

　　十四　季妇鼎　"妇"作"媂"，下三"妇"字同。"任则"作"任只"。

　　十五　合孙比爵　"两生"作"两孙"。

　　十六　癸鼎　三"艸"字皆作"屮"，"盖祭"作"盖癸"。

　　十七　举己卣　上"杜举"作"杜簀"。

　　　　　渊卣　"乾之象也"下脱"内爻皆偶，坤之象也"八字。

　　十八　贯耳弓壶　"大夫"下脱"士"字。

　　十九　祖戊尊　"白为祖"作"且为祖"。

二十 父己角 "矢亦"作"矢六"。

二五 提梁兕卣 "角照"作"角昭","纲纽"作"绚纽"。

尹鼎 两"爱"字皆作"受"。

二六 秦钟 "角比"作"甬比","按周"下脱"官"字,"所有"作"所用"。

商彝 "黼沴"作"黼沁"。

二八 叔液鼎 "索书诸经传","书"字衍。"当形"作"雷形"。

二九 父己鼎 "物形似","形"下脱"相"字。

三十 贯耳壶 "挈"作"挈"。

三三 孟皇父匜 "折为"作"析为"。

下卷二 父乙敦 "非耶"作"作耶"。

乙父鼎 "与父乙"作"与天乙"。

四 父丁尊 "纯足"作"体足"。

六 史卣 "殊类"作"殆类"。

七 父己尊 "雍也"作"雍己也"。

八 象形饕餮鼎 两"逞"字皆作"蛋"。"书法"下脱"未分而纯质未拘世俗之习故耳夫饕"十五字。

九 周簠 "加"作"嘉"。

十 伯吉父匜盘 "旁死魄"上脱"哉生魄"三字。墨钉乃"折"字。

十二 立戈父辛鼎 "戒示"作"示戒"。

父辛鼎 空一格乃"作上有癸字盖"六字。"彝器款"下脱"识"字。

十四 妇氏鼎 "妇"作"媂",下一"妇"字同。"○"作"敓"。
父己爵 "子者"作"父者","桑觚"作"桑弧"。

十五 牛头爵 "物用"作"器用"。

十七 乳钟 "有干"作"有于","衡甬"作"衡甬"(两见)。
仲申敦盖 空一格乃"全"字。

十八 凫盉 "不溺以况"四字,作"不沉不溺,人于饮食亦得其宜而不沉溺焉"十七字。

十九 虬纽钟 "识衡角"作"设衡甬"。"功"作"工"。

二十 乐司徒卣 "郝字钟则似"作"郝子钟相似"。

二一 羊镫 "反背于首以承灯"作"反持其首以承烛"。"孰能"、"孰能然"皆作"孰能之"。
辟邪烬 "烬"作"炉","折"作"析"。

二二 摺镫 "之反"作"反之"。
敦盖 "邢"作"郱"。

二三 持刀宝彝 "亲职"作"亲执","尽"作"诚"。

二五 兽耳方壶 "惟用"作"为用","制"下缺"度"字。
博山炉 "具"作"有"。

二六 云螭奁 "屯云"作"春云","香气"作"香器"。
素卮 "酒卮"作"卮酒"。

二七 提梁小扁壶 "杯饮"作"坏饮"。

二八 金银错弩机 "宣"下缺"帝"字。
慰斗 "慰"作"熨",下同。"锅锅"无"锅"字。

二九 子孙己爵"折"作"析","事"作"祀","如"作"于"。

三十 仪仗剑 "亦堇"作"赤堇"。

又其器名每多错误，如妇康鬲，《博古》作妇庚卣；欹姬鬲，《博古》作欹姬壶。若取《博古》与其考释而细校之，所得当更多也。

都穆《铁网珊瑚》卷十、卷十一转录《古器评》二卷，题作"云间张抡才甫著评"。曾校一过，错误更多于毛本。惟据此得知抡为云间人。

九、《周秦古器铭碑》一卷

僧湛诠著

天禧元年（1017年）石刻本

（佚）

翟耆年云：

释云咸平三年五月，同州民汤善德于河滨获方缶一，上有十二字；九月，好畤令黄传郓（《考古》无传字）获方甗一，铭二十一字，诣阙以献。诏示直昭文馆句中正，秘阁校理杜镐。中正识其刻书，以隶古文训之，少者六字，多者七十余字。末云"丁巳年癸卯月乙酉日僧湛诠立"。按丁巳则天禧元年，乙酉二月初三日也（《籀史》）。

案六字者乃伯勋父甗，十二字者乃内公簠，二十一字者乃史信父方甗，七十余字者则为宰辟父敦，余未详。

十、《皇祐三馆古器图》

豫章 杨元明（南仲）释

（佚）

翟耆年云：

> 皇祐三年（1051年）诏出秘阁及太常所藏三代钟鼎器付修太乐所参较齐量，又诏墨器窾以赐宰执。丞相平阳公命承奉郎知国子监书学杨元明（南仲）释其文。杨叙云："汉孝武世去周、秦才百余年，鲁壁古文已无知者。美阳得鼎时，谓宜荐宗庙。独张敞识其刻书，知为周所赐大臣者。今距汉且千年，其传者已讹谬不可考，不传者固宜不能通也。今一以隶写之，以俟博古者。"所图太公匜、伯玉敦盂、秦螽和钟、宰辟父敦、仲信父方甗、伯勋父圆甗各一；钟四，皆铭曰"走作朕皇祖文考宝和钟"。……首载邢州所上瑞鼎，制作无法，两旁兽面啣环，三足作异兽负立，怪而不典，不知何从得而名三代器也。（《籀史》）

此书所载凡十一器。除瑞鼎外，其器皆见于《考古图》（《考古》走钟有五，著录一铭一图，云五钟声制异，铭文同）。《博古图》仅录走钟三，宰辟父敦器二盖三，余皆未载，岂《博古》成书时，其器已多遗失耶？赵明诚云：

> 右周敦而下器铭五，皆藏御府。初皇祐间修大乐，有旨付有司考其声律制度，而模其铭文以赐公卿，杨南仲为图刻石者也。然其器寻归禁中，故模本世间绝难得。余所藏公私古器款识略尽，盖独阙此，求之久而不获。有董之明（子上）者，家藏古今石刻甚富，适有此铭，因以遗余。之明云，即皇祐赐本也。（《金石录》

十一：三《周敦铭》)

此云器铭五，与《籀史》所载十一器不合。《籀史》于胡俛《古器图》云，"胡俛公谨取所赐器录五铭镌石传世"，或其初赐本仅得五铭耶？

欧阳修云："原甫（刘敞）既得鼎韩城，遗余以其铭。而太常博士杨南仲能读古文、篆、籀，为余以金文写之，而阙其疑者。"（《集古录跋尾》一：四）元明作《韩城鼎考释》，在嘉祐七年（1062年）。修又云："自余集录古文，所得三代器铭，必问于杨南仲、章友直。暨集录成书，而南仲、友直相继以死。"（《跋尾》一：八）《集古录》成于嘉祐八年。前跋作于治平三年（1066年），则元明之死，当在治平元、二年间。

十一、《先秦古器图》一卷

临江 刘敞（原父）著

嘉祐八年（1063年）石刻本

（佚）

刘敞字原父，临江新喻人。庆历间进士，官至集贤院学士，判南京御史台。嘉祐六年，以翰林侍读学士出为永兴军路安抚使，其治在长安。长安周、秦故都，其荒基破冢，发掘古物，往往有得。敞博学好古，为文尤赡敏。尝得先秦鼎彝十数器，铭识奇奥，皆案而读之，因以考知三代制度。时欧阳修方集录古文，敞乃摹其铭刻以遗之。修撰《集古录》，自周武王以来皆有者，多得于敞也。生天禧三年，卒熙宁元年（1019—1068年），年五十。（《宋史》卷三一九，《集古录跋尾》卷一）

案此石刻今佚。《籀史》作先秦古器图碑,《宋史·艺文志·小学类》作《先秦古器图》。其记见于《公是集》(三六:一三)云:

先秦古器十有一物,制作精巧,有款识,皆科斗书。为古学者莫能尽通,以他书参之,乃十得五六。就其可知者,校其世,或出周文、武时,于今盖二千有余岁矣。磋乎,三王之事,万不存一。《诗》、《书》所记,圣王所立,有可长太息者矣,独器也乎哉。兑之戈,和之弓,离磬、崇鼎,三代传以为宝,非赖其用也,亦云上古而已矣。孔子曰:"多见而识之,知之次也。"众不可概,安知天下无能尽辨之者哉。使工模其文刻于石,又并图其象,以俟好古博雅君子焉。终此意者,礼家明其制度,小学正其文字,谱牒次其世谥,乃为能尽之。

清嘉庆道光间犹有存本。张廷济《怀米山房吉金图跋》云:"刘氏《先秦古器记》存一家之器,故备为之图,其摹勒文字,亦似视薛较胜,然当时上石仅十一器,今石已不传,余所得旧本,止存七器。"赵魏《竹崦盦金石目录》(四:二八)云:"嘉祐八年六月十九日,刘敞撰,正书,下图所得古器十有一,今可见者七,盖当时有二石而亡其一矣。"

欧阳修作《集古录》,敞每有所得,必摹其铭文以遗之,《集古》所著录者十器,仅缺仲酉父敦一器。而《考古图》所收,十一器俱备,兹录如下:

晋姜鼎(《集古》作韩城鼎)
雠公缄鼎(《集古》作商雄鼎,《考古》作公诫鼎)

屡敦（《集古》作龚伯彝）

邢敦盖（《集古》作毛伯敦）

伯庶父敦

伯百父敦（《集古》作伯同敦）

仲酉父敦盖（《考古》作中言父旅敦）

叔良父簠（《集古》作叔高父煮簠，《考古》作叔高父旅簠）

弡仲簠二器（《集古》作张仲匜，《考古》作弡中甗）

弡伯匜（《集古》作张伯匜，《考古》作弡伯旅匜）

《古器记》有图，有铭文，有说，有赞，虽已失传，尚可于《公是集》及薛氏《款识》中所引得见其四器，兹校录如下：

晋姜鼎

此鼎得于韩城。韩者古建国，有晋姜，有文侯，殆曲沃宗庙器也。其铭曰："惟王九月乙亥，晋姜曰：'余惟司朕先姑君晋邦，余不□安宁，至雍明德，宣□我猷，用□所辞辟，□□□□剿，虔不□□□□，以宠我万民，嘉遗我锡。卤贲千两，勿废文侯□□□□□征绥□□坚久吉金，用作宝尊鼎，用康覜妥怀远邦君子。'晋姜用蕲□□麋寿，作惠□丞，万年无疆，用享用德，畯保其孙子，三寿是利。"复作赞曰："文侯翼周，乃锡彤弓。姜氏载德，既祐武公。并国享晋，维政之隆。师服刺仇，非议之中。"（铭文据《集古录跋尾》一：三补）

伯冏敦

此敦得于蓝田。敦者有虞氏之器。《周礼》有金敦，有玉敦。玉敦以盛血，天子以盟诸侯。金敦以盛黍稷，大夫主妇以事宗庙。此金敦也。其铭曰："伯冏父作周姜宝敦，用夙夜享，用祈万寿。"盖穆王大仆正，周畿内诸侯，食采于周者，皆周家之后。然则伯冏周之裔孙也。复作赞曰："穆满眈荒，周巡天下。祭公作招，实止王过，冏亦正仆，其僚遵度。铭器贻世，以续妣祖。载祀二千，示我懿矩。"

张仲簠

右二簠得于骊山白鹿原。簠者稻粱器。其铭曰："张仲作宝匡，奉之金镂，□□□其□，其□其光，用□□授熊□，用缮大正，商王寘饔鼎召饮，张仲受无彊福，□□饮饲鼎馂，张仲万寿。"张仲见于《小雅》，宣王臣也。所谓"张仲孝友"者矣。籀书奇字不能尽识，当有能辨者。赞曰："宜治中兴，方虎董征。张仲孝友，秉德辅成。或外是经，或内是承。文武师师，安有不宁。"（铭文据《集古录跋尾》一：十一补）

张伯煮匜

按其铭曰："张伯作煮匜，其子子孙孙永宝用。"张伯不知何世人，似亦张仲昆弟矣。匜者盥器，其形制可以挹，可以写（泻），足以效其用。赞曰："伯也何人，不见《诗》、《书》，仲友其兄，此之谓欤。矫矫宝匜，龙角虎躯。礼之象类，可得求诸。"

（铭文据《集古录跋尾》一：十校补）

其他各器，亦可于《集古录跋尾》中得其大略，如《叔高父煮簋》，其所缺者仅一赞耳。

《博古图》著录邿敦盖、夔敦、晋姜鼎、雔公缄鼎、伯百父敦、仲酉父敦盖、弡伯匜七器，想后归内府矣。

《公是集》（四九：十）有《伯冏敦赞》，《张仲簠赞》、《骊山十钟赞》。《钟赞》序云："右钟十枚得于骊山北原，无款识，然其制度似周器，权之其重者十有余斤，轻者三四斤，世无知音者，莫能明其律吕。"又有《林华观行镫记》（三六：十四）。《集古》录其前汉三器铭，一为《谷口铜甬》，一为《林华宫行镫》，一为《莲勺宫博山炉下棨》。十钟无款识，三器为汉物，故不入《古器记》中，而《考古》、《博古》亦皆未著录，惟薛氏《彝器款识》有之。薛氏于《莲勺炉》考释引《先秦古器记》云云，则在十一器之外矣。

十二、《古器图》

胡俛（公谨）著

熙宁元年（1068年）石刻本

（佚）

翟耆年云：

皇祐初，仁宗皇帝召宰执观书太清楼，因阅郡国所上三代旧器，命模篆以赐近臣。有翰林待诏李唐卿者，以隶字释之，十得二三。翰林学士王原叔（洙）又释，始通八九。熙宁戊申岁（1068年），司封员外郎知和州胡俛公谨取所赐器籑五铭镌石传世。但俛以辟父敦为鼎，以太公簋为斗，以仲信父旅甗为煮甗，徒刻其文而不载原叔所释之字，未为尽善。（《籀史》）

按皇祐内府古器十一器，此得五铭，非其全也。其所定器名，翟氏以宰辟父敦为辟父，以内公簋为太公，以史信父旅甗为仲信父，亦误。

十三、《考古图》五卷

舒州 李公麟（伯时）著

（佚）

李公麟字伯时，号龙眠居士，舒州人。登进士第，历官中书门下后省删定官，御史检法。好古博学，善画、工诗，多识奇字。自夏、商以来钟、鼎、尊、彝，皆能考定世次，辨测款识。生皇祐元年（1049年）。元符三年（1100年）病痹，遂致仕，归老于龙眠山岩壑间。（《宋史》卷四四四）

翟耆年云：

每卷每器各为图叙，其释制作镂文，籑字义训及所用，复总为前序后赞，天下传之。士大夫知留意三代鼎彝之学，实始于伯时。伯时谓圣人制器尚象，载道垂戒，寓不传之妙于器用之间，以遗后人，使宏识之士，即器以求象，即象以求意，心悟目击命物之旨，晓礼乐法而不说之秘，朝夕鉴观，罔有逸德，此唐、虞画衣冠以为纪，而能使民不犯于有司，岂徒眩美资玩，为悦目之具哉。谓彝器款识真科斗古文，实籀学之本原，字义之宗祖。……闻一器捐千金不少靳，既得剞劂探考，稽证《诗》、《书》、百氏，审谛若符契乃已。(《籀史》)

蔡绦云：

元丰后，又有文士李公麟者出。公麟字伯时，实善画，性希古，则又取平生所得暨其闻睹者作为图状，说其所以，而名之曰《考古图》，传流至元符间。太上皇帝即位，宪章古始，眇然追唐、虞之思，因大崇尚。(《铁围山丛谈》四：二四)

案：吕大临《考古图》所引《李氏录》即此书。其见于庚鼎、辛鼎、癸鼎、郑方鼎、丁父鬲、四足疏盖小敦、簠盖、祖丁彝、召仲考父壶、瓯、伯盏馈盨、弩机、戈削、瑑珌、璧、瑞玉瓏、水苍佩、玉带钩、玉杯、镰斗、携瓶、温壶、有柄温炉、凤钗、书镇、舞镜、玉甲带钩，凡二十七条。薛氏《款识》于《庚鼎》下引李氏《古器录》一条，于《齐安炉》、《博山炉》下引庐江李氏《考古》二条。赵明诚言李公麟"有《古器图》一卷行于世"(《金石录》十一：二《祖丁彝铭》)，《宋史·艺文志》李公麟《古器图》一卷，与《籀史》书名卷数皆不合，或指《周鉴图》一卷而言邪？

十四、《周鉴图》一卷

舒州 李公麟（伯时）著

（佚）

翟耆年云：

伯时元祐辛未岁（1091年）作，首图琱戈，铭云又六字，钿金为文，不可识。禹以九牧之金铸鼎，垂运巧思，以镌镂之，庾肩吾所谓"蛟脚旁低，鹄首仰立"者，正此书也。次载商器窾十四，多者三十八字，少者一两言。跋云："余昔窥古，不至《石鼓》，兹因彝器，颇迹夏、商。幸见学者当复博见远流，故刻之秦邸。若置尊中衢，宜酌取也。"（《籀史》）

案：此书只载夏、商二代古器十五器。《琱戈》实乃春秋、战国间鸟书。蔡绦言元丰后李氏作《考古图》。此书作于元祐六年，当在《考古图》之后，"周鉴"盖取《论语》"周监于二代"之意，监鉴古今字也。

十五、《博古图说》十一卷

邵武 黄伯思（长睿）著

（佚）

黄伯思字长睿，号云林子，邵武人。天资警敏，日诵千余言。年甫冠，入太学。所学汪洋浩博，上自六经，下至诸子百家，历代史氏之书，天官、地理、律历、卜筮之说，无不精诣。官至秘书省秘书郎。生元丰二年，卒政和八年（1079—1118年），年四十。著有《东观余论》二卷。（李纲《黄公墓志铭》）

陈振孙云：

秘书郎邵武黄伯思（长睿）撰，有序，凡诸器五十九品，其数五百二十七；印章十七品，其数二百四十五。案李丞相伯纪（纲）为长睿志墓，言所著《古器说》四百二十六篇，悉载《博古图》。今以《图说》考之，固多出于伯思，亦有不尽然者。又其名物亦颇不同，钱、鉴二品至多，此所载二钱二鉴而已。《博古》不载印章，而此印章最夥。盖长睿没于政和八年，其后修《博古图》颇采用之，而亦有所删改云尔。其书大抵好傅古人名字，说已见前。(《直斋书录解题》八：六）

案《东观余论》（下三九）《跋定本古器图后》云"政和五年（1115年）十一月十一日，于山阳以张丈人家本校，并补所乏"，不云《博古图》。今《余论》有《㢲仲医辨》、《古器辨》及《秦昭和钟铭说》等二十二篇，或不见于《宣和博古图》，或见矣而文不同，盖《古器说》悉载《博古图》，"藏之御府，副在有司"。此在《博古图说》之外，故《余论》复收之也。疑此为《博古图录》之初本，说见《博古图录》。

伯思又著有《古文韵》，其《跋古文韵后》云：

政和六年冬，以夏郑公（竦）《四声集古韵》（汪启淑刻本作《新集古文四声韵》)，及宗室克继所广本二书参写，并益以三代钟鼎彝器款识及周鼓、秦碑、古文、古印章、碑首并诸字书所有合古者益之，比旧本殊广，以备遗忘。作隶字书者，多有讹舛，亦姑藏之，以广异闻。观者其自辨之。十一月丙申，于山阳栖凤堂亲写，十二月丙戌，于广陵瓜步舟中记之，云林子书。

此书未印行，今佚，犹可于跋中想见其内容，是亦明朱云《金石韵府》之类也。

十六、《古器物铭碑》十五卷
东武　赵明诚（德父）著
（佚）

赵明诚字德父，密州诸城人。丞相挺之季子。年二十一，在太学作学生，有饭疏衣练、穷遐方绝域、尽古文奇字之志。知青、莱二州，竭其俸入以事铅椠。每获一书，与妻李清照同共校勘，整集籖题，得书画彝鼎，亦摩玩舒卷，指摘疵病，其乐在声色狗马之上。靖康元年（1126年），官淄川太守，金人犯京师。次年三月，奔太夫人丧，长物不能尽载，乃先去书之印本监本者，又去画之多幅平常者，古器之重大无款识者，连舻渡江至建康。起复知建康、湖州二府，冒大暑感疾，病痁。卒于建炎三年（1129年）八月，年四十九。金人陷洪州，所谓连舻渡江之书物，散为云烟。独余书画小卷轴，韩、柳集，汉、唐石刻副本数十轴，三代鼎彝十数事，清照携以之衢之越者，复为盗夺几尽。著有《金石录》三十卷，盖仿欧阳修《集古录》而作。上自三代，下讫隋、唐、五季，次其先后为二千卷。访求藏蓄，凡二十年而后粗备。在东莱静治堂装卷初就，每日晚吏散，辄校勘二卷，跋题一卷。此二千卷有题跋者五百二卷耳（李清照《金石录后序》）。

翟耆年云：

商器三卷，周器十卷，秦、汉器二卷，河间刘跂序，洛阳

王寿卿篆。寿卿得二李（斯、阳冰）用笔意，字画端劲未易及。（《籀史》）

赵氏自跋《石本古器物铭》云：

右《石本古器物铭》，余既集录公私所藏三代秦汉诸器款识略尽，乃除去重复，取其刻画完好者得三百余铭，皆模刻于石。又取墨本联为四大轴，附入录中。近世士大夫间有以古器铭入石者，然往往十得一二，不若余所有之富也。（《金石录》十三：四）

案：刘跂《金石录序》作于政和七年九月。赵氏《汉张平子残碑跋》云，"政和中，亡友刘斯立以此本见寄"。此书之序，殆亦作于政和中，不十年遂觏靖康之难，故拓本罕存。其目见于《金石录》者，有《古器物铭》十五卷，《续古器物铭》三卷，《安州所献六器铭》一卷，《齐钟铭》一卷，《家藏古器物铭》二卷，《石本古器物铭》四卷。其有跋尾者，《古器物铭》凡三十九器，及安州六器，齐钟铭，家藏古器物铭六器。《薛氏款识》于商钟二、济南鼎、迟父钟、郏敦、史黎簠、郜子斯簠、张仲簠、虢叔鬲、齐侯槃、皆录《古器物铭》文；于箕鼎、宝尊、楚公钟、曾侯钟、盨和钟、宋右君田鼎、唯叔鼎、君季鼎、孟姜匜、齐侯盘、平陆戈、平阳斤、谷口甬、平周钲、馆陶釜，皆引《古器物铭》说。意其采自《古器物铭》者甚多，两本有异同，则注孰为某本，孰为《古器物铭》本，其采自《古器物铭》而与他本无异同者则不复注，是此书名亡而实存也。

十七、《晏氏鼎彝谱》一卷

临川 晏溥（慧开）著

（佚）

翟耆年云：

名溥，字慧开，丞相元献公（殊）之孙，叔厚（知止）之子，豪杰不羁之士也。好古文，邃于籀学，作《晏氏鼎彝谱》一卷，载所亲见三代鼎彝及器繁。靖康初，官河北，金贼犯顺，散家财募兵扞贼；与妻玉牒赵氏戎服率义士力战而死。(《籀史》)

十八、《绍兴稽古录》廿册

（佚）

赵孟𫖯云：

北方好事者收《绍兴稽古录》廿册，皆高宗时所收三代古器各图，其物或青或绿或红，各桄其款于右，亦各有考证，如《宣和博古图》而加详。近世诸公所收多在焉。（周密《云烟过眼录》卷下引，陆友《砚北杂志》页三八略同）

《宣德鼎彝图谱》有云："照《绍兴鉴古录》蟠螭云雷侈口鼎款式"，是此书在宣德时尚存也。

十九、《钟鼎篆韵》七卷
王楚　著
（佚）

王楚《钟鼎篆韵》二卷，见于《宋史·艺文志》。晁公武《郡斋读书志》（四：十二，王氏本）于薛尚功《钟鼎篆韵》云："元祐中，吕大临所载仅数百字；政和中，王楚所传亦不过数千字：今是书所录凡一万一百二十有五。"陈振孙《直斋书录解题》（三：三四）云："《钟鼎篆韵》一卷，不著名氏。按《馆阁书目》此书有二家，其一七卷，其一一卷。七卷者，绍兴中，通直郎薛尚功所广。一卷者，政和中，主管衡州露仙观王楚也。则未知此书之为王楚否。"吾丘衍《学古编》云："王楚《钟鼎篆韵》七卷，衡州本字少，所出在薛氏前。无衔《钟鼎篆》两册，即薛旧本，后重广作七卷，恐人无别，故去其衔，亦间有带衔者在。"案三家之说，知作《钟鼎篆韵》者有吕大临、王楚、薛尚功三人，但其书名、卷数、有衔、无衔，颇有差异。今其书或不可得见，或见矣而不能识。余据《郡斋读书志》"吕大临所载仅数百字"之说，定吕大临所作，为今日所见之《考古图释文》。王楚所作为《钟鼎篆韵》七卷，可以从杨钧《增广钟鼎篆韵》得之，因杨氏所增广者，皆注有"杨增"二字也。陈氏云一卷，《艺文志》云二卷，未确。薛尚功所作《重广钟鼎篆韵》，今佚。

《钟鼎篆韵》卷一所引鼎、尊、彝诸器，凡四十品，共三百〇八器。薛氏《款识》所收为五百十一器，较此书为多。然亦有此书有而薛书无者：如陀鼎、孟尝君鼎、韦子尊、沈子彝、养簠、孟妳甗、饲（又误作饮）甗、书鬲、季毫盉、元子钟、分宁钟、樊羌盉等器皆是。

使此书为薛氏所作，款识何至脱漏如此之多？又师寏簋重出作师奕簋，京姜鬲重出作高姜鬲，何至并此而不知？可证此书非薛氏所作也。

所收之字：据卷一所列，卷二上平声九五七，卷三下平声六八二，卷四上声一一〇一，卷五去声七七七，卷六入声六四八，共四一六五（原作六）字。卷七象形字一二六，假借字四三，奇字四二，合字二五，会意字一二，字有偏旁可考而无训读者四，字画简古文理可考者六八，字画奇古未可训释者一二六，共四四六字，多数重见于四声中。通共四六一一字。然按之实数，颇不相符：上平二三四字，重一八三五字；下平一八一字，重一〇四七字；上声二一六字，重一七一三字；去声二二五字，重一一三九字；入声一八六字，重九一四字；四声合一〇四二字，重六六四八字。又象形字一二七，假借字六一，奇字七一，合字六五，会意字一二，字有偏旁可考而无训读者四，字画简古文理可考者六四，字画奇古未可训释者一二六，共五三〇字。通共八二二〇字。相差如此之多，或经他人改窜。[1] 其中吴、鸡、奚、差、嘉、孔、散、善、者、省、静、教、简、圣、后、剽、烛、察、恪、赤、克、国、及、夹等均有杨增之字而未曾注明。面字引师旂敦而铭文无此字。其余漏误之处，不能悉数。又如中字器名龙敦之侧有"王楚"二字，如此者数十见，使此书为楚所作，何需自署其名，或由他人增补，未可知也。

薛氏《款识》所引王楚之说数条，辑录如下，以见一斑。

---

[1] 附录《增广钟鼎篆韵》杨增之字。据卷一所记新增经典碑铭其数八十二，四声为字总六七二，上平一〇一，下平六四，上声一〇二，去声一四三，入声二六二。然按之实数：上平二六八，下平一六九，上声四五二，去声四一〇，入声七二八，总二〇二七字。

（一）王楚云："彝以虎蜼为文，古象虎首，此彝古如此，正虎首耳。"（言父癸彝）

案：《增广钟鼎篆韵》彝字下云："王楚云：彝以虎蜼为文，古象虎首，匕象蜼尾，糸言其文，米言其实，廾则持之。"

（二）按王楚《集韵》以立戈、横戈并释为子孙字（子孙父癸卣）。

案：《集韵》当是《篆韵》之误。孙字疑衍。《篆韵》子字下收有立戈与横戈。

（三）《考古》云："单，姓也。"王楚云是觯尔（单爵）。

案：《篆韵》觯下收"单"字，云"觯爵"，故知王楚释单为觯也。

（四）右铭作立戈，王楚云子字（立戈觯）。

案：释立戈为子字，见（二）条。

（五）欒即名氏也，女者欒之女也。王楚释作子字，恐未然（欒女鼎）。

案：《篆韵》释欒为子，云"蝉文鼎、《博古录》作欒"。

（六）王楚释虡为虞字（周虞敦）。

案：《篆韵》释虡为虞，云"周虞敦，王楚"。

（七）王楚云："㿟象嘉谷之实，㸚象黍稷馨香之气。"（《叔高父簋》）

案：《篆韵》簋下云："良嘉谷之实，象黍稷馨香之气。"字有脱误，当以薛引为是。

据以上七条观之，则《增广钟鼎篆韵》之出于王楚《钟鼎篆韵》可无疑。

二十、《广钟鼎篆韵》七卷
钱塘 薛尚功（用敏）著
（佚）

是书所录钟鼎文凡一万一百二十五字，详见《钟鼎篆韵》。

以上存者八种，佚者十二种。他若《籀史》所记《安州古器图》一卷，石公弼《维扬燕衎堂古器铭》一卷，黄氏《古器款识》一卷，广川董氏《古文集类》十卷，洛阳安氏《牧敦图》一卷，《梓州雌彝记》一卷，《青州古器古玉图》一卷，《严真观古器图》一卷，蔡氏《古器款识》三卷，荣氏《考古录》十五卷，翟氏《三代钟鼎款识》三卷，《宋史·艺文志》所记娄机《古鼎法帖》五卷，《庆元嘉定古器图》

六卷，仅存名目，无可稽考。又若欧阳修《集古录跋尾》，赵明诚《金石录》，黄伯思《东观余论》，董逌《广川书跋》，虽非专著，颇有论述，足供参证。今论宋代著录诸古器之如何整理以终吾篇。整理宋代古器，可分四项：

（一）《宋代古器著录表》 民国三年，王国维先生作《宋代金文著录表》，分器名、诸家著录、杂记三项列之。余为重编，载于1928年《北平北海图书馆月刊》一卷五期，体例略异：（甲）原书器之次序依各书为先后，重编则以字数为先后。（乙）宋所称器名未确者，原书皆因仍未改。而敦、彝之为簋，簠之为盨，匜之为觥，重编皆酌为厘订。（丙）原书各器，不列朝代及字数，著录之书不注卷页，重编皆为补入。（丁）原书于金文之存、佚、伪三者并列不分，重编以存者为主，佚者伪者附录于后；《续考古图》讹误太甚，亦入附录。虽重编较胜于前，然尚恨有缺者：（甲）二书皆以金文为主，然宋代著录之器不过千余，何不并无字者而亦列之，则器之种类较多，检阅较便。排列次序，亦当以时代先后，形制异同为次，不以文字多少为次。（乙）如出土年月，出土地，收藏家，皆当补入。又《弓编钟》八至十三，《蛟篆钟》、《琱戈》之真以为伪；单夒鼎、仲言父簋盖之一器分列为二，《续考古》之父乙罍，即《博古》之父乙尊，伯丁罍即祖丁尊，亦皆分列，皆当改正。此著录所当重订也。

（二）《宋代金文校释》 摹录文字，有《考古》、《博古》、《薛氏》、《啸堂》、《复斋》等书，工拙各异。同一书也，又有先后翻刻之不同。非聚多本互校不能定其优劣。据余所见，以《复斋》青笺十五器为佳，惜其太少。《博古》次之，但蒋氏重翻，亦未得见初印之本。宋淳熙本《啸堂》又次之。薛氏石本只见五器，嫌其太瘦，翻刻则推朱本。《考古图》及《续考古图》为下。而自宋流传至今之器，如趞鼎、兮甲盘、禹鼎，皆可取以相校，写成定本，而注诸家异同于下。

校写既定，次言释文。癸公、俎姞，洪迈一再力诋《博古》之失。附会古人名字，宋人通病，岂独《博古》为然。孙诒让作《古籀拾遗》，已据近代所出校正薛氏之书十四器。今日所出更多，如以毛公鼎证师虘敦，以秦公簋证秦公钟。其所得必有较多于孙氏者。校释之作，其不容已乎。

（三）《宋代金文编》 编纂铭文以为字典，宋人早自为之。始于《考古图释文》，得八百余字。王楚作《钟鼎篆韵》得数千字，薛尚功广之，得一万一百二十五字，二书皆佚。从杨铜《增广钟鼎篆韵》犹可得见王氏面目。使校释之书得成，编此正易，宁能使简陋之《钟鼎字源》独行于世乎？

（四）《宋代考古丛谈》 宋人笔记，时有及于古器者，如《洞天清录集》之《古钟鼎彝器辨》，《游宦纪闻》之辨博书画古器，《铁围山丛谈》之古器说，其于当日士大夫之崇尚，器之名称、形状、花纹、色泽之研究，及真伪之鉴别，均有记述。即有言过其实，亦可为之订正。古器之外，砖、石、竹、木不妨兼收。《石鼓》则有欧阳修、郑樵、董逌、王厚之诸人之著作。又如今日新疆所出之木简，惊为秘宝，然宋代早已发现。赵彦卫《云麓漫钞》（七：十一）云：

宣和中，陕右人发地得木简于瓮，字皆章草，朽败不可诠次。得此檄云："永初二年六月丁未朔廿日丙寅，得车骑将军莫府文书，上郡属国都尉二千石守丞廷义，县令三水。十月丁未到府受印绶，发夫讨畔羌，急急如律令。马四十匹，驴二百头，日给。"

内侍梁思成得之以入石。

邵伯温《邵氏闻见后录》(二七：二)云：

崇宁初，经略天都，开地得瓦器，实以木简札，上广下狭，长尺许，书为章草，或参以朱字。表物数曰缣几匹，绵几屯，钱米若干，皆章和年号，松为之，如新成者。字道古若飞动，非今所畜书帖中比也。

集而录之，亦足以资多闻。若并近代所出五六千器之名物制度而通考之，则尤洋洋乎巨观尔。并世倘有其人乎，愿执鞭随之。

     1933 年 1 月《庆祝蔡元培先生六十五岁论文集》
     1963 年 5 月修改补充。原载《学术研究》
       1963 年第 6 期、1964 年第 1 期

中国思想史上的"天人合一"问题

刘 节

一、叙论

按照马列主义的理论处理中国思想史上的问题，已经有《中国思想通史》这部大著作做我们的榜样，而且集中了一大批新的材料，对于写作中国思想史的新途径，有了很好的基础，这种贡献是很大的，而且路线是正确的。我这篇论文，想从另外一个角度去看中国思想史上的问题，这个问题就是"天人合一"说。很明白地提出"天人合一"说的是西汉早期思想家董仲舒。他在天人三策中提到："天人相与之际，甚可畏也。"汉武帝因此就说："善言天者必有征于人，善言古者必有验于今。"他们两人之间的问答，有总结封建前期思想史的作用。若就思想史的趋势说，董仲舒的天人相与说是倒退的，若就"有征于人"与"有验于今"而言，仲舒的思想是能够切合当时的社会实际的。在董仲舒以前，中国古代思想家对于天与"人"的看法各不相同，总起来说就是希望"人之道"能与"天之道"相合。他们照历史过去事实看，好像"天道"与"人道"是根本矛盾的，无法统一的。既然是对于"天道"与"人道"的看法各不相同，自然其结论也会各不一致。按照我们现在的看法，历史的演进过程是由"自然史"到"人类史"，在人类史这一阶段中前一阶段是人与自然斗争史，后一阶段是阶级斗争史，也就是人与人相斗争的历史，必须在消灭了阶级以后，才能进入全人类平等进化的历史，而同时也就是人能够控制自然规律，使人为的规律能与自然规律相协调的时代。

人与自然作斗争一件事，在人类史中在阶级斗争史以前占了漫长的一个阶段，而且一直到现在没有停止，慢慢地人类掌握了自然规律，使之为人类所创造的规律——也就是为人类所创造的新制度服务，这就是人类与自然作斗争的胜利，也就是"天人合一"说的实质。不过这一过程是很复杂的，而且继续不断，交互错综，贯串整个人类的历史。问题就在于天人合一问题，在各个时代的思想史上有不同的意义与不同的讲法，每一位思想家也只能按照他们的时代精神说话。若照我的看法，要衡量一位中国思想家，必须看他在这一个问题上作过怎样程度的探讨，与提出怎样程度的解决方法，才可以决定这一位思想家在思想史上的地位。比如说，"天道"是自然规律，或者说自然法则；"人道"就是社会规律，或者说人为法则。所谓解决人的生活问题一句话，在最初一阶段应该了解作人与自然相斗争的胜利过程；但是到了后来，就不仅仅是与自然作斗争的过程，其中有很大一部分为人与人作斗争的激烈过程所占据，因此人类的历史由解决生活问题进而为解决不合理制度问题了。这样一来，就把人与自然的斗争过程与人与人的斗争过程交织在一起了。老子说："天之道损有余以补不足，人之道则不然，损不足以奉有余。"这是就人类社会的不平等现象而发的大声疾呼。其实拿全部的自然规律来说，都是"损有余以补不足"

吗？这就牵连到人们对自然规律和人为规律的认识问题了。

在中国思想史上，"天人合一"问题实在没有得到很好的发展，就从自然科学没得到很好发展上可以看出来。人类如果未能正确认识自然规律，掌握自然规律，人为规律就无法与自然规律相统一。因为在思想史上还有一个重要问题，就是"人的觉醒"。人的觉醒可以从主观到客观，也可以从客观到主观，这与中庸上所说的"自明诚"和"自诚明"的两条途径是一致的。掌握了自然规律以后，使人能够明确认识自己在宇宙间的地位和意义，这是由人的觉醒到了真正建立人本主义的时代。张载说："为天地立心，为生民立命。"人必须能够当得起是宇宙间的重心，才可以得到真正的"天人合一"。到了那个时候应该说是人文主义的极盛时代，这一时代，必须是通过共产主义时代才能真正实现的。但是中国的正统思想，却要在人为规律和自然规律还未得到协调时代就想把它实现，未免有些夸大而幼稚了。虽然如此，中国思想史却偏偏在这一倾向上得到各色各样的发挥，因此我就想用这一线索去探讨一下中国思想史的大势。

二、中国思想史的基本动向

孔子思想成为正统以前，中国思想史上对于"天"与"人"的看法也有一定的资料可求的。郭老在《周彝中之传统思想考》和《先秦天道观之进展》两篇文章中大体上都已经列举出来。殷代以前的思想史应该是有的，说清楚比较麻烦，暂不动它。先把孔子以前的，所谓传统思想，也就是孔子即以此为凭借而一以贯之的基础，大概说来在孔子以前对"天道"的看法，大体上也应该可以分为两派。郑子产是孔子以前的思想家，也是实际政治家。他就说："天道远，人道迩。"（《左传》昭公十八年）这两派也可以说是两时期。前一个时期，以为"天"或"帝"是一种人格神，是有意志的，可以给人以祸福的。例如《尚书》：《盘庚》篇："天其永我命于兹新邑。"一直到宗周钟，还是有人认为"唯皇上帝百神保予小子"。在这里很明白地可以看出，有很大一部分人对于天道是极端崇拜的，但是到了孔子"不语怪、力、乱、神"，而且说："未知生，焉知死"，"未能事人，焉能事鬼"。又不大言"性与天道"。这不能不说孔子是继承了一部分的优良传统。这种优良传统就是对自然采取斗争的态度，"利用厚生"，增加人类的物质财富，加强人类对于自然的控制力量，使"人道"能克服了"天道"的不良影响。所以对于"自然"，也就是对于"天道"的看法，早就分为两派：崇拜自然的一派，和对自然作斗争的一派。这本来是人类文化史共同存在的事实，我们就在"务本"的思想上看出这两派的区别来。墨子《非儒篇》说孔子一派"背本弃事而安怠傲"，这个"本"是以务农为本的本，与逐工商之末的末是相对的。人与自然的对抗，以利用厚生为本。到了孔子的手里，却说："君子务本，本立而道生，孝悌也者其为仁之本与？"自孔子以后的正统派思想家多半是"四体不勤，五谷不分"的"内倾"派学者。古人本来是说"安土敦乎仁"，"本立而道生"；这个"本"应该向外求，但在孔子以前早就有人主张向内求了。《君奭》篇上说："天不可信，我道惟宁王德延。"又如齐子仲姜镈说："用求考命弥生"，这个"生"，就转到当作"性命"的"性"字解了。这个转变时代是在孔子以前，其关键在哪里呢？就在于"天道远，人道迩"。客观自然固然要征服，才能"仓廪实"，"衣食足"；但是往往因过于忽视了人道，也就是忽视了主观方面的人道，弄得"虽有粟，吾得而食诸"的地步,这才出现"为政以德"的思想。这一转变倾向当是社会经济有了一定的基础之后,才能出现的。西周中叶以后是这一思想抬头的时代,《无逸》篇说:"文王卑服,即康功田功。""自朝至于日中昃,不遑暇食。"到了他的子孙就"盘乐游田","不知稼穑之艰难"了。弄到后来"坠姓亡氏,无克祚国"的也很不少。郑子产就说"哀乐不失,乃能协于天地之性"(《左传》昭公二十五年)。又说:"恕思以明德,则令名载而行之。"(《左传》襄公二十四年)尤其是"哀乐不失,乃能协于天地之性"一句话关键性最大。"人性"本来是出于天性而与"天性"相协调的,"人道"本来也可以与"天道"统一起来,就在人与自然相斗争的过程中,出现了许多不合理的人事与制度,造成天人交相胜的纠纷。问题就在必须克服主观方面的缺陷,才能"哀乐不失",这样呢,"人性"与"天性"就可以有统一起来的希望。孔子以前的思想家居然能提出"协于天地之性"一个口号来,这不是很难得吗?其实就是"考命弥生"一说的进一步阐发。孔子很少言"性"与"天道",但是以孝悌为仁之本,这正是他的"能近取譬"的方法。从两周彝铭、尚书、诗大小雅中可以看出孔子确乎是继承这一传统的伟大思想家,从孔子以后,就转入另一个阶段,重视从主观方面作控制自然规律的斗争,希望"克明厥心,哲厥德"(《师望鼎》)。所以孔子以前就有人说:"克己复礼,仁也。"(《左传》昭公十二年)此后儒家成为中国封建社会的正统思想,其反对派墨家在《非儒篇》中说:"儒者其道不可以期世,其学不可以导众;立命缓贫而高浩居,背本弃事而安怠傲。"后来《淮南子》的《要略训》也说:"墨子学儒者之业,受孔子之术。以为其礼烦扰而不说,厚葬靡财而贫民,久服伤生而害事,故背周道而用夏政。"而孔子也鄙视樊迟为"小人",极端表扬了颜回的安贫乐道精神，这自然是一个很大偏向。他们以为在主观方面掌握了"忠恕之道"以后，便可以万事大吉，"恕思以明德，则令名载而行之"，放弃了"利用厚生"精神，以为"自古皆有死，民无信不立"，殊不知社会的问题不能解决，生活的问题也是不能解决，一切所谓个人修养都是不可靠的，哪里还有什么"协于天地之性"可言呢？在这里我们必须指出，孔子以前，为什么主张对客观自然作斗争的思想可以与崇拜自然的思想斗争；从孔子以后，"恕思以明德"的思想却占了绝对优势呢？这与封建社会一切制度渐趋于巩固，能够保障了封建统治阶级的经济生活一事实是分不开的。

孔墨两家思想的冲突之后，儒家思想占了绝对优势；这种斗争也就转到儒家思想的内部来，形成孟荀两派的冲突。孟子说："形色天性也，唯圣人可以践形。"又说："诚者天之道也，思诚者人之道也。"这就是所谓天人合一思想的另一个方面，这种思想毫无疑问是从希望"协于天地之性"这一路线而来的。荀子虽然也说："虚一而静，谓之大清明。"但是他还注意到："强本而节用，则天不能贫；养备而动时，则天不能病；循道而不贰，则天不能祸。"他所谓"强本"，就是墨子所指的"不背本"之"本"，不是"君子务本"的"本"了。"天人合一"的深刻意义，必须从荀子这三句话中扩充出去才能真正实现。所以从荀子到他的学生韩非、李斯都是注意到"尽制"这一面，不仅仅是像孔子、孟子一样专从"尽伦"一方面着想。荀子说得好："天下无二道，圣人无两心。""圣也者，尽伦者也；王也者，尽制者也；两尽者，足以为天下极矣！"不过在以前的阶级社会里是不可能做到"尽制"的。孟荀两家冲突的实质就在这一方面。虽然如此，也不能忽视孔子孟子两位的基本精神，从西周以来就知道："显唯敬德，无攸违!"(《班殷》)到了董仲舒,更明确地肯定,"故明于情性,乃可与论为政"(《春秋繁露》正贯篇)。他又说:"人始生有大命,是其体也;有变命存其间者,是其政也;政不齐,则人有忿怒之志。"(《春秋繁露重政篇》)"大命"者,指天道而言;"变命"者,指人道而言。在董子这几句话里,也就已经反映出一些阶级斗争意义,所以董仲舒还能重视:"富者田连阡陌,贫者无立锥之地"这一事实。

到了汉朝,由于董仲舒的气魄,与封建制度之确立,儒家成为正统。而法家思想也就与儒家思想相结合,成为正统思想中的一个支柱;在两汉思想家中,前有陆贾、贾谊、晁错;后有王符、崔实、仲长统;都是儒法两家的巧妙地结合者。就在这里,也可以看出两派在儒家思想的基础上所作的斗争,最鲜明的莫过于桓宽的《盐铁论》。书里面所谓"大夫"是代表法家思想,"文学"、"贤良"是代表儒家思想,但是仔细一研究,两者基本上都还是归结于儒家思想。大夫说:"水旱,天之所为;饥穰,阴阳之运也,非人力故也。——天道然也,殆非独有司之罪也。"贤良就根据这一套空论加以驳斥,他们说:"周公载纪而天下太平,国无夭伤,岁无荒年。——今不省其所以然,而曰'阴阳之运也',非所闻也。——孟子曰:'野有饿莩,不知收也;狗彘食人食,不知检也;为民父母,民饥而死,则曰:非我也,岁也;无异乎以刃杀之,则曰:非我也,兵也。'方今之务——分土地,趣本业,养蚕桑,尽地力也;寡功节用,则民自富。如是,则水旱不能忧,凶年不能累也。"这就是"人定胜天"的思想的进一步的阐发,可见"天道"与"人道"之间有很复杂的关系,所谓"人能弘道",是有多方面的细致工夫的,《盐铁论》里的作者把这些道理都摆出来,要我们充分考虑主观与客观两方面的原因,而加以适当处理,不是用简单的方法可以解决的。盐铁国营，对于封建统治阶级是有利的，对于人民是否有利？还要仔细讨论，问题就在封建制度本身还有缺陷。

魏晋南北朝的时代，儒家思想已经相当地打下根基，虽然玄学、佛学的思潮澎湃一时，但对这一正统思潮，不只是没有动摇，相反的，还有助长之势。葛洪著的《抱朴子》是以道家思想作中心，在这部书里有《诘鲍》一篇，说鲍敬言"好老庄之书，治剧辩之言，以为古者无君，胜于今世"。作者站在儒家立场上反诘他，也反映出人为规律是可以补自然规律之不足的，也是人定胜天说的一面。孔子说："夷狄之有君，不如诸夏之无也。"足见执行制度仍旧是靠人，但是没有制度是绝对不可以的，制度不断改进，是社会发展的规律；恰恰相反，不是废弃制度。《抱朴子》说："古者生无栋宇，死无殡葬；川无舟楫之器，陆无车马之用；舌啖毒烈，以至殒毙；疾无医术，枉死无限。后世圣人改而垂之，民到于今赖其厚惠，机巧之利未易败矣！今使子居则反巢穴之陋，死者捐之中野；限水，则泳之、游之；山行，则徒步负戴；弃鼎铉而为生臊之食，废针石而任自然之病；裸以为饰，不用衣裳；逢女为偶，不假行媒。我子亦将曰：'不可也！'况于无君乎？"可见"焚符破玺""掊斗折衡"的思想不只不是革命，而且是反动的。荀子早就说过："人之生不能无群，群而无分则争，争则乱，乱则穷矣！故无分者，人之大害也；有分者，天下之本利也；而人君者，所以管分之枢要也。"制度正是解决纠纷的好办法，问题是在于如何改进制度和怎样执行制度而已。《诘鲍篇》的作者又说："夫有欲之性，萌于受气之初；厚己之情，著于成形之日；贼杀并兼，起于自然；必也不乱，其理何居？"又说："衣食之情，苟在其心，则所争岂必金玉，所竞岂必荣位？"说这话的人其出发点与荀子相同，但荀子说："故制礼义以分之，以养人之欲，给人之求；使欲必不穷乎物，物必不屈于欲，两者相持而长，是礼之所起也。"人生而有欲是不成问题的，但是"不患寡而患不均，不患贫而患不安"也是真理。"制礼义以分之"固然是真理，"制礼义以安之"难道就不是真理吗？因此我在上文说：怎样认识自然规律和怎样认识人为规律是一先决问题。"物"与"欲"是"相持而长"的，我们必须善于认识规律，而同时也要善于掌握规律，"天人合一"的消息就在这里。但这争论在魏晋南北朝的思想史上是不可多见的。此后，在晚唐人刘蜕所著《山书》中尚有与鲍敬言相近的议论，以外便不多见了。（别下斋丛书本的《文泉子》，及《全唐文》卷789）

在唐代，封建社会的一切制度更加向前发展，要迈进封建社会的鼎盛时代了。这时的正统思想逐渐走向宋明理学的途径，关键人物是韩愈、李翱；尤其是《复性书》，真是开周张程朱之学的大门。但是在韩愈的时代，论点不在于"性"和"理"，仍旧是"天人合一"问题。柳宗元《天说》引韩愈的话说："今夫人有疾痛、倦辱、饥寒甚者，因仰而呼天曰：残民者昌，佑民者殃！"又说："人之坏元气阴阳也亦滋甚：垦原田，伐山林，凿泉以井饮，窾墓以送死，而又穴为匽溲，筑为墙垣、城郭、台榭、观游，疏为川渎沟洫陂池；燧木以燔，革金以熔，陶甄琢磨，悴然使天地万物不得其情。"这种说法又回到庄子《马蹄》、《胠箧》诸篇的论点上去了。目的是"不以人灭天，不以故灭命"。也就是重新提出"天道"与"人道"是有矛盾的说法。柳宗元说他"有激而为是"。这是对的。问题在于为什么"有激"？既然"有激"，就是对社会上的事看出破绽来。因此刘禹锡又作《天论》上中下三篇以广其说。刘云："天，有形之大者也；人，动物之尤者也。天之能，人固不能也；人之能，天亦有所不能也。故余曰：天与人交相胜耳。——天之所能者，生万物也；人之所能者，治万物也。"所以说："人能胜乎天者法也。法大行，则是非为公。""法大弛，则是非易位。"因此，"生乎治者人道明，咸知其所自，故德与怨不归乎天；生乎乱者人道昧不可知，故由人者举归乎天，非天预乎人云尔。"这是把"天道"与"人道"分开来看，自然规律和人为规律是不可能统一的。凡是有是非之处，都是人理胜；到了没有是非的时候，那就是天理胜了。理明，就说这是"人事"；理昧，又说这是"天命"。但是刘禹锡说："天非务胜乎人者也。何哉？人不宰，则归乎天也。人诚务胜乎天者也。"只要人能掌握了自然规律，就是理明，因此明理之后，虽然是"天理"之当然，也与"人理"无异致了。刘禹锡确乎把天道看作自然规律，他说："以目而视，得形之粗者也；以智而视，得形之微者也；焉有天地之内有无形者耶？古之所谓无形，盖无常形耳，必因物而后见耳，焉能逃乎数耶？"他所谓"数"就是物理。"大凡入乎数者，由小而推大必合，由人而推天亦合；以理揆之，万物一贯。"刘禹锡对于自然科学有研究，《证类本草》中屡引刘禹锡的说法。如果照他的说法："是非存焉，虽在野，人理胜也；是非亡焉，虽在邦，天理胜也。"这一说法，与老子所谓"天之道，损有余以补不足"一说恰恰相反。外表看来，很像是说"天理"和"人理"不相一致的。其实应该看作人理胜也就是达到"天人合一"的境界了。因为掌握了自然规律就是理明，理明然后能够心明。李翱与刘禹锡是同时人。李翱就说："人之昏也久矣！将复性者，必有渐也。"必须逐渐做到"物至时，其心昭昭然明辨焉，而不应于物者，是致知也"。致知还不就是明理吗？客观规律的掌握与主观规律的掌握是互有关系的，把"复性"当作"明心"，也就与

"哀乐不失，乃能协于天地之性"的说法相近了。天人合一说到了宋明以后就偏向"明心见性"一方面来了。中国思想史的基本动向从李翱以后转入一个新途径，应该换一个方法来阐发它，此处不谈了。

三、天人合一说在中国思想上的主要内容

宗教思想的起源是很早的，到了殷周之际，一般说来，"天"是一个有人格的神，"唯皇上帝百神保予小子"一句话中就可以看出来，"皇上帝"也称"皇天王"，可以给人以祸福的。到了西周中叶以后，"天意"和"民意"首先统一起来，这是天人合一说中的重要关键。《康诰》篇说："天畏棐忱，民情大可见。"逸《大誓》也说："天听，自我民听；天视，自我民视。"《皋陶谟》又说："天聪明，自我民聪明，天明畏，自我民明畏。"这种思想应该是儒家思想的来源，在西周彝铭里早已提出"德"字，其字从彳从心。罗振玉并且说"彳"字在卜辞里就作德字用，那就更早了。不过在卜辞里，"文"字早已从心作𢗳，到了金文里也还有作𢗳的，如《豆闭殷》。但一般都作𢗳，如《君夫殷》。省字从目上作𡴀，像动眉目，用心思的意思，所以认为"德"字就是德字，我以为是可以的。那么，唯心论的萌芽就得放在商代了。《师望鼎》年代很早，早已说："克明厥心，愸厥德。"这里已出现从心从折的愸字了。这个字在金文里应作愸，也有从省作愸，如盂鼎中所见的𢗳字。所以从文、德、哲三个字都与从心、从省有关系，而且时代都在西周早期，唯心观点起来相当早，是可以肯定的。因此《召诰》里就说："王其德之用，祈天永命。"又说："王敬作所，不可不敬德。"《班殷》也说"显惟敬德，无攸违"。因此就出现"天"是代表

人心的向背，这个人心就是"民意"的说法。"天意"并不可怕，这叫作"天威匪诚"。必须"宓静于猷，盭恕厥德"。这样便可以"惠于万民"、"友于皇天"了。于此可见，西周早期就已认识到"天意"不是高高在上的，"民意"就是"天意"，因此天和人是不矛盾的，只要我们"虔夙夕专求不贊德"（番生殷）便可以"协和万民"、"克厌天心"了。这个时候的天人合一问题，关键在于打通宗教和政治的矛盾。使宗教性减低，政治性加强。就此出现"恕思以明德，则令名载而行之"的思想了。天意和民意的统一，在中国思想上是一件关键性的大事情，就是说自然规律和人为规律其本身有可以统一的基础，根本不是矛盾的，但是首先要解决主观方面的阻碍，一任主观的放纵，就是阻碍掌握自然规律的最大原因。自然规律不能认识，更谈不上掌握，那时自然规律就不能为人类服务，只有显出阻碍人类进步的一面了。这一真理的发现是从"天意"与"民意"的统一开始的。必须要"克明厥心，恕厥德"，才能从认识自然规律到掌握自然规律。现在的问题不只这一个，还有一个更重要的，在政治上如果不首先认识"民意"或"民情"，只是盲目相信"天意"，就不能够"畯正厥民"，"保辥家邦"，其他一切都谈不了。

在周金里称先代的大政治家为"前文人"，也就是有文德的人。所以有"苗民勿用灵，则修文德以来之"的说法。到了孔子便肯定"为政以德"，孟子又说"行仁政于民"。当然封建社会的仁政，德政是有限度的，但是可以肯定，他们已经认识到政治上的成败，有大部分的事是关系于政治家自身的行为上，然后连带到制度上的缺点。当然，也有许多事是因为制度的缺陷，使政治家的弱点更易暴露。孔子说"克己复礼为仁"，这里的"礼"，应该当作"理"看。郑子产时就已经说:"夫礼,天之经也,地之义也,民之行也。"(《左传》昭二十五年)必须克服自己心理上的缺陷,才能"协于天地之性",这就是"复礼"。孟子一方面说:"仁,人心也;义,人路也。"可是他也注意到"行仁政必自经界始"。这才能够在政治上做到主观方面与客观方面的思想统一。有人说甲骨文中没有"仁"字,事实上《殷虚书契前编》卷二页十九片一是有一个"仁"字,虽属单文,也不能说没有(我不同意人字边作二是"符号"一说)。而且说文引古文作"尼"。尼,就是"人方"的人字,人方即"夷方",夷俗仁,孔子也说:"殷有三仁焉",我以为"仁"字可能殷代已有。这倒不要紧,要紧的是孔子首先把他的思想用"仁"字标帜出来,而孔子又是东方人。孔子的思想是人本主义,用唯仁论来统率他的教育哲学和政治哲学,这是中国思想史上一个很重要的转折点。天人合一问题必须确定一个重心。"天"作重心呢还是"人"作重心?孔子提出"仁"来,就是肯定以"人"作重心,而且不是以个人作重心,在社会上有了两个人以上,才有所谓"仁"的。如果世界上只有一个人,根本就谈不上什么是"仁",也就是说,没有什么叫"人本主义"。人是受自然规律所支配的,孔子却说"自古皆有死,民无信不立"。并且儒家要我们"杀身成仁","舍生取义",这是推崇"仁"到了极点。我们必须站在"人"的立场上掌握自然规律,返于自然的思想是反动的,那就根本谈不上什么叫"天人合一"了。孔子虽然很自负"天生德于予",但是儒家的思想中心是"天德不可以为首也"(《乾卦象辞》)。"天德"必须用"人德"去实现它,"天行健",因此"君子以自强不息"。孔子也说过:"逝者如斯夫,不舍昼夜。"自然规律必须在人为规律中体现出来,这是人本主义的基本精神。正统哲学上所谓"天人合一",应该如此了解。唯仁论的特点就是很强调主观能动性。礼是客观的理,"克己"以后,才能"复礼"。孔子并且跟着就说:"一日克己复礼,天下归仁焉。为仁由己,而由人乎哉!"把主观与客观相统一的重心放在主观一面,人本主义的又一特点在此。太强调主观能动性固然是唯心论的缺点,我以为在思想史上把天人合一的重心肯定在人这一面,应该说他是进步,相反地强调"德在乎天"的只能成为一个"畸于人而侔于天"的"畸人"而已,那倒是反动的了。正统思想的标准人物是"前文人",而不是"畸人",所以人本主义再向前发展一步就是人文主义。

孔子说:"吾道一以贯之。"曾子加以发挥,说:"夫子之道,忠、恕而已矣!"照我们现在看来,仁是孔子的一贯之道;忠、恕呢?是"仁"的两个方面,主观方面说是"忠",客观方面说是"恕"。两者必须统一起来,才能成为一贯之道。在孔子以前,思想家、政治家著名的很多,如文王、周公、管仲、子产都是,求其能"一以贯之"的却不能说很多。孔子以后便不同了,一元论就建立在天人合一说的基础之上的。除掉墨家思想以外,一般说来都是一元论,他们认为在这个世界只有一种规律,自然规律必须在人为规律中很合理地表现出来。孟子批评墨家后学说:"且夫天之生物使之一本,而夷之二本故也。"庄子《天下篇》说老聃:"建之以常无有,主之以太一。"老子五千言中也说道:"万物得一以生。"庄子也说:"道通为一。"又说:"参万岁而一成纯。"不过庄子是主张一于天,而不一于人的。所以说:"其一,与天为徒;其不一,与人为徒。天与人不相胜也。"虽然如此,在庄子《天下篇》又说:"圣有所生,王有所成,皆原于一。"对于一元论,庄子是特别强调的。到了荀子,也主张:"天下无二道,圣人无两心。"此外如宋钘一派,也说:"执一不失,能君万物。""一以无贰,是谓知道。"韩非接受了道家思想的一面,又是荀卿的学生,所以也是一元论。他在《扬搉篇》说:"用一之道,以名为首;名正物定,名倚物徙。圣人执一以静,使名自命,令事自定。"总而言之在宇宙以内只有一种规律,自然规律必须统一于人为规律之中,而人为规律也必不可能违反自然规律,只能掌握自然规律而善于运用之,但不能听其放任自流,否则就要出现"率兽食人"的局面了。"循天之理"是对的,然而必须能"戡天"。"天之道"和"人之道"必须得到合理的统一。事实上,有些现象确如老子所说:"天之道损有余以补不足,人之道则不然,损不足以奉有余。"这一不合理现象中所包含的矛盾如何得到统一?却是先决问题。因此天人合一说要转入一个新的论点了。

这个论点就是"天性"与"人性"是否可以统一。照庄子的看法:"有人,天也;有天,亦天也;人之不能有天,性也;圣人晏然体逝而终矣!"这样说来,不是"天"和"人"是无法统一的了。其实庄子也并没有这样坚持。他说:"圣人之生也天行,其死也物化。静而与阴同德,动而与阳同波。"何以能够做到这样的地步呢?庄子一派的学者以为是"去知与故,循天之理"的效果。我以为这种看法是有一部分道理的,由个人到社会,都必须"各正性命",然后才能够在社会上"保合太和"。庄子也说:"当时命而大行乎天下,则返一无迹;不当时命而大穷乎天下,则根深宁极而待。"而且还要做到"不以知穷天下,不以知穷德,危然处其所而反其性"。这个道理在庄子的时代是很难发挥得尽致的。深刻地认识自然规律,然后才能真正掌握自然规律使之为人类服务,这就可能做到"返一无迹"了。但在庄子的时代如何能做到呢?那么惟有"根深宁极而待"了。所谓"圣智"是指有个人的"自觉",知道有一个自然规律和人为规律的矛盾,而这种矛盾源于人类未能真正认识自然规律而掌握这些规律，一般人就不可能有这种"自觉"，更谈不上天人合一的问题了。庄子在《齐物论》上有一段话描写得很好！他说："一受其成形，不亡以待尽；与物相刃相靡，其行尽如驰而莫之能止，不亦悲乎？终身役役而不见其成功，苶然疲役而不知其所归，可不哀邪？人谓之不死，奚益？其形化，其心与之然，可不谓大哀乎？人之生也固若是芒乎？其我独芒，而人亦有不芒者乎？"一个人在一个"未济"的社会中，虽然还不能深刻认识自然规律而掌握之，但必须做到："壹其性，养其气，合其德。"然而"不明于天者，不纯于德"。不知道有自然规律的人哪里还谈得上什么是天人合一呢？所以孔子说："知命者不立乎岩墙之下。"命有天命，有时命。命也就是数。我同意上引刘禹锡的解释。岩墙有一时之间倾倒的可能，所以不能立于岩墙之下。认识到岩墙必倒的自然规律，这就是"知命者为君子"。

儒家的看法与做法和道家根本不同，从孟子以后，对于孔子"人能弘道，非道弘人"的思想得到了发展。孟子说："天时不如地利，地利不如人和。""得道多助，失道寡助。"孟子又说："天民者，达可行于天下而后行之者也。"孟子最鼓吹行仁政，他说："夫仁，天之尊爵也，人之安宅也。"行仁政就是尊天爵。所以能够尊天爵，行天道的人是"天民"；济天民，行仁政的是"天吏"；能行仁政的"天吏"，然后可以与之共"天位"，治"天职"，食"天禄"。所以他说自己是"天民之先觉者也"。说"返一无迹"，便觉太抽象。说"行仁政"，"尊天爵"，这就是在"人道"中见"天道"。这样说天人合一，就比较具体，从事实出发。到了荀子就更加切实了。他说："天行有常，不为尧存，不为桀亡。应之以治则吉，应之以乱则凶。疆本而节用，则天不能贫；养备而动时，则天不能病；循道而不贰，则天不能祸。""本荒而用侈，则天不能使之富；养略而动罕，则天不能使之全；倍道而妄行，则天不能使之吉。"在社会制度，生产斗争上不能取得成绩，哪里能够说得上是行仁政？也就根本不能谈天人合一了。这些道理都是显而易见的。道家的看法就与儒家有根本性质的不同。首先就是对于"天道"与"人道"的理解和认识有所不同。庄子说："故通于天地者德也，行于万物者道也。"又说："道行之而成，物谓之而然。"至于如何理解"天道"和"人道"的区别呢？庄子的看法就更妙了！"何谓道？有'天道'，有'人道'。无为而尊者，天道也；有为而累者，人道也。"就因为在人世间有些政治上负责的人冥行妄作，奋其私智，欲与自然规律争胜。所以宋钘一派学者告诉我们"去知与故"，然后才能"恬愉无为"。到了庄子便说："不开人之天，而开天之天；开天则德生，开人则贼生。"所谓"开天之天"，好像面向自然，认识自然规律，而且要运用这些规律为人类服务，这不是"德生"了吗？如果"掘泥扬波"，"伤天害理"，毁灭"天性"，这不是"贼生"了吗？自然规律必须要统一于人为规律之中，但是在阶级社会里所有的人为规律都是"亏道而乱德"的，造成"有为而累"的局面，这就是道家要毁弃社会制度的原因。一切社会制度都是在人为规律的范畴以内的事。有了社会制度，目的应该是使我们人人能有认识自然规律和掌握自然规律的机会。现在这些制度恰恰相反，使我们不能够得到机会认识自然规律而掌握之，那么自然要产生"焚符破玺，掊斗折衡"的思想了。而且问题还不只是如此，他们还进一步地说："夫善治外者，物未必治，而身交苦；善治内者，物未必乱，而性交逸。以若之治外，其法可行于一国，未合于人心；以我之治内，可推之于天下，而君臣之道息矣！"

杨朱的思想应该属于道家一派，主张"全性葆真，不以物累形"。而且很鼓吹"正性是喜"。他们认为人类之败坏，都是当时所谓"圣人"作了许多"伤天害理"的事所造成的。在思想史上都认为杨朱一派是个人主义，但是他们却这样说："有其物，有其身，是横私天下之身，横私天下之物，其唯圣人乎？公天下之身，公天下之物，其唯至人矣！"这同《礼运篇》所谓"货恶其弃于地也，不必藏于已；力恶其不出于身也，不必为已。是故谋闭而不兴，盗窃乱贼而不作，故外户而不闭，是谓大同"的思想相近了。"制礼义以分之"，固然是解决争乱的办法之一。如果给"违理畔德"的人去执行起来，也会到了一败涂地的。而且在封建时代的统治阶级，往往以富贵而内伤其身；那些贫贱的人，又因为利而累其形。所以杨朱一派主张必须做到"全生"，"正性"。他们说："是故圣人之于声色滋味也，利于性则取之，害于性则舍之，此全性之道也。"在这里有必要总结一句，必须在"人性"中发现什么是"天性"，而且要肯定这"天性"是善的，天性是在"志于道，据乎德"的涵养中产生的。这便出现了孟子以后一派："穷理，尽性，以至于命"的思想。就是说：要谈天人合一首先要在"人性"中发现什么是"天性"，在主观方面先掌握了自然规律，然后再来掌握客观世界的自然规律，孟子以后，儒家正统思想的基本精神在这里了。古代人把"生"字就当作"性"或"姓"字用，这在甲骨、金文中是常见的，齐子仲姜镈所谓："用求考命弥生"，应该就是"弥性"的意义。杨朱一派所谓"全生"或"全性"，可以溯源于此。这真是古之道术有在于是者，杨朱、子华闻其风而悦之。既然承认全生就是全性，而且是好的，那就与孟子的性善说相去不远了。"天地之大德曰生。""人性"和"天性"之必为善良的，其根本原因在此，天人合一，必须于这一点所有所合才是对的。孔子所谓"性相近,习相远",基本道理也在于此。孟子说:"形色天性也,唯圣人然后可以践形。"就是说,唯有圣人的心是合于天性的,这同"与天地合德","协天地之性"等等说法基本上是一致的。在儒家,以为:"克己复礼为仁";在道家呢?以为:"去知与故,循天之理。"孟子的说法就更好了:"始条理者,智之事也;终条理者,圣之事也。"用我们的话说:能够认识自然规律的是智者,能够掌握自然规律使合于人为规律的是圣者。制度推进人性,使合于天性,这就是克己复礼。但是制度也有阻碍"人性",使不能合于"天性"的一面,所以说:"去知与故,循天之理。"总起来说,这两派都是承认有"天理"存在的,而同时也肯定有人性存在的,问题在如何追回这个"人性"。要追回人性是不难的,首先要排除一切障碍,使我们有可能追回人性,使合于天性。这个重点就要摆在社会制度上了。但是儒家是肯定封建制度的,不论孔子,孟子,荀子都一样。因此不可能改进社会制度,荀子所谓"尽制",也不过是一句有限度的空话。就只能在"人性"上找缺陷了,《礼记》乐记篇说:"人生而静,天之性也;感于物而动,性之欲也。物至知知,然后好恶形焉;好恶无节于内,知诱于外,不能反躬,天理灭矣!"这段话就可以包括宋明理学家的思想大势了。首先提出来的是子思、孟子一派。《中庸》上说:"天命之谓性,率性之谓道,修道之谓教。"儒家很强调"性"与"命"的划分。照我的解释:"性"是就质言,"命"是就量言。变换一个方法来说:心的质是情,乃就人道言;心的质是气,乃就天道言。再进一步说:性之体是理,而其用是情。因此:"缘其理,则知其情。"这是宋钘一派的学者早已说过的。宋子一派说:"接万物以别宥为始。"又说:"以情欲寡浅为内。"孟子、荀子都接受了这一影响,孟子说:

"养心莫善于寡欲。"荀子说:"虚一而静,谓之大清明。"目的都是想在"人性"中追回"天性"。其实宋子一派,庄子一派都有这一类的思想。例如:"形不正者,德不来;中不精者,心不治。"又说:"心静气理,道乃可止。"庄子一派说:"汝游心于淡,合气于漠;顺物自然,而无容私焉,而天下治矣!"其中稍有不同者,就是孟荀二派向内的看法多;宋庄两派就比较地向外了。有人说庄子是主观唯心论,但我的看法总以为庄子是主张人要善于认识自然规律而善于运用自然规律的。他们曾经说过:"中国之君子明乎礼义,而不知人心。"必须:"知天之所为,知人之所为者,至矣!知天之所为者,天而生也;知人之所为者,以其知之所知,以养其知之所不知;终其天年,而不中道夭者,是知之盛也。"如果说:天人合一说的精神是在于认识自然规律进而为掌握自然规律,那就不能不承认庄子在这一方面有超过于各家的地方了。

四、结论

人类社会中矛盾很多,是什么缘故呢?最初当然是从人与自然的斗争开始,人必须与自然斗争,慢慢取得胜利,生活比较充裕了,又出现了人与人的斗争,造成统治阶级和被统治阶级的矛盾。自从阶级社会出现以后,更觉得"天道"与"人道"之难于统一,觉得人的力量是难与自然的力量争胜的。尤其是中国在长期的封建社会制度束缚下,人是更显得软弱无力。到了后来,被自然规律和人为规律的双重压迫下喘不过气来。早期的思想家都是鼓吹团结人的力量向自然作斗争,这是人类社会文化向前推进的动力。而同时又积渐了许多人与人作斗争的复杂关系。老子说："天地不仁，以万物为刍狗；圣人不仁，以百姓为刍狗。"就是说明：人在自然界既然争取不到主动地位，就在社会上也争取不到主动地位。人类的社会文化是为某些人服务的，为某些阶级的利益服务的。古代许多有志之士为了争取人的独立自由而付出很大的代价，在旅进旅退的情况下，也不能说毫无进步。问题相当复杂，自然给我们的困难是不足为奇的，问题却在人类给自己造成了许多困难，以阻碍自己的进步，所以克服主观方面的缺陷，此之克服客观方面的困难尤有过之。就因为在阶级社会里，哪些是客观上的困难呢？又哪些是主观上的困难呢？连人类自己也分不清，更谈不上什么是解决困难的方法了。现在我们已经进入社会主义时代，从任何一个角度看都已经争取到均等的机会，可以克服客观方面的困难了。但是主观方面的缺陷是积多少年代所造成的，所以思想改造成为每个人的必有过程。解放十二年，我的思想有许多变动，但远远地落在后面，未能赶上。这一篇文字可以说是我的自述，其缺点当然多，但病根究在何处，希望在百家争鸣，百花齐放的正确方针下，得到启发。

原载《学术研究》1962年第1期

从农民斗争到资本主义萌芽看中国封建社会的弹性

傅衣凌

我对中国封建社会有一种想法,认为中国封建社会不像马克思所说的西欧的纯粹封建社会,而是一种具有弹性的封建社会,它是早熟而又未成熟,有发展而又有迟滞的社会。但它绝不是长期沉睡的,也和其他国家一样,会按照共同的历史规律走上历史的道路。为着具体地说明这个问题,我曾经就封建土地制度的各个方面进行探讨,现在我想就中国农民斗争说到资本主义萌芽的历史道路来论证中国是个具有弹性的封建社会。

大家都知道,在中国封建社会生产的条件下,要产生资本主义萌芽是相当困难的。特别中国这个弹性的封建社会,由于它早熟又未成熟的历史特点,要冲破它的束缚颇为不易。所以我仍认为阶级斗争还是历史发展的动力。因此,谈到资本主义萌芽问题,便必须从明清时代的农民斗争谈起。

明清时代的农民斗争,大体上可以分为两种不同的类型。一种是与自然经济关系较为密切的佃农斗争;另一种则是与商品经济关系较为密切的棚民、矿民和"海盗"等的斗争。由于这两种农民斗争的性质有所不同，因此它对资本主义萌芽的影响也就不同。

我认为，明清时代的佃农斗争是农民斗争的主流，他们斗争的重点在于铲除人身奴役，平均主仆、贫富、贵贱，他们反对重租重税，特别对重租进行斗争，提出八乡均田、半租、五租的口号，有的佃农还要求实行八租分成，自己拿收获的八成，地主只得二成。这是一种类型的农民斗争。

其另一种农民斗争是和商品生产有较大联系的山区棚民的斗争。他们以蓝户、菁户、麻民、炭党为主体，此外，还有"矿盗"、"海盗"的参加，这种斗争在要求减租减税的同时，更多地要求发展自己的商品生产，如争盐布、争开矿，提出煮盐自由、通商自由等等。

由于这两种斗争的性质不同，它们对当时生产和生产关系的影响便有所差别。我们是否可以这样说，前一种农民斗争，由于它和自然经济关系较为密切，因此它的发展方向较多地侧重于农业与手工业的结合，它的资本主义萌芽的发展道路是从家内手工业开始，以包买主活动为中心，逐步发展到手工工场，特别是纺织业的生产形态。大量的史料表明，在江浙、湖北、湖南、山东、河南等地的棉织业中间，大部分都停留在家内手工业阶段。这是前一种农民斗争影响的情况。后一种农民斗争，则因为他们的生产与商品经济关系极为密切，他们多是离开土地的外地人，有的本身就是商人，他们与当地农业的关系比较松些。所以他们的生产形态不论是种蓝、植麻、种烟或开矿、冶炼等等，一开始就采取雇工经营，或具有一定规模的手工工场生产形态，在一个资本家指挥下，集中大量劳动力，从事种种不同的作业，分工较细。但他们也有弱点，流动性大，人数多，耗费大量的粮食，引起当地粮价高涨，所以一开始便遭到封建地主官僚的镇压。历代政府对开矿都禁得较严，采取种种限制办法。

总之，两种不同的农民斗争，影响着中国资本主义萌芽的两种不同形式。但这两种形式的萌芽在中国都不容易得到发展和成长。

关于这个问题，我想提出几个原因来探讨。

第一个原因，就是中国封建经济发展的不平衡和历史的早熟性。大家都知道，中国是个地域辽阔的国家。内地和沿海、山区和平原之间经济发展的程度差别很大。至于历史的早熟性，我是指有些历史现象和事物，应在封建社会后期才出现，但中国则在早期便出现了。这是一种早熟的表现。另外，有些新的生产因素，本来要到一定阶段才出现，但中国出现的也较早。例如生产力，中国的四大发明很早就出现了。但为什么四大发明未能在中国发挥它的作用呢？我认为，这是由于这种早熟缺乏其他社会条件、政治条件的配合。早熟应该说是好事，但在中国则得到相反的结果。比如在土地关系上，中国很早便出现土地买卖，这本是好事情，但由于其他条件不具备，手工业生产的条件不具备，土地过早地买卖反妨碍着工商业的发展。这使商业资本有其他出路，而不必急于冲破封建束缚，它可以把过剩的资本用来购买土地。又如中国农民在一定程度内相对有离开土地的自由，使中国很早以来便出现大量雇佣劳动者；但由于人数太多，手工业生产不能与它配合，结果他们最后还要回到土地上来。这样，许多早熟的东西在中国没有达到成熟的地步就衰退了。又如，政治上，中央集权制在西方本来是在封建社会后期出现的，而在中国，秦汉时便很发展。它又导致官僚政治的形成，这个官僚政治又和地主经济结合在一起，构成一个很大的统治网，造成中国封建经济不易发展。

第二个原因就是小农经济。它是分散的、反对集中的。因此在小农经济思想的支配下,平均主义有相当广泛的社会基础。在这种情况下,它对社会经济的生产也有影响,始终牢固地保存自然经济的生产体系,使中国的经济生产很分散,不能形成一个专门的工业、手工业经济圈。在中国专制的封建政府的统治下,正如早有同志指出的,有许多不宜种植棉桑的地方也必强其种植棉桑,不必纺纱织布的人家也必强之纺纱织布,强调耕织为本业,这种分散经营方针,是很不利于经济的集中发展。再如陶瓷业,也很分散。我曾对江西和福建的地方志作过了解,发现在江西、福建两省陶瓷业分布极广,很不集中。产品粗糙,技术落后,失去竞争能力。这样,不能把某一产业集中在一个中心地带,形成一个统一的经济圈,生产便分散了。同样地,流通过程也是分散的。中国有不少商人集团,大的如山西商人、陕西商人以及安徽、江浙商人、广东商人等,在其他广大地区还出现不少小商人,他们争夺市场,市场无法集中。这也是小农经济的影响。

第三个原因是封建政府的控制和压迫。特别是手工业生产与赋役制度相结合,使生产很难发展。如明代山西的潞绸是很有名的,有国内外市场,但由于它和赋役制度结合在一起,受政治变动影响极大。据《顺治潞安府志》说,潞安府丝绸业当全盛时,"登机鸣杼"者有数千家,那里的产品除充贡品和互市外,运到全国各地及海外各国者,为数甚多,织机有九千余张,分为六班七十二号,明末尚有二千余张。但到了清初,机户零落,只剩三百多家了,并且它和赋役制度结合在一起,工料俱贵,而政府所发的绸价很低,因承担织绸者是一种赋役,不得转业,人身依附关系严重,结果只有流亡死徙,衰落夭折下去。生产自然很难发展。

第四个原因,商业、手工业本身也存在着不少弱点。从大量的调查材料和文献资料中,我们看到中国封建社会中有许多是整乡整族为工为商的。在这个家族内，他们对生产技术实行世袭和垄断，它代替行会实行保密。一家中只把技术传给儿媳而不传给女儿，即"传媳不传女"，以防止技术外传。这对生产技术的进步是个严重的障碍。

这种商业和手工业部门的家族性，使它经常地向官僚和地主道路转化。我在佛山图书馆看到一份李氏族谱，就记载佛山李氏世代以冶铁为业，发了财，到明末出了一个大官，走上了官僚之道。手工业者和商人向官僚和地主转化，也使中国的资本主义萌芽受到障碍。

第五个原因，人口的迅速增长，也起着阻碍资本主义萌芽的作用。

正因为上述种种原因，使中国这种早熟而未成熟的封建社会处在又发展又迟滞的状态中，并影响到中国资本主义萌芽，使它在发展的道路上经常出现夭折和中断的现象，而处于长期缓慢发展的状态。

然而，生产力始终是最活跃的因素，即使遇到中断、夭折，它也绝不会停滞不前，且仍有继承性。为了具体说明中国这个弹性的封建社会不是长期迟滞的社会，它也按照一般的客观的历史规律，走上自己的道路，我还拿中国资本主义的发展为例，作一些证明。

过去有的同志在研究中国近代资本主义发展史时，往往不注意明清时代资本主义萌芽的作用，忽视鸦片战争以前中国的资本原始积累。他们常常以为中国资本主义的发展就是在鸦片战争后，由外力所诱发出来的，并且以为资本主义这个东西只限于某些特定的国家才能产生。其实，我们研究一下上海和别的一些地区，就可见有不少资本家在鸦片战争以前便开始形成了。如上海的资本家镇海方家、李家、慈溪董家、婺源茶商等，便是一例。广州的情况也是这样。中国东南及南方沿海地区在鸦片战争前，这种资产阶级的前辈也在开始育成、萌生。

在广大的内地，这种资本主义萌芽，这种新力量也是有的。我曾这样想，内地的资本主义萌芽发展更加成熟。像四川的井盐业生产，在鸦片战争前便已经是典型的工场手工业的生产形态了，如李四友堂和王三畏堂经营下的井盐业。并且还出现商业资本与产业资本相结合的情况。又如四川的木材手工业和造纸业等都在陕西商人控制之下的。所以我认为，内地的资本积累也更加典型。关于商业资本的积累，在乾嘉时湖南《湘潭县志》中曾说"货通而银积于商"，即是当时许多商人经商，发了大财，银子都集中到商人手中等等。

是以中国的资本主义萌芽比较典型地发展起来的，反不是在沿海，而在广大的内地，甚至山区。当然，我们不能过高地估计它的作用。在强大的外国资本的压迫下，这种土著资本毕竟是软弱的、先天不足的，它无力反抗和冲破内外力量勾结的压迫，它成了外国资本的雇佣，转变为买办资本。有的则采取高利贷的剥削形式或保留封建把头制度等等。

通过以上对我国资本主义萌芽的历史的考察，使我们看到明清时代资本主义萌芽有萌发，有夭折，有中断，也有继承，遇到种种困难和挫折，但还是一直向前发展到近代社会。只是由于这个弹性社会，旧的东西老是拖着活的东西，发展就缓慢，并且正当新的因素快要从母体中脱胎出来的时候，却受到外力的干扰，打乱了原来的历史进程，使中国转入了一个半殖民地半封建的社会。这一个历史悲剧的形成，值得我们深思长虑。

本文是作者 1982 年在广州举行的中国封建社会
经济结构学术讨论会上的发言。
原载《学术研究》1983 年第 2 期

中国历史上对石油天然气的认识利用及其与西方的关系

戴裔煊

一、中国是世界上最早发现和利用石油与天然气的国家之一

中国是世界上文明发达最早的国家之一。就东西方古代有文字可考的历史资料作比较研究，可以得出结论：中国也是世界上最早发现和利用石油与天然气的国家之一。

世界上哪个地区或国家的人民首先发现和利用石油和天然气呢？迄今为止，考古发掘所得资料，没有提供确实可靠的依据。根据古代遗留下来的文字记载，就其大范围来说，是在古代东方。

就我们所知，古代作家最早谈及石油的，有公元前3世纪至2世纪间的数学、天文学、地理学家，埃及亚历山大里亚城的图书馆馆长埃拉托色尼（Eratosthenes）。他说及液体的沥青（liquid asphaltus），叫做纳夫塔（naphtha，中国旧称作石脑油或石油精），在苏细亚那（Susiana）有发现。又有一种干的，可以使之坚固的，则在巴比伦尼亚（Babylonia）有发现。他同时根据别些人的说法，提到液体的沥青在巴

比伦尼亚也有发现。

公元前 2 世纪至前 1 世纪中叶的希腊哲学、历史学、天文学家波西多尼阿斯（Poseidonius）也说及巴比伦尼亚有各种纳夫塔泉，有产白色纳夫塔的，有产黑色纳夫塔的。他认为白色纳夫塔易引火，是液体硫黄，黑色纳夫塔是液体的沥青，可代替油点灯。[1]

稍后在公元 1 世纪有西里西亚的希腊医生代俄斯科利提斯（Dioscorides），在他所著的《药物学》也说及纳夫塔。又罗马博物学家老普林尼（Pliny the Elder）在《自然史》中，对纳夫塔或液体的沥青的产地、性质、用途等等的叙述更详。他述及巴比伦附近和安息·阿斯达库（Parthia Astacus）一些地方产纳夫塔。[2] 还述及北部叙利亚康玛其尼（Commagene）王国首都撒摩撒达（Samosata，在幼发拉底河西岸），有一个沼泽产地沥青（mineral pitch）。[3] 老普林尼认为两者性质相同。

从公元前 3 世纪至公元 1 世纪古代作家所说看来，石脑油的产地一个是巴比伦尼亚，在美索不达米亚的南部。一个是苏细亚那，它是古波斯帝国的一个省，在巴比伦尼亚的东边。还有一个是安息·阿斯达库。安息是在里海的东南，阿斯达库今地未能确指。里海邻近的石油是很丰富的，有人认为 naphtha 这个名称应该是限于指里海某些井所产的原油。[4] 这一说是否确当，仍有待研究。安息国家产石油，则是毫无疑问的事情。

---

[1] Eratosthenes 和 Poseidonius 的原著已佚，据公元前 1 世纪希腊地理学家 Strabo：Geography B. XV. C1. 15. 所引。

[2] Pliny, *Natural History*, II. C1X. 235.

[3] Ibid., CV III. 235.

[4] J. A. Harmmerton, *The Modern Encyclopedia*, pp. 688—689.

在我国，最早说及石油的是公元 1 世纪的班固。他在《汉书·地理志》说，西汉上郡"高奴有洧水，可䕼"。（按郦道元《水经注》卷三河水注引《地理志》作"高奴县有洧水，肥可䕼，水上有肥，可接取用之"。）"䕼"，古"燃"字。水上有肥，可以燃烧，这种"肥"是指浮在水面的石油。汉代的上郡高奴县故城在今陕西延长县。洧水是延河的一条支流，《水经注》说"清水又东径高奴县合丰林水，《地理志》谓之洧水"。

公元 3 世纪张华《博物志》称，"酒泉延寿县南山出泉水，大如筥（音 jǔ，圆形竹筐），注地为沟，水有肥如肉汁，取著器中，始黄后黑如凝膏，然极明，与膏无异"。[1] 水有肥如肉汁，这种肥当亦指石油。酒泉郡延寿县故治在今甘肃玉门县东南。

中国古代有很多地方都发现石油，并不限于这一两处。郦道元在《水经注·河水注》里说，"水肥亦所在有之，非指高奴县洧水也"。"所在有之"，表明随处都有，不是什么稀奇的东西。

公元 7 世纪李延寿《北史·西域龟兹传》称，"其国西北大山中有如膏者流出成川，行数里入地，状如䔧糊，甚臭。服之，发齿已落者，能令更生，病（疠）人服之皆愈。"但在叙述龟兹北的悦般国时更补上"其国南界有大山，山傍石皆燋熔，流地数十里乃凝坚，人取以为药，即石流黄也"。龟兹是今新疆库车县，这个大山是天山山脉。新疆产石

---

[1] 本文是根据郦道元《水经注》卷三河水注所引《博物志》。范晔《后汉书·郡国志》酒泉郡延寿县注引作《博物记》。按《博物志》即《博物记》，著者是公元前 3 世纪的张华（茂先）。徐坚等撰《初学记》卷八陇右道六同样载有此文，标明张华《博物志》。王谟《汉唐地理书钞》张华《博物地名记》后按论证《博物记》即张华《博物志》，可信。又乐史《太平寰宇记》卷一五二酒泉县条"石漆，延寿城中有山，出泉注池，其水肥如牛汁，燃之如油，极明，但不可食，此方人谓'石漆'，得水愈炽也"。似亦是以《博物志》为根据。

油,亦早见于记载。如膏如饧糊状的东西,即石油原油。凝结起来可作药用的则叫做"石流黄"。

至于四川有油井,也是人们所熟知的。16世纪杭州的张瀚,西游入蜀,在他所著的《松窗梦语》卷二《西游记》中,除述及当时内江、富顺间的自流盐井、火井外,还注意到油井。他说这些地方"有油井,井水如油,仅可燃灯,不堪食"。

稍后十六七世纪间,何宇度《益部谈资》卷上说:"油井:在嘉州(今四川乐山县)、眉州(今四川眉山县)、青神(今四川青神县)、井研(今四川井研县)、洪雅(今四川洪雅县)、犍为诸县。"

这些油井发现于四川盆地,不是偶然的。四川人民自古以来都食井盐。在凿井取卤煎盐的实践过程中,四川人民发现了天然气和石油。这是有连带关系的。虽然最初凿井的目的是在于寻找盐卤煎盐,而结果则在含油岩层中发现了天然气和石油。曹学佺《蜀中广记》卷六六火井油井条引《通志》,"正德末年(1521年)嘉州开盐井,偶得油水,可以照夜,其光加倍,沃之以水,则焰弥甚,扑之以灰,作雄硫气,土人呼为'雄黄油',亦曰'硫黄油'。近复开出数井,官司主之。此是'石油',但出于井尔"。四川火井、油井的发现是凿盐井取盐卤的结果。凿盐井、火井、油井,在技术上是分不开的,中国人民自古以来,即已知穿井,在穿盐井的同时,也即是在进行着天然气和石油的钻探工作。

中国人民发现天然气同发现石油一样也是很早的。班固《汉书·郊祀志》说汉宣帝"祠天封苑火井于鸿门"。又《地理志》也说西河郡鸿门县有天封苑火井祠,火从地出。《文选》谢惠连《雪赋》"火井灭"句下李善注引张华《博物志》也有同样记载。西河郡鸿门县故治在今陕西神木县西南。西河郡鸿门县有火井，火从地出，证明西汉时早已发现天然气。立火井祠，也说明当时人们对自然现象不明了，少见多怪。汉宣帝（前73—前49年）祠天封苑火井于鸿门，是一个事例。到公元3世纪东汉末三国时代，人们对火井不但见惯不怪，而且进一步加以利用了。

中国人民利用天然气，有一个过程，西汉时代虽然早有火井，最初还认为井火是超自然的东西，把它作为神祇来崇拜。东汉时蜀中煮井为盐，初时也未曾利用它。蜀中盐井很多，以仁寿县陵井为最大。我们就以陵井为例，看看四川人民利用火井的经过。据记载，陵井"纵广三十丈，深八十余丈"[1]。"若以火坠井中，即雷吼沸涌，烟气上冲，溅泥漂石，甚可畏。"[2] 这种气就是天然气，当时没有利用。"陵井者，本沛国（西汉时称沛郡，治相县。东汉时为沛国，在今安徽宿县西北）张道陵所开，故以为号。"[3] 考张道陵即张陵，是张鲁的祖父。《后汉书·刘焉传》说："张鲁祖父陵，顺帝时（126—144年）客于蜀，学道鹤鸣山（在今四川崇庆县西北）中。"那么，陵井就是这个时期所开。可知在公元2世纪前半东汉这个时期对天然气还不知怎样利用。证以近年出土的四川成都东汉墓砖画像汲井煮盐的图像，生产者在釜灶前执茅柴煮盐正相吻合。但是不久就有临邛县的人民利用火井煮盐了。

如记载所说，临邛县火井纵广五尺，盆盖井上煮盐。这是利用天然气最简单、最原始的方法。井口纵广五尺，也说明它的原始性。实

---

[1] 李吉甫：《元和郡县图志》卷三三。
[2] 乐史：《太平寰宇记》卷八五陵井监条。
[3] 李吉甫：《元和郡县图志》卷三三。

践经验证明，不论盐井、火井，井口都要求尽量狭窄。为了适应生产上的需要，北宋庆历、皇祐年间（1041—1053年）间，蜀中的劳动人民进一步发明凿地竖竹制成的"筒井"或"卓筒井"了。

文同《丹渊集》卷三四《奏为乞差京朝官知井研县事》说：

> 盖自庆历以来，始因土人凿地植竹，为之"卓筒井"，以取咸泉，鬻炼盐色，后来其民尽能此法，为者甚众。

苏轼《东坡志林》卷六也说：

> 自庆历、皇祐以来，蜀始知用"筒井"，用圜刀凿如碗大，深者数十丈，以巨竹去节，牝牡相衔为井，以隔横入淡水，则咸泉自上。又以竹之差小者出入井中为桶，无底而窍其上，悬熟皮数寸，出入水中，气自呼吸而启闭之。一筒致水数斗，凡筒井皆用机械，利之所在，人无不知。

这种用筒井汲卤的方法，比之陵井"以大牛囊盛水引出之，役作甚苦，以刑徒充役"[1]大不相同。它凿地竖竹，巧妙地利用竹筒作成机械化的汲卤工具，轻便省力多了。北宋蜀地人民筒井的发明，是我国盐业生产技术发展史上的一个巨大进步，也是利用天然气的一个巨大发明。

蜀中煮井为盐，宋制："大为监，小为井，监则官掌，井则土民干

---

[1] 李吉甫：《元和郡县图志》卷三三。

鹭，如其数输课。"[1] 封建统治阶级把缴纳煎盐薪茅作为剥削榨取人民血汗的一种手段，由汲卤到煎盐，都奴役剥削人民。技术上因循守旧，不要求改革。结果，发明、采用和推广筒井的都是民间煎盐的小井。李心传《建炎以来朝野杂记甲集》卷一四说到蜀中官盐"有隆州之仙井、邛州之浦江、西和州（故城在今甘肃西和县西）之盐官、长宁州（今四川长宁县）之诸井，皆大井也。昔隆、荣等十七州，民间所煎，则皆卓筒小井而已"。考陵井监宣和四年（1122年）改称仙井监，南渡后，隆兴元年（1163年）改为隆州。仙井即陵井。可知在宋室南渡后还是按照老方法煎盐，而隆、荣（今四川荣县）等十七州民间煎盐，都已用卓筒小井了。

凡是有天然气发现的地方，当然也就利用天然气。宋应星《天工开物》所说西川火井"以长竹剖开去节，合缝漆布，一头插入井底，其上曲接，以口紧对釜脐"。这种筒井比起汲卤的筒井，更简单易办，可能是更早更原始的形式。如上文《华阳国志》所说，蜀人盛天然气的火光，最初就是用竹筒。

就东西两方面文献资料比较，利用天然气以中国为最早。就作者所知，瓦斯（gas）这个词，在西方古典著作中是没有的。它是十六七世纪间弗兰德斯（Flanders）化学家范·赫尔蒙特（Von Helmont）所始制的。关于这个词的来源，语源学家纷纷猜测，有的说是渊源于希腊——拉丁文 Khaos，原意是指天地开辟前的"浑沌"。有的认为也许是受弗莱明语（Flemish，即弗兰德斯语）geest、德语 Geist"灵气"的暗示。总之，在西方古典著作中寻找不到关于天然

---

[1] 文同：《丹渊集》卷三四《奏为乞免陵三十井纳柴状》。

气之类更早的名词。

我们有理由这样说,中国是世界上最早发现和利用石油的国家之一。对于天然气的利用,很可能是以中国为最早。西方的学术界也承认天然气的利用,中国和波斯起源于远古。[1]中国还在波斯之前,这不是臆测而是有理由的。《史记·大宛传》说:"自大宛以西至安息国虽颇异言,然大同俗,相知言。"从《大宛传》的记载可以证明大宛以西至安息的西域地方,居民语言风俗大致相同,都是说伊朗语。伊朗是波斯的官方正式名称。《大宛传》又说:"宛王城中无井,皆汲城外流水。""闻宛城中新得秦人知穿井。"秦人即中国人。由此可见,在大宛贵族杀其王降汉的公元前102年以前,操伊朗方言的部落和国家还不知道打井的技术,只有中国人才知道。没有中国人的指导与帮助,打不出一口井来。那么,利用天然气自不可能比中国人更早。至于有人认为英国人1668年使用天然气是最早的,那就相差更远了。

二、中国古代石油的名称及其利用史略

石油在中国古代叫做"石漆"。晋张华《博物志》在叙述酒泉郡延寿县南山泉水有肥时就说:"彼方人谓之'石漆'。""彼方人"当即指酒泉郡的人。显然在公元3世纪以前,已经有这样的名称。到公元八九世纪唐代著作又出现"石脂水"这个名称。李吉甫的《元和郡县志》卷四十肃州玉门县"石脂水在县东南一百八十里。泉有苔如肥肉,燃之极明。水上有黑脂,人以草蓥取,用涂鸱夷酒囊及膏车。周武帝

---

[1] 参见《新国际百科全书》第八卷瓦斯条(*The New International Encyclopaedia*, Vol. VIII gas.)。

宣政（578年）中，突厥围酒泉，取此脂燃火，焚其攻具，得水逾明，酒泉赖之获济"。9世纪段成式《酉阳杂俎》(《前集》卷十《物异》)亦称："石漆，高奴县石脂水，水腻浮上如漆，采以膏车及燃灯极明。"观此文可知石漆和"石脂水"的石脂，都是指浮在水上的石油原油。

在这个阶段，石油的用途，起初是照明，进一步用作涂料，作为防腐剂和润滑油。特别值得注意的是，到6世纪后期，已经开始用于战争，用来焚烧敌人的攻具。怎样投射，用什么器具，不得详知，但用来防守，取得作战方面很大的效果，则是事实。

石油这个名称到10世纪以后才有，始见于北宋沈括《梦溪笔谈》卷二四《杂志》。其记载称："鄜延境内有石油，旧说'高奴县出石脂水'即此也。生于水际。砂石与泉水相杂，惘惘而出。"在沈括的《笔谈》中引起人们注意的是他首先用石油的烟煤来制墨，代替向来所用的松烟。据说用石油的烟煤所制成的墨，光黑如漆。他在墨上标明"延川石液"，并预料将大行于世。[1] 为制墨原料开辟了新途径。

在宋代的延安，已经用石油副产品油蜡制成蜡烛，叫做"石烛"。南宋陆游引宋白石烛诗有"但喜明如蜡，何嫌色似黳（读'翳'）"之句。这种石烛"其坚如石，照席极明，亦有泪如蜡，而烟浓，能熏污帷幕衣服"[2]。宋白是北宋初人，大抵当时制法不很精，烛的色泽不很好。但表明这种东西在公元10世纪以前中国人民已经有发明创造，并且产量不少。

到了十三四世纪的元朝，石油被利用来作治疗牲畜疥癣的药物。《元一统志》称："延长县南迎河有凿开石油一井，其油可燃，兼治六

---

[1] 见沈括《梦溪笔谈》卷二四《杂志》。
[2] 见陆游《老学庵笔记》卷五。

畜疥癣。"又称延安府宜君县西二十里姚曲村石井中汲水澄清，取出石油，气虽臭，而味可疗驼马羊牛疥癣。[1]

根据过去的记载，中国产的石油，除治疗牲畜疥癣用之外，也有用来治疗人的秃疮的，但只是外涂患处，一般不用作内服药物。中国产的石油自古以来就认为不可食，所以一般不入药。《北史·龟兹传》所说发齿已落者服之，能令更生，恐怕是传闻之误。

然则石油之类东西果真不作为内服药物吗？那又不是。就我们所知，早在宋代已经入药，不过不是中国产的石油，而是从国外输入来的石脑油。[2]《本草》嘉祐补注本附有石脑油。称"主治小儿惊风，化涎，可和诸药作丸服"。

在宋元明古籍上常常见到的又还有所谓"猛火油"。它与石脑油本来是一类的东西，但不入药，只用于战争，作为一种军用物资，可能这种东西的比重更轻，也是舶来品。

就我们所知，猛火油之名，始出现于五代时。《资治通鉴》卷二六九《后梁纪》载贞明三年（917年）"吴王遣使以猛火油遗契丹主，曰，'攻城以此油燃火焚楼橹，敌以水沃之，火愈炽'。契丹主大喜，即遣骑三百，欲攻幽州，述律后哂之，曰，'岂有试油而攻一国者乎？'"这是最早关于猛火油的记载。梁贞明五年（919年），吴越王钱镠的儿子钱元瓘率水师与淮人战，利用猛火油焚烧淮人的巨舰，取得水战的胜利。[3]可见猛火油一开始见于史籍就是用于战争的东西。

---

[1] 参见《永乐大典》卷八八四一"油"字条引《元一统志》。
[2] 参见《永乐大典》卷八八四一黑脑油条引《四明志》。
[3] 参见林范等撰《吴越备史》卷二。

猛火油是从哪里输入的？根据早期的史料记载，说是来自占城国。乐史《太平寰宇记》卷一七九占城国条载，显德五年（958年）九月，"占城国王释利因德漫遣其臣莆诃散等来贡方物，中有洒衣蔷薇水一十五琉璃瓶……又进猛火油八十四琉璃瓶，是油得水而愈炽，彼国凡水战则用之"[1]。

根据上面所举的资料，可知猛火油是在10世纪或以前不久从东南亚国家输入的。由于吴和吴越等地同东南亚国家有贸易往来，首先得到这种东西。

到了宋代，猛火油源源不断地从海外许多国家输入，从史料所见到的，计有：

开宝四年（971年）四月二日，三佛齐遣使李何末以水晶、火油来贡。[2]

熙宁四年（1071年）七月五日，层檀国遣使层加尼、防援官邮萨奉贡，贡物中也有猛火油。

熙宁五年五月五日，大食勿巡国遣使奉贡，贡物中也有猛火油。[3]

这些都是正式见于史籍所载，作为国与国之间往来的礼物进贡（事实上是做买卖）入来的。至于私人附带运入来的因为没有记载，则不知多少。

这种猛火油怎样用于战争呢？据说吴越武肃王钱镠时是"以铁筒发之，水沃，其焰弥盛"。显然在五代时是以铁筒喷射。关于这种铁筒

---

[1] 《册府元龟》卷九七二，《新五代史》卷七四《四夷附录》及张世南《游宦纪闻》等书俱有记载。
[2] 此据《宋史》卷四八九《三佛齐传》。《宋会要辑稿·番夷七》引《玉海》火油作"火䌷"，"䌷"显然是"油"之误。
[3] 参见《宋会要辑稿·番夷七》。

的详细构造,史料缺乏记载,只提到"以银饰其筒口。脱为贼中所得,必剥银而弃其筒,则火油不为贼有"云云。[1]意想这种发射猛火油铁筒的构造初时是很简单的。

由于战争实践的经验越来越丰富,发射猛火油的武器也得到进一步改良。到11世纪,进一步机械化的猛火油柜出现了。11世纪中叶,曾公亮等所著的《武经总要》对于构造复杂的猛火油柜的结构,附有图,并附有详细的说明。[2]

按曾公亮等所著《武经总要》成书是在宋仁宗庆历四年或五年(1044或1045年)。[3]从10世纪发射猛火油简单的铁筒到这个时候发展成为构造复杂的猛火油柜,表现出中国劳动人民在技术方面的巨大进步。

考猛火油柜的制造,在北宋时设有专门的作坊。11世纪王得臣所著的《麈史》说:"宋次道《东京记》说,八作司之外,又有广备攻城作。今东西广备隶军器监,其作凡十目。所谓火药、青窑、猛火油、金火、大木、小木、大、小炉皮作、麻作、窑子作。"[4]猛火油作显然是指制作猛火油柜这类器具的作坊。

大抵在南宋、金、元之间,由于火枪火炮逐渐流行,火药取代了猛火油在攻防战争中的地位,猛火油柜火力射程不远,到明代,已逐

---

[1] 林范等《吴越备史》卷二。
[2] 详见曾公亮、丁度撰《武经总要》前集卷一二。
[3] 晁公武《郡斋读书志》卷一四说《武经总要》是宋仁宗康定中(1040年)奉命撰写,凡五年奏御。则其成书当在庆历四年或五年。
[4] 见王得臣《麈史》卷上。按所谓"作"即"作坊"。宋次道即宋敏求,次道是别字,撰有《东京记》三卷,其书失传。详细内容不得而知。猛火油柜应该是广备攻城作坊所制。

渐被淘汰。[1]17世纪茅元仪所著的《武备志》卷一三一虽然仍载有猛火油柜，并附有说明："用以守城。据说，中人糜烂，水不能灭。"用"据说"等字样，表明非其本人所亲见而是据别人或别人的著作中所说。与茅元仪同时的朱国桢在《涌幢小品》卷上火器条说"猛火油最烈，今未之闻"。这也说明把猛火油用于战争到了17世纪，已经成了历史上的陈迹。

猛火油事实上即石脑油，亦即前文所引西方古代作家著述中的纳夫塔或液体的沥青。可能各地所产在质量上有等级的差别。但是有一点是共同的，就是极容易着火燃烧，西方古代作家都提到这一点。

埃拉托色尼曾说过"液体的纳夫塔具有一种独特的性质。置近火时，火就燃着它。物体如果涂上它，置近火旁，即烧起火焰，除非用大量的水，不能把它熄灭；用少量的水，烧得更猛。但用泥浆、醋、明矾和胶可使它熄灭"[2]。

老普林尼也说："它对火极有吸引力，不论在任何方面，近火即引起燃烧。"[3]

西方古代所说纳夫塔的性质和中国记载上所说"是油得水而愈炽"，"以水沃之，其焰弥盛"正相同。

由于它易燃和得水愈炽的特性，用于水战，焚烧敌人船舰，是最好的武器，以后往来于中国南海与波斯湾之间的外国船用它，中国船也用它。14世纪伊本·巴图塔（Ibn Batuta）的游记中曾说及中国船常

---

[1] 赵翼《陔余丛考》卷三〇《火枪火炮》条考定火炮实起于南宋金元之间。按明瞿九思《万历武功录》卷三《诸良宝传》说"我兵半在土山，以火箭喷筒焚其敌垒，用发熕、百子鸟铳击贼"。火箭喷筒仍在应用，可能也是用猛火油发射，引起燃烧。确否待进一步研究。
[2] Strabo, *Geography*, B. XV. Cl. 15.
[3] Pliny the Elder, *Natural History*, II. ClX. 235.

载有射手、盾手及发射火箭的弩手多人云云。可见 14 世纪时，航行中国南海和波斯湾之间的中国船舶已用它作为武器。

　　就中外古代记载作比较研究的结果，我们有理由肯定中国古籍上所谓猛火油，即西方古代作家所谓纳夫塔。其主要产地是亚述利亚。亚述利亚这个名称在古代西方希腊、罗马作家的著述中是指亚美尼亚（Armenian）和伊朗（Iranian）诸山脉与叙利亚－阿拉伯（Syro-Arabian）沙漠之间的广大地区。这个地区以人口众多、幅员辽阔、物产丰富、品种繁多著名。在萨珊波斯时代，它是一个省的名称。[1]当奥玛（Omar）哈里发统治时代（634—644 年），叙利亚、美索不达米亚、波斯都被阿拉伯人征服。自从 8 世纪后半期阿拔斯（Abbasid）朝哈里发阿尔—曼苏（Al-Mansur）建都于巴格达（Baghdad）以来，阿拉伯人由海上与印度及中国通商往来愈益频繁。他们多由波斯湾经印度洋，绕马来半岛至广州。岭南的交州、江南的扬州、福建的泉州，都是通商之地。由唐经五代以至宋朝，海上通商往来，源源不绝。他们的土产猛火油，就在这种情况下，在五代时输入中国来。

　　自从 15 世纪末通东方的航路被发现以来，西方的殖民者、商人相继东来，取代了阿拉伯人的地位，垄断了东西方的贸易，阿拉伯国家土产的贩运，更逐日稀少，所以明末的朱国祯说"猛火油最烈，今未之闻"。

三、西方石油资本对中国的经济侵略

　　我国历史上，长时期来存在着石油进口的问题。但从石油进口的

---

[1] M. Cary etc.(ed): *The Oxford Classical Dictionary*, p. 120; *Ammianus Marcellinus* XXIII. 6. 15.

性质来说，明清之际，是划时代的界标。以前把石油运到中国来的是阿拉伯国家的人民，以后则是西方资本主义国家的资本家商人；以前是爱好和平的各国人民友好往来交换的礼物，以后则是西方资产阶级把它变成对中国经济侵略的手段，与军事、政治、文化方面的侵略，同时并进，使中国一步步沦为半封建半殖民地社会。

到了近代，随着科学技术的发展，提炼石油的方法越来越精，分出来的品种也越来越多，不同品种，有不同的性质，不同的用途。其中也有所谓"石脑油"，一般称为"汽油"，外文仍然叫做 naphtha，但和古代的"石脑油"或纳夫塔不同，它是从原油第一次蒸馏出来的蒸馏液。比重轻，易挥发，经常用来开动马达，用来做洋漆和油布的各种树脂的溶剂，用来代替或掺杂松节油等等。其次分馏物是照明用油，英语叫做 kerosene，中国有煤油、洋油、火油、水火油、灯油等称谓。煤油主要用于照明和使器物洁净。提炼纯净、去掉臭味的产品用于医药，作为许多生发药剂的主药，等等。又其次分馏物是润滑油。润滑油提取过后剩下来的残余，经过化学处理进一步蒸馏，产生一种有油蜡溶解在里面的重润滑油。最后留在蒸馏器里的残余还有一种黑松香；蒸馏彻底则为焦炭，用来做燃料和弧光灯的炭棒。残渣与沥青混合，也用来筑路、与煤屑混合做煤砖。凡士林（Vaseline）也是在石油蒸馏期间所得的中间产品之一。由于它具有使创伤愈合和不变腐的特性，大多用来配制药膏，或用作为润滑剂，作为许多毛发复生药剂的主药。[1]

近代石油开始输入我国的确实年代虽无可考，但我们有根据说，

---

[1] 参考 E. Watson, *The Principal Articles of Chinese Commerce*, pp. 123-128。

这是在鸦片战争、中国一步步沦为半封建半殖民地社会以后才出现的。就煤油来说，1867 年还不是大宗输入的商品，其时输入量只有 29842 加仑，而这些煤油又是专供外国社团用的。我国人民照明用的是自己生产的植物油。首先把大量煤油输入中国的是美国资本家，1878 年，他们输入中国的煤油达 4161100 加仑。以后在 1889 年，沙皇俄国的煤油；1894 年，苏门答腊的煤油；1901 年，婆罗州的煤油也相继输入来了。到 1905 年，总输入量达到 156948040 加仑。在这个总量中，美国占 52%，俄国占 8%，苏门答腊的占 32%，婆罗州的占 7%，[1] 美国的石油垄断资本控制了中国的石油市场。据说从 1907 年到 1948 年，光是美、英两国的石油公司，就从中国榨取了可以买 280 万台拖拉机的利润。[2]

垄断中国石油市场的美英石油资本主要有两个：一个是英商亚细亚石油公司（Aciatic Petroleum Co.），一个是美孚石油公司（Standard Oil Co.）。

早在 1890 年，荷兰皇家公司就在东印度群岛苏门答腊获得该地区开采石油的租让权。这是西方殖民者对当地石油资源的掠夺。1903 年荷兰皇家公司为了扩大石油的勘探、开采，提高加工能力，在欧洲争夺市场，就与英国的壳牌运输和贸易公司合设了子公司——亚细亚石油公司。此后，亚细亚汽油和煤油就深入到中国边远地区，同时在中国培养了一批新的买办阶级。到 1906 年，荷兰皇家公司与壳牌运输和贸易公司正式合并成英荷壳牌石油公司（Royal Dutch/Shell Group），它是一个持股公司，实际业务由下面的执行公司来经营：属于荷兰的是巴达维亚石油公司；属于英国的是盎格鲁·撒克逊公司。初时公司的股票，荷兰资本家占 60%，英国资本家只占 40%。后来由于在业务

---

[1] 参考 H. B. Morse《中朝制度考》(*The Trade and Administration of the Chinese Empire*)，p. 289。
[2] 据 1966 年 5 月 18 日《羊城晚报》"从无到有的石油家当"。

经营上要依靠英国政府的支持，英国资产阶级逐渐占据优势，亚细亚石油公司和盎格鲁·撒克逊公司便过渡到由英国资本家掌管。

亚细亚石油公司为了在亚洲扩大业务，进行经济掠夺，又组织了八个子公司。在中国就有两个，一个是亚细亚火油华北有限公司，一个是亚细亚火油华南有限公司，都是在 1913 年 8 月组建成立的。华北公司，前身即是壳牌的子公司盎格鲁－撒克逊公司，资金 200 万镑，营业范围是中国和朝鲜。华南公司资金一百万镑，也继承了盎格鲁－撒克逊公司的财产，从事以香港为中心的石油贩卖及储藏业务，办事处设在香港。这两个公司在中国各地设有油库、分店、办事处。除石油及其制品外，又还从事石蜡和洋烛的贩卖事业，有一个子公司叫做白礼氏洋烛公司，专门从事洋烛的制造。

与壳牌亚细亚石油公司一样，美国最大财阀之一的洛克菲勒所经营的美孚石油公司（Standard Oil Co.），也把在荷印掠夺的石油运来中国推销。1912 年新泽西美孚石油公司开始在荷印作小规模的勘探，结果在苏门答腊发现很多重要油田。它在远东生产提炼石油有专门设备，它的子公司美孚洋行负责远东方面。它在中国各地也设有分店、办事处、油库，除拥有土地外，还拥有船舶，用来从事长江航运，载着本公司的石油溯江而上；返航则装载一般货物，一举两得。

美国资本家的经营无孔不入。在美孚石油公司的石油进入中国初期，为了广泛推销它的煤油，它制造洋油灯，随油奉送，不取分文。初时运来中国的石油，本来是散装的，美国资本家为着适应中国广大农村的需要，便于运输和销售，改用白铁罐装，每罐 5 加仑，两罐用一个木箱装载。这样一箱共 10 加仑，净重 65 磅。据说这个方法是一个油商德沃（Devoe）发明的，后来他经营的事业卖给美孚石油公司，在木箱上仍保留有"德沃"字样。[1]美孚也经营洋烛生产销售。在青岛设有职工80人的制罐厂，在天津、汉口也设有制罐厂或洋烛厂，利用中国廉价的劳动力，榨取更多的超额利润。

英美的石油输入，是同改变英中、美中之间贸易的不利地位，进而攫取中国更多的财富紧密相连的。茶叶是中国传统的输出品。1660年中国茶叶开始输入英国，盘踞澳门的葡萄牙殖民者是传播的媒介。由于英王查尔斯二世（Charles Ⅱ）的皇后葡萄牙公主凯瑟琳（Catherine）酷嗜茶，初流行于宫廷，后上行下效，渐及于民间，成为流行的时髦饮料。[2]18世纪中叶，英国各饭店和咖啡店大量经营茶饮，导致中国茶叶大量输入英国。丝茶两项在18世纪构成中国对英国输出的大宗。

美国对中国茶叶的消费量本来有限，但美国商人是欧洲各国货物的运送者。在19世纪开头的10年间，每年从中国输入欧洲的茶叶，有四分之一到一半是由美国转手运输的。这是一笔有厚利可图的生意，美国商人乐于从事。[3]

中国是一个地大物博的国家。当时自给自足的自然经济仍占统治地位，需要西方的商品很少。在这种情况下，英美资本家商人为了得到中国商品，不得不用硬币支付，结果硬币长期外流，来源枯竭，情况非常严重。为了扭转被动局面，英美资产阶级采取了非常阴险毒辣的手段。先是把大量的鸦片运来中国。始作俑者又是澳门的葡萄牙殖民者。直到1825年或1832年以后，鸦片大量倾销，白银才倒转过来

---

[1] E. Watson, *The Principal Articles of Chinese Commerce*, p. 125.
[2] 参见 Montato de Jesue, *Historic Macao*, p. 135。
[3] 参见 K. S. Latourette, *The History of Early Relations, Between United States and China*, p. 29。

从中国流出。后来他们又发现石油也是一门"重炮",既有销路,又不像贩运鸦片那样受人唾骂,于是绞尽脑汁,想方设法把中国的石油市场控制起来。

帝国主义者不仅不让中国人发展自己的石油工业,即使向他们购买原料自己加工,从中争点小利,也受到百般阻挠和破坏,非把此类加工业迫至最后停止不可。解放前的煤油市场,长时期来为美英等石油垄断资本家所控制。据广州的调查统计,1930年输入的煤油,就占900万海关两有奇,漏卮之巨,实属惊人。1930年春,中国一些民族资本家拟在高州开采原料,自行制炼煤油,结果没有成功。之后,决定采用广州市内洋商亚细亚、美孚、德士古等公司输入的、燃点在华氏84度至86度的低度柴油作为原料,再行提炼。虽不理想,但试行有效,于是争着办厂,以至一年之间,广州开办的土制煤油厂多至160余家。这样一来,洋商着急了,于是把柴油价格从原来每吨港币四五十元提高到一百元有奇。这还不算,又把吧嘛油掺杂进去,使之难于提炼。成本既高,提炼又困难,终于迫使土制炼油厂在1931至1932年之间,相继歇业。

柴油是燃点比煤油高的石油制品,多产于东印度及美俄两国。广州土制煤油厂所采用的多是美国产品。当1931年前后土制煤油受到沉重打击的时候,南中煤油公司成立了。它直接从国外输入未经提炼的燃点在华氏100度至104度之间的高度柴油,作为提炼土煤油的原料。亚细亚、美孚、德士古等公司见到我国土制煤油业不但没有被扼杀,且有复苏之势,便在我国内地设厂制炼"桃花牌"、"经济牌"、"月光牌"等煤油,利用中国廉价劳动力,减少运费,降低成本,以便削价倾销。所制煤油价格总要比中国土煤油每罐低几角。在洋商煤油压价倾销的情况下，我国的柴油商及土煤油厂在1933年四、五、六三个月间每月都要亏损二三十万元。初时舶来煤油，每罐售价六元多，我国土制煤油，每罐售价五元四角。后洋商煤油减价倾销，有个时期竟每罐降至二元八角。土煤油厂资本微薄，而原料又依赖进口，他们无法跟洋商竞争，自然非倒台不可。[1]

由于上述种种原因，旧中国的石油生产的确少得可怜。据说从1907至1948年，42年总共不过生产了278万吨石油。最高年产量的1943年也只不过生产了32万吨。石油的品种，也只有九种普通产品。[2]帝国主义者见到旧中国石油产量少，差不多完全依赖进口，于是大唱其所谓"中国贫油论"，胡说什么"中国大部分地区的岩石类型与生成时代都不储存有开采价值的石油的可能"。[3]他们这样做，就是企图在中国人民中间造成悲观失望情绪，放弃找寻自己的石油资源和发展自己石油工业的努力，使中国永远成为美英石油垄断资本家倾销石油的市场，永远靠进口"洋油"过日子。

四、中国过去石油业不发达原因的分析

中国是世界上最早发现和利用石油、天然气的国家之一，对石油和天然气的利用，表现出中国人民的高度聪明才智；中国又是一个地大物博的国家，石油和天然气的发现比比有之。可是过去两千多年来

---

[1] 参见1934年6月广州出版的《广东工商业·土制煤油》，第1、2、4，及第42页。

[2] 参见1966年5月18日《羊城晚报》"从无到有的石油家当"。

[3] 这是1914年美国美孚石油公司派地质学家来中国考察石油的断语。见 F. G. Clapp《石油科学》第一卷，1938年版，第139页。本文从《红旗》1965年第13号第23页闵像的文章转引。

石油业并不发达,从 10 世纪开始就已经有阿拉伯国家的石油输入,虽然数量不多,用途不广,影响不大,仍然是取给于人;到了鸦片战争以后,中国一步步沦为半封建半殖民地社会,帝国主义把各种石油产品大量输入中国,使中国成为他们榨取厚利的市场,情况十分严重。为什么中国的石油业发达不起来呢?根本理由有两条:一是封建统治者的压迫;一是殖民主义者的掠夺。在封建制度下,中国封建地主阶级的残酷剥削榨取,使石油业在萌芽状态中即遭扼杀。在封建制度下,凡是有利可图的事业,没有不被地主阶级攫取占有的,石油业也不例外。远古的情况怎样,我们缺乏资料,不得而知。在宋代以后,就有许多事实足以说明问题。例如陕西延长县境(即汉上郡高奴县)的石油,当宋范仲淹镇守西陲时,就被取来作军队中的燃料。[1] 元代不直接攫取,就苛抽重税,延长南迎河有凿井取油的,计一井每岁要交油 110 斤;延川县西北 80 里永丰村有一井,每岁要交 400 斤,交给本路的元丰库。[2] 到了清朝,把石油矿定为官产,"惟县官得取所谓'黑块'者供官署之用"。在封建统治阶级残酷剥削榨取下,石油生产者对生产不感兴趣,根本谈不上改善生产工具,改进生产方法,长时期来只是沿袭祖先的老一套,陈陈相因,代代相传。

1912 年,北洋军阀头子袁世凯,在帝国主义支持下当了"临时大总统"。1914 年 2 月,他的"内阁总理"熊希龄就迫不及待,勾结美帝国主义,与美孚石油公司订立了中美合办临时协定,决定对陕西地区中部宜君、延长等县的石油蕴藏进行勘探,甚至延及热河承德(今河北省承德市)及其附近地区。按照协定,勘探工作由美孚石油公司

---

[1] 见《中国地名大词典》延长石油矿条。
[2] 见《永乐大典》卷 4841 油字条。

派出技师进行办理,其费用由中国政府和美孚石油公司共同分担。根据勘探情况,如果认为这些地区有开发价值,便组织一个美华合办的公司,由美孚石油公司投资55%,再由美孚石油公司募股37.5%"赠予"中国,其余7.5%,到这个公司成立后,在两年之内,由中国政府方面出资。美孚石油公司在临时协定上还附加了两个条件:

一、如果这些油田采掘结果不良,美孚石油公司还得开采其他油田。

二、在这个临时协定缔结后的一年内,中国不得将其他任何地方的石油权益交给其他外国人。

钻探工作于1914年9月开始。美孚石油公司运来3台当时最新式的钻探机,并派美国技师20人带领许多工人前来中国。在延长和其他几个地方钻探了深达3000英尺的矿井,确定在400英尺到600英尺深处有油层。可是在承德方面钻探的结果,认为不合理想。根据上述情况,加以当时交通不便和其他困难,认为上述油田没有希望。于是美孚石油公司根据附加条件,乘机向中国北洋政府提出取得中国全境油田开发权的要求。这件事,充分暴露了美国石油资本家在"美华合办"名义下,勾结中国官僚买办阶级,企图垄断中国石油勘探、测量、开采、提炼、运输和贩卖特权的狂妄野心。由于北洋政府害怕中国人民反对,不敢明目张胆拱手出卖,使美帝国主义者的野心未能得逞。[1]

毛泽东同志早就指出:"地主阶级这样残酷的剥削和压迫所造成的农民的极端的穷困和落后,就是中国社会几千年在经济上和社会生活上停滞不前的基本原因。"[2] 中国的封建地主阶级已经极其残酷地剥削

---

[1] 参见萍叶登著,陈公绰、陈真译《侵略中国的英美财阀》,第86页。
[2] 《毛泽东选集》,第587—588页。

榨取中国人民，又还勾结殖民主义，引狼入室。鸦片战争后，外国石油大量倾销，中国原有的落后的石油业，产品质量不佳，成本亦不便宜，自不可能和外国石油竞争，自不可能有发展余地。

新中国建立以后，我国人民在中国共产党的领导下，坚持独立自主，自力更生，在寻找石油资源、发展石油工业方面取得了辉煌的成就，使我国由"贫油"国变成了石油输出国。我国现代石油工业的发展及其原因，不属于本文讨论的范围，兹不赘述。

原载《学术研究》1983年第4、5期

关于 1922 年香港海员罢工的几个问题

金应熙

1922 年 1 月 12 日至 3 月 8 日的香港海员罢工，已经过去 40 年了。这次罢工是近百年来中国人民对英国帝国主义进行斗争中的第一次大规模的胜利，又是中国共产党成立后中国工人第一次罢工高潮的开端，在中国工人运动史上具有重大意义。

关于这次罢工，过去已有人作过不少研究[1]。但是，有几个问题还待进一步解决：罢工期间斗争形势的发展问题；海员工人斗争策略的特点问题；中国共产党和中国劳动组合书记部如何帮助并指导这次罢工问题；广州国民党政权对海员罢工的态度问题等。本文拟根据目前找到的一部分原始资料就上列问题作一些初步的探索。

---

[1] 邓中夏同志的《中国职工运动简史》第四章专章论述了这次罢工。此外如宜彬的《香港海员大罢工》、中国科学院广州哲学社会科学研究所历史室的《广东海员斗争简史》等，都是有关这次罢工的专著（《简史》未刊印），作者在研究中得到这些书的不少启发。下文叙述中，资料出自邓书的，不再一一注明。

一、罢工斗争的三个阶段

香港海员罢工刚一开始,香港英国当局就立即支持轮船资本家,对海员施行高压,从而使罢工自始就带有直接反对英帝国主义的性质。罢工坚持了56天,规模不断扩大。罢工开始一星期后,罢工海员人数是6500人。1月底发生香港运输工人同情罢工,使罢工人数增至3万人以上。到3月1日,又发生了全港工人的同情总罢工,使罢工人数激增到10万人以上。罢工的两次扩大,使斗争形势发生较大的变化,将罢工斗争分成三个阶段。

在第一个阶段(1月12日至1月底)中,海员工人克服了少数领导人在英国当局高压下的动摇,按照罢工前原定计划纷纷回到广州,组织了纠察队,分头到广东各个港口去,禁止把粮食运往香港,对香港实行封锁。同时,又积极进行组织香港运输工人的同情罢工,以加强对香港英国当局和轮船资本家的压力,迫使他们迅速接受海员所提的条件。

这一阶段中,英国当局对付罢工的手段主要是高压。早在罢工开始后几小时,香港华民政务司夏理德就赶到工会对海员们施加压力,企图诱骗工人先行复工,被海员积极分子苏兆征痛加驳斥,夏理德计不得逞。次日(1月13日),海员工会少数领导人翟汉奇等在英当局压力下动摇,擅自散发传单,伪称增加工资已得解决,通知工人于1月16日一律复工。苏兆征等随即对翟汉奇等人的动摇妥协展开斗争。在罢工海员代表大会上一致通过:非由轮船资本家签字接受海员条件,决不复工。于是,英当局破坏罢工的第一次阴谋,才归失败。[1]

---

[1] 《海员大罢工资料》(以下引文简称《资料》)第11—15页,这是上海申报有关海员罢工消息的汇总,现藏广州中山图书馆。

英国当局和轮船资本家的态度，此时十分蛮横。由于翟汉奇等的动摇，英方认为海员工人是不难对付的，又由于这时罢工的还只限于数千海员，英方指望通过在上海、印度、菲律宾等地招募新海员来代替罢工海员的方法，可以彻底破坏罢工。因此，他们拒绝和海员谈判，于1月13日撤回原来提出的增加工资条件，夏理德并且威吓罢工海员说，如果再不屈服，就将永远失掉工作。[1]

事情的发展出于英帝国主义者的意料之外。招募新海员的毒辣手段，在中国各地工人一致支援罢工海员的斗争的坚强阵线面前，遇到很大的挫折，没有显著的效果。1月底香港运输工人战胜了英当局的重重阻挠而举行了同情罢工，香港出入口货物无人起卸，工商业顿时陷于停滞。英当局于2月1日下令封闭海员工会，稍后又封闭同德、集贤、海陆理货员等工会（都是运输工人的工会），但这些高压手段，丝毫不能阻止罢工的扩大。

运输工人的罢工使斗争进入第二阶段。英帝国主义者眼见破坏罢工已非单纯高压所能奏效，不得不同意坐下来谈判。谈判断续进行了近三个星期。英国当局一方面唆使在它控制下的香港东华医院、华商总会等机构出面"调停"，希图把海员骗上"先行复工，条件后议"的圈套，一方面则通过驻广州的英国领事詹美逊，向广州国民党政权进行拉拢，希望在广州掌握军政实权的陈炯明，帮助英方限制和阻止海员罢工的继续发展。

代表着全体罢工海员的意志，海员积极分子苏兆征、林伟民等[2]

---

[1] 夏理德1922年1月18日的告示，见《资料》第18页。
[2] 海员工会在谈判中的四个代表，最初是苏兆征、翟汉奇、卢俊文、陆常告。2月15日，原任海员工会会长的陈炳生因杀害妻子被捕，苏兆征被选继任会长，代表由林伟民代替。

在谈判中进行了坚决的斗争。谈判中首先遇到的关键问题,就是海员工会的启封和恢复。英国当局认为这有关它的"威信",提出要海员工会改变名称和地址以后,英方才能让工会恢复活动。海员中的少数动摇分子,竟然主动让步,将香港海员工会改为支部,总会迁回广州,"以为变通之计,庶港政府易于接纳"[1]。苏兆征等坚决反对这样的意见。在谈判当中,香港的绅士们纷纷要求海员代表妥协、退让,苏兆征起来说:"我们来港谈判以前,各同人对于恢复'中华海员工业联合总会'十个字,万众一心,表示如果不恢复会名,宁愿一齐死在广州城,都不愿回到香港。这样,我们决不能接受更改会名的做法。"[2] 的确,这不是简单的一个工会名字的问题,而是英帝国主义者是否在中国人民的团结面前承认失败的问题,是必须据理力争的。

到了2月中旬,罢工海员坚持斗争的困难一天大似一天。一方面,罢工经费不足,许多罢工海员在隆冬中睡地板,又无被盖,每人每天只吃上两顿一角钱的饭,生活十分艰苦。又一方面,这时从国民党广州当局(特别是陈炯明)到广东的商业资本家都不愿罢工坚持下去,催促罢工海员们迅速收束罢工,"见好收篷"。苏兆征等人,在中国共产党和广东劳动人民的鼓励和支持下,和绝大多数海员一起坚持斗争。海员们斗志昂扬,彼此互相勉励:"顶硬上,兄弟,咪俾人睇小(粤语:'不要让人看轻')!"海员们终于击破了英国当局所策动的接二连三的"调停"丑剧,把斗争坚持下去。

3月1日香港工人的同情总罢工使斗争形势发生了进一步的变化,使罢工斗争发展到第三个阶段。英国当局虽然立即宣布戒严令,调集

---

[1]《资料》第49页。
[2]《资料》第56页。

大批兵舰，禁止火车通行，企图以暴力阻止罢工的实现，甚至对步行回广州的罢工工人开枪射击，造成3月4日的沙田惨案，但是，全港工人不顾英帝国主义这一切横暴的干涉，仍然实现并扩大了总罢工，使全港各行业都不得不关门，香港顿时变成了死港。

在中国人民的沉重打击下，老练、狡猾的英国当局估计了当时的斗争形势。它也知道，罢工继续发展下去只会给它带来更不利的后果，因此，必须以在一定程度上承认失败来换取罢工的结束。这时，詹美逊和陈炯明已经更密切地勾结起来。为了取得英帝国主义对他背叛孙中山的更大帮助，陈炯明公开出面要海员工人恢复和英当局谈判，并且派出广东政权的代表陆敬科参加会议。3月5日，谈判达成了协议，英国当局屈服了。3月6日，英当局明令取消封闭海员工会的反动命令，并且同意"抚恤"沙田惨案的死难者；轮船资本家同意增加工资约20%。6日下午，香港会督代表英国当局送回工会招牌，十几万人看着"中华海员工业联合总会"的牌子缓慢地升起来，"工人万岁""海员工会万岁"的欢呼声响彻了香港，人民庆祝了自己的胜利！

二、海员斗争策略的特点

海员罢工中，海员斗争策略的显著特点是同盟罢工和经济封锁的密切配合。在此以前，中国人民在反帝斗争中曾经分别运用过这两个武器。1858年，在反对英法侵略军侵占广州城的斗争中，就有二万多香港工人罢工回到广州，使"夷人身司炊爨，不堪其苦"[1]。1884年，

---

[1] 夏燮：《中西纪事》卷13，《粤民义师》。

香港船舶修造业工人、搬运工人等，又曾为反抗法国侵略和英当局的压迫而举行过同盟罢工[1]。至于经济绝交，从1905年反美爱国运动以来，中国人民曾对不同的帝国主义国家多次使用过这种斗争方式。香港海员罢工在过去的斗争经验基础上有进一步的提高。

罢工爆发前，海员们就已有较周密的布置。1921年6月4日，在工会全体同人大会上决议成立加工维持团，这是准备罢工斗争的专门机构。以后又在维持团领导下成立"征求队"、"劝捐队"、"宣传队"、"防护破坏罢工队"、"交通队"等，并且在香港设有秘密机关，以便促进罢工的实现和争取胜利。在广州还设立总办事处，准备接待罢工爆发后回广州的工人。

罢工开始后，广州办事处组织了纠察队，分派到广东各港口去，禁止粮食输港，并对内河和沿海的轮渡实行严密管理。当时广东的内河航线只有得到海员工会的批准和监督才能通航[2]。在汕头另外设有分办事处，对香港也严密封锁。汕头商会曾向分办事处请求，对于专运粮米的船只，准予航行入口，因分办事处不同意，卒无法实现[3]。

这一套由罢工海员执行经济封锁的办法，是前此反帝斗争中所未见的，非常有力。英帝国主义者为了突破封锁曾经作了疯狂的尝试。罢工开始后第一星期，它取得了陈炯明（当时是广东省省长）的许可，派遣海军驾驶平时来往省港的"金山"、"香山"两艘轮船，到广州来，

---

[1] 方汉奇辑：《一八八四年香港人民的反帝斗争》，载《近代史资料》1957年第6期。又李明仁：《一八八四年香港罢工运动》，载《历史研究》1958年第3期。

[2] 1922年《三水关贸易季册报告》："二月初旬，海员特准中国广威轮船（由三水）开往梧州，派有一班佩带襟章之会员在船监督。"1922年广东各海关贸易册中，尚载有罢工海员管理航运及贸易的许多资料。

[3] 参见1922年《汕头关贸易季册·贸易情形论略》。

妄想采买粮食、菜蔬。但在罢工海员和广州工人的合力封锁下,"既无搬运工人肯落货,又无船艇肯接人上船",结果完全失败[1]。在严密封锁下,香港航运停顿,物价飞涨,帝国主义者受到了极其沉重的打击。

同盟罢工和经济封锁配合,更增加了经济封锁的威力。在运输工人罢工以前,轮船资本家用招募新海员的办法,可以有一些船只偷偷摸摸起卸货物逃去,到运输工人全体罢工后,航运更完全停顿了。英国当局惊呼罢工"陷本殖民地生命于危险之境",派出大帮军警监押运输工人工作,美其名曰"保护"。但是,运输工人都不愿受到这样的"保护",又纷纷离开香港,回到广州[2]。英国当局始终没有办法能够冲破经济封锁。

对香港经济封锁时间一久,在罢工海员方面也发生了两个问题。

一是商人营业问题。在经济封锁中对港贸易停顿,商人特别是进出口商少了许多生意可做,势必要求迅速解决罢工。当时上海商人和广州商人因生意停顿都异常焦急。上海粤侨商业联合会致电香港华商总会,催促他们赶快出面"调停"。[3]2月初,英国当局实行禁止白米、面粉、煤炭出口等所谓报复措施后,广东商人惶急万状,认为"海员罢工,凡与港沪来往各行号及办出入口货商店均受影响,商务因之停滞,物价由是奇昂,牵动各方,咸受损失,重以粤地粮食素绌,危机万状"[4],因而他们都主张调停、妥协。由于他们本身和帝国主义也有一定矛盾,又由于不敢甘冒违背"一致对外"原则的大不韪,广东

---

[1]《工人周刊》29号,1922年2月12日。
[2]《广州英文日报》1922年2月3日。见该报1—3月合订本,藏中山大学图书馆。
[3]《资料》第6页。
[4]《资料》第54页。

商业资产阶级还不敢公然站到英帝国主义一面；但是，他们对自己的一点"生意"特别关切，更不愿意看到航运只有在海员管理下才能进行的局面延长下去，所以他们又极力劝诱海员们"适可而止"，从早了局。在3月初的谈判中广东商业资本家代表出了不少的力量，事实上从旁帮了詹美逊和陈炯明的忙。

一是帝国主义内部矛盾问题。第一次帝国主义世界大战以后美、英帝国主义争夺中国商品市场十分尖锐。香港海员罢工在美帝国主义看来是他们取英国而代之的千载一时的机会。美国人伪善地对罢工海员表示同情。上海《大陆报》发表社论对香港英国当局无理封闭海员工会的暴行加以嘲骂，说这种行为和沙皇与德国霍亨索伦王朝警察制度底下的做法是一样的。《大陆报》并且驳斥了《字林西报》的造谣，指出《字林西报》说的"如果接受罢工海员所提条件，以后每月每船须增加支出1万到1.5万元"是"对公众的欺罔"。[1] 骂得倒真痛快，可是我们不会忘记，首先采用招雇菲律宾籍新海员的手段来破坏海员罢工的，正是美国的太平洋、提督等轮船公司，他们一下子就开除了中国海员2000多人[2]，而且正由于这一毒辣手段已经收到了一定效果，到2月中旬美国轮船滞留香港的为数不多，美帝国主义者才能那样轻松地以隔岸观火的态度来说风凉话。不管怎样，如何利用帝国主义者的内部矛盾，使它们不会协而谋我，进而使我们能够更有力地打击当时的主要对象，这是罢工海员面对的问题。

海员罢工时间不长，罢工的领导还不统一，也不够强，因此对这

---

[1] 1922年2月5日《大陆报》社论，转译自《广州英文日报》。《申报》曾摘译这个社论为文言。
[2] 《资料》第24页。由于美国轮船公司抢先雇用新海员，开走了一些船只。到2月中旬，在停泊香港口内的166艘轮船中，美国船只有8艘。

两个问题都没有能够很好解决。1925—1926年的省港大罢工继承和进一步发展了海员罢工的斗争策略,又重新遇到这两个问题。如所周知,省港罢工委员会在中国共产党的领导下制订了"凡不是英国货英国船及经过香港者,可准其直来广州"的中心策略。执行这一中心策略的结果,"解除广东经济的困难,保持广东商人的中立,拆散帝国主义的联合战线,最后还促进广东经济的独立发展"。[1]这一中心策略的正确乃是省港大罢工得以坚持如此长久的岁月的原因。我们在前后对比中可以看到中国工人阶级反对帝国主义的斗争策略的发展,而且还可以体会到,中国工人只有在自己的政党——中国共产党的直接领导下,才能够更好地制定并且运用正确的策略,以取得对敌斗争的胜利。

三、国民党政权对海员罢工的态度问题

海员罢工期间,孙中山领导的国民党在广州建立革命政权,但是,掌握军事、政治大权的陈炯明却正在策划着背叛孙中山的密谋。罢工结束后不到半个月,孙中山北伐的支持者邓铿被暗杀,这是陈炯明叛变活动的开始表面化。这年6月,陈炯明炮击总统府,正式叛变孙中山,投到帝国主义和北洋军阀的旗下去了。因此,在探讨国民党政权对海员罢工的态度时,应该把孙中山和陈炯明分别开来考察。

孙中山在海员中是有相当影响的。在辛亥革命后,他在日本横滨联络陈炳生等成立"侨海联义社",担任运输军械等革命工作。以后"海员慈善社"和"中华海员工业联合总会"的成立,孙中山都曾予

---

[1] 邓中夏:《中国职工运动简史》,人民出版社1953年版,第236页。

以赞助。[1]在海员罢工爆发时，孙中山领导下的国民党是赞助罢工的。在广州市国民党支部、广东群报社等处设立招待罢工海员的住所，国民党方面张继、谢英伯等（他们又标榜无政府主义），也被派参加罢工总办事处的工作。[2]

但是，到了罢工的第二个阶段，国民党的态度就有点改变了。2月初，国民党外交人员陈友仁写信给《字林西报》，声明孙中山的政府并不对海员罢工负有责任。接着，国民党报刊相继发表社论，主张罢工海员从速与英方谈判，接受"调停"，适可而止。[3]

国民党态度的改变，其原因可以从上述国民党人员和报章的言论中看出来：

陈友仁说孙中山并不赞助海员罢工："已经着重指出过广州和香港之间的经济依存性。我还要指出：孙大总统正在筹备一项军事行动，其成败可能大受广州方面工业不安宁的影响，因为广州乃是孙中山向长江流域进军的主要供应基地。"[4]这就是说，国民党政权需要英国当局的经济援助，正在准备北伐的孙中山不愿意在广东和英国发生重大冲突，以免影响主要供应基地的安宁。

《广州英文日报》社论说："在海员罢工中受到最沉重打击的人乃是中国人。金钱的损失和物资的浪费都是很大的。……认真、严肃的人们，有谁愿意罢工延长下去呢？"又说："我们自己的房屋里有很多

---

[1] 参见《中华海员工会二十年之奋斗史略》，载《劳动季报》第1期，1934年4月出版。
[2] 在海员罢工初期，国民党给予罢工的一点帮助，资料散见当时报刊。此处系根据长野朗：《支那の劳动运动》第224—225页，因资料比较完整，所载事实已经查对，大致无误。
[3] 陈友仁信，见《广州英文日报》2月17日。《广州英文日报》于2月6日、20日均有社论论海员罢工。
[4] 同上。

火药，我们不能够对邻居火灾中火星四射表示快乐的。"[1]这就是说，国民党领导分子因广东商业资本家遭遇损失而感到切肤之痛，而且担心香港海员罢工会引起广州的罢工浪潮，给他们带来大的麻烦。

国民党对海员罢工由支持转为冷淡，这是资产阶级在民主革命中两面性的表现。他们还没有理解到，孙中山北伐的成败，主要取决于是否获得工农群众的支持，而一个对工人阶级反帝斗争采取漠视态度，希望其越快结束越好的政权，是不会得到工农群众的热烈支持的。

至于陈炯明对海员罢工的态度，则自始至终是从他的策划中的政治阴谋出发的。

在罢工初发生时，陈炯明对罢工也极力表示赞助，每天由广东政府给海员借款数千元。他这样做的目的，是为了减弱孙中山在海员中的影响，妄图将海员收为己用。但是，陈炯明的盘算落空了。罢工海员们也非常明白陈炯明帮助罢工的内幕，他们利用了陈炯明的经济接济，而始终未被陈炯明利用去作政争的工具。[2]

随着罢工进入第二阶段，英帝国主义对陈炯明使用了软硬兼施的办法。一面禁止白米、面粉、煤炭等出口，对广东实行反封锁，又一面则由詹美逊进行收买，暗示可以向广东政府借款和投资。陈炯明急于要得到英国的经济帮助来反对孙中山，就不惜对海员罢工进行干涉和破坏了。

2月下旬，英国当局策动的几次"调停"都被海员代表拒绝，全港工人总罢工一触即发。这时，英方急想在总罢工爆发前获得解决，

---

[1] 陈友仁信，见《广州英文日报》2月17日。《广州英文日报》于2月6日、20日均有社论论海员罢工。

[2] 邓中夏：《中国职工运动简史》，第59页。

便极力催促陈炯明为它效力。陈炯明指使其党羽两广交涉署人员李锦纶对苏兆征等施加压力，要罢工海员接受英方条件，并说明"若海员开大会，省长可到场解说"，企图以省长的地位迫使罢工海员屈服。苏兆征当即指出英方条件离海员要求尚远，拒绝接受，陈炯明没有达到目的。[1]

香港全市工人总罢工后，英国当局已到山穷水尽之境。对总罢工的高压引起了广东人民的无比愤慨，一场更大的反帝风暴即将到临。老奸巨猾的詹美逊见事势危急，即于3月2日赴港密商对策，次日致电陈炯明请广东政府派代表与海员代表一同往港谈判。陈炯明接电后，派出交涉署的陆敬科前往，渴想早日恢复贸易的广东总商会代表也一齐出发。在这次谈判中，英国当局虽然不得不接受海员方面大部分的条件，但是却狡猾地拒不提供有效的保证。轮船资本家也不肯补还罢工期间海员工资。陆敬科和英方唱双簧，做好做歹，由船东虚伪地担任罢工期间海员工资的支付。3月5日，协议签字了。[2]

这时广州城内已遍传沙田惨案的消息，人心激愤，在沙面区工作的中国职工立即酝酿罢工。陈炯明一面出示保护英国侨民，阻止沙面华工的罢工准备活动，一面又亲自出马对数千海员讲话，动员他们接受协议条款。他把罢工称做"工潮"，说罢工使香港和广州的商民同样遭受损失，因此罢工的结束是值得欣幸的。

陈炯明和詹美逊为海员罢工的结束而互相庆贺、致谢。正是这同一个詹美逊，在四年后安排了对广州游行群众的屠杀，造成沙基惨案。

---

[1]《资料》第92页。
[2]《资料》第99—101页纪陆敬科对记者谈调解经过甚详细。参看《广州英文日报》3月5日—7日。

在惨案发生前夕的一封信里,詹美逊悍然预告了要对中国人民开枪:"吾人必须预先采取手段,以防止类似在镇江、九江、汉口曾经发生的群众暴行(按:指群众的反帝斗争)。若不幸此间发生同类事故,煽动群众作出暴行的那些人必将碰得头破血流。"[1] 这就是陈炯明谄谀地称为中国亲爱友人的詹美逊的狰狞面目!

海员罢工虽然胜利了,但是胜利的基础不够牢固。由于海员们没有能够抓紧罢工第三阶段的有利斗争形势,乘胜追击,使英国当局和轮船资本家完全接受海员的条件并提供切实的保证,所以后来英方得乘海员工会组织涣散的弱点完全不肯履行协议的条件。

陈炯明则因执行英帝国主义的意旨得力而获得主子的宠信。他在不久以后就公开背叛孙中山,并于1923年和英国进一步商定秘密借款。陈友仁谈论什么"广州与香港间的经济依存性",他是错了,只有陈炯明之流能够得到英国侵略者的"慷慨"援助,反帝的孙中山和帝国主义者之间是谈不上经济依存的。

四、中国共产党和劳动组合书记部对罢工的帮助问题

中国共产党和在党领导下的中国劳动组合书记部对香港海员罢工作了有力的援助。这些援助对罢工的胜利起了决定性的作用。

上文曾经说明,在罢工第一阶段里,英当局和轮船资本家把破坏罢工的希望寄于招募新海员。他们特别希望招到上海的甬籍(浙江宁

---

[1] 伦敦《泰晤士报》1925年6月25日。转引自博尔格:《美国政策与1925—1928年的中国革命》第41页。此处译文,系用余绳武同志的译文,谨注明。

波）海员。在中国海员工人中，宁波海员的人数仅次于广东海员。[1] 由于地域和行帮观念的影响，双方过去还没有能够很好地团结合作。1914年宁波海员罢工，因广东海员未能全力支持而失败。[2] 帝国主义者抓住这一点，认为大量招募宁波海员来代替香港海员是有把握的，这就可以彻底破坏香港海员罢工。他们于海员宣布罢工后立即发出火急电报，指使其在沪代理人桂阿毛等招募宁波海员。

中国劳动组合书记部在海员罢工发生后即发动上海各工团组织"香港海员后援会"，并对帝国主义者招募新海员的阴谋展开斗争。书记部李启汉同志因为到桂阿毛住宅提出警告，被暗探逮捕。到被释放出狱后，他又和朱宝庭等赶到码头上对应募海员进行劝说，反复讲明天下工人是一家、工人不能破坏工人的事的道理。由于书记部在上海海员中作了广泛的宣传工作，帝国主义代理人在上海能招到的新海员人数不多。这些新海员路经汕头时，又被汕头办事处说服而回去了一大半。第一批新海员到香港的不足300人。[3]

帝国主义者招募宁波海员的计划受到打击，使他们破坏海员罢工的阴谋不能实现。从别处（菲律宾、印度）虽然招来了一些"海员"，可是人数不多，作用很小。拿菲律宾"海员"来说，他们原来大部分都不是在轮船上工作的，因贪图资本家的临时高薪而来，但技术很差，两三个人才能做一个中国海员的工作。他们既患晕船，又患思乡病，

---

[1] 参见邓中夏：《我们的力量》，载《中国工人》第2期。中夏同志估计，远洋轮船中的华籍海员，宁波人约四万以上，广东人约六万以上。
[2] 参见《民声》，第21号。
[3] 雷加：《海员朱宝庭》，第26—29页。

与其说是对航行的帮助，不如说是妨碍。[1]雇用这样的人当然不能代替香港海员了。

到罢工的第二阶段中，罢工海员的困难日增，在帝国主义者的"调停"骗局下，少数领导人发生动摇，而国民党政权与广东资产阶级更从旁施加压力，此时海员要坚持下去，所急需的是全国人民的支持、鼓励，而特别需要斗争策略上的指导。中国共产党和劳动组合书记部发动了远在北方的铁路工人，组织后援会，捐款援助。京汉、京奉、京绥、津浦各铁路俱乐部同人，决议每人捐助一日薪金，京汉路火车头上竖起"援助香港海员"的大旗，往来北京汉口。这些在北洋军阀反动政权下的空前壮举，对于艰苦奋斗中的海员工人是极大的鼓舞。

2月中旬，中国共产党广东支部发表《敬告海员罢工》。在这个文件中，首先指出海员们的要求是正当的，是不会失败的，勉励海员们继续斗争，声明共产党将尽力为之后援。接着，文件指出资本家有很多阴谋诡计，我们必须加紧提防，着重提出海员们要"坚持到底"和"团结一致"。文件说："我们最后向船东提出的条件，那是……为争个人生存上最低限度上的一种，断不可因威胁利诱而稍形退让，任何人出面调停，必须如愿相偿，方可应之。"又说："我们劳动者战胜资本家的优点，就是仗着人数多，合起群来，有阶级觉悟，若使不能团结行动，资本家就不难用种种方法把你各个击破。"[2]

---

[1] 《广州英文日报》1922年2月15日刊载：《罢工结束后菲律宾海员是否会被留用？》按英当局和轮船资本家在2月份内仍然极力招募新海员，最后共募到宁波海员2000多人。但是，在运输工人罢工后，光是招到海员已经无济于事，海员中广东帮与宁波帮行帮思想的消除，到1925年方才解决。

[2] 中国共产党广东支部：《敬告海员罢工》（抄本）。

这些建议是根据当时罢工斗争具体情况提出来的，是符合斗争发展的实际要求的。特别是"坚持提出条件、不可稍形退让"这一着，是针对帝国主义者"先行复工、条件再议""由调解人（华商总会或全港工团）担保，先复工再恢复工会"等等"调停"骗局的唯一正确对策，对于罢工海员坚持斗争有一定的指导意义。

2月下旬，全港工人总罢工迫在眉睫，英国当局为图打消这个总罢工，乃策动"华人机器会"发动所谓全港工团调解，企图以工人制止工人。海员工会得到消息后，即召集大会决议反对，群众情绪激昂，高呼"工人兄弟团结一致""打倒调停机关"等口号。在罢工海员反对"全港工团"调停的通电中，严正指出："经在省城……议决提出九条件，须船东完全承认乃行开工，若船东不能全认，则无调停可言。如有退让，则同人誓死不承认也。且华人机器会同为工界一分子，调人资格宜由第三者任之，以示大公。"[1]香港各工团接此电报后，都觉悟到是受英当局的愚弄，便立即取消调停，一心准备发动总罢工。

不难看出，罢工海员大会和他们发出通电的提法，是受到中国共产党广东支部《敬告海员罢工》一文的启示的。

由于中国共产党对海员罢工作了重要的帮助，当时海员积极分子如苏兆征等就认识了只有共产党才是自己的政党。兆征同志事后说："我当时到处找党，总找不到手。"[2]经过海员罢工后，广大海员对国民党的动摇有了认识，两相对比，更明白只有在共产党领导下才能得到胜利了。到1923年冬天，海员工会便清除了把持工会的翟汉奇等少

---

[1]《资料》，第88—90页。
[2] 邓中夏：《苏兆征同志传》。

数蜕化分子,成为共产党领导下的一支组织坚强的队伍。[1]

五、结束语

　　工人阶级是能够最坚决地和反动统治者进行斗争的阶级,但当他们还没有自己的马克思主义政党——共产党来领导,即他们的斗争还停留在自发斗争的阶段时,那么斗争的结局终归不免于失败。这是职工运动全部历史已证明的真理。

　　香港海员罢工同样证明了这一真理。海员罢工是在中国共产党成立以后发生的。共产党一成立,立即把主要力量放在工人运动的领导上去,并为此成立了中国劳动组合书记部。海员罢工从工人运动的全局看来乃是党所领导的全国工人斗争的一部分。党和书记部的帮助和指导对于海员罢工的坚持到胜利起了决定性的作用。从中国工人运动整个历史来说,中国共产党的成立标志了中国工人阶级由自在阶级到自为阶级这一转变的最终完成。海员罢工紧接着取得百年来中国人民反对英帝国主义的头一次大规模胜利,这绝不是偶然的。

　　但是,当时中国共产党对海员罢工还没有可能直接领导,在罢工的领导人中还没有共产党员,这一情况又使得罢工的胜利不够彻底和巩固。由于海员工会的领导还不统一,杂有陈炳生、翟汉奇等动摇、妥协分子,到罢工最后阶段中,就没有能够掌握有利斗争形势坚持条件,结果最后协议的条件,增加工资数额和海员原提的数字还有相当距离,取消包工制的规定亦不明确,授敌以隙,致使帝国主义者和轮

---

[1] 苏兆征、林伟民等同志到1924年后才加入中国共产党,但在此以前,党对海员工会已经有坚强的领导。

船资本家以后得乘机反复，破坏条约[1]。这又告诉我们，工人阶级必须在共产党的领导下坚持到底，才能取得对敌斗争的胜利，而且必须不断纯洁自己的队伍，加强组织的战斗力，才能巩固胜利的成果。

香港海员罢工在中国职工运动史上的意义是很大的。它沉重地打击了英帝国主义及其走狗，显示了中国共产党在中国革命中的领导作用，并且推动了全国工人运动的高涨，标志着中国工人阶级由自在的阶级向自为的阶级的转化。通过这次罢工，还教育中国工人阶级学会了在反对帝国主义的斗争中运用正确的策略，培养了苏兆征、林伟民等中国工人阶级的优秀领袖，提高了广大海员工人的思想觉悟，充分证明了恩格斯在《英国工人阶级状况》中提出的"罢工是工人的军事学校"的著名论点。

原载《学术研究》1962年第3期

---

[1] 苏兆征：《中华海员工业联合总会报告》，载《第一次国内革命战争时期的工人运动》，第174—181页。

关于中外关系史研究的几点看法

朱杰勤

古语说"国于大地,必有与立"。这就是说,在地球上建立国家,就必有其他国家和它一样建立起来。每一个国家不是孤立的,它总要同其他国家发生关系。

从中外关系史来看,文化的交流主要以人为媒介,物质的传播也是如此。因为一个国家在正常情况下,是不能阻止人民对外交往的。两国人民可以采取个人或集体行动,通过旅行、贸易或移殖方式而互相接触,进行思想和物质的传播和交流。例如佛教由印度传入中国是两国僧侣们努力传授和引进的结果。而中国丝绸的西传也是中外商人不远万里,不怕艰苦,用驼马运入希腊罗马的。中外关系的建立,一定先从人民互相接触开始,两国官方的交聘一定在民间往来之后,等到历史把这件事记录下来,又在数十年之后了。我们不妨举一个例子来说明:汉武帝刘彻统治时期(前141—前87年),曾派张骞出使月氏,目的在约月氏夹击匈奴。张骞在途中被匈奴俘虏,监禁了十多年,终于逃出,继续西行到大夏(巴克特里亚)和粟特。当他到达目的地时,月氏人没有答应同汉朝夹击匈奴。张骞只得失意回国,回国后,上书给武帝汇报出使经过，其中提到："臣在大夏时，见邛竹杖，蜀布。问曰'安得此？'大夏国人曰：'吾贾人往市之身毒。身毒在大夏东南可数千里。'……以骞度之，大夏去汉万二千里，居汉西南。今身毒国又居大夏东南数千里，有蜀物，此其去蜀不远矣。"（详见《史记》卷一二三）

大夏在兴都库什山（阿富汗境内）及妫水之间，从大夏东南过了山就到身毒（即印度）。在四川和印度之间，通过云南和缅甸或阿萨密有一条商路，所以四川的特产邛竹杖、蜀布，都可以由此运入印度。中国商人经常到印度贸易，可是官方完全不知道。由于张骞的建议，武帝曾派遣远征队去找寻通往大夏的途径，结果又因"费多，道不通，罢之"。张骞出使大约在公元前133年，而迟到公元前98年，司马迁的《史记》才把这件事记载下来。上面的历史事实可以充分说明，中国与外国关系的建立，不是由两国政府首先发动起来，而是两国人民为着本身的经济利益，主动地友好往来和进行贸易。在他们行动的影响下，两国政府才开始注意，采取适当的措施。所以我们研究中外关系史，应该以人民为主体。只有人民才是历史发展的动力。

中西交通自然以陆路为最早。因为从中国到西方，可以由玉门关出发，经过中亚、西亚各国到达伊朗，又由伊朗转到罗马帝国，这段漫长的路，后人称为"丝绸之路"。据《中国科学技术史》的作者李约瑟说："第一个丝绸商队从中国到伊朗的时期是公元前106年。"他大概是从汉武帝用兵廓清西域道路的时期来推定的。我们认为中国丝绸运往伊朗还会比上述日期更早些。换句话说，张骞通西域前，丝绸之路已经出现了。中外商人只要有利可图，就不怕长途跋涉和艰难险阻。路是人走出来的。通过草原大漠，就可以走到西方，从西方来的人，采取相反方向，也可走到东方，只要方向正确，就一定能够到达目的地。路途遥远，大漠茫茫，但逐水草而居的游牧民族还是有办法前进的。何况由中国到中亚和西亚这条道路，秦汉以来，就有多种游牧民族往来，或者找到好的草原地带，他们（如塞种、月氏、乌孙等）就作长期的逗留，形成所谓"行国"。行国与行国之间，自然有可通的道路，由他们在自己国家范围内进行保养和管理。这些道路既分段而又衔接，不断地向前伸展。"丝绸之路"就是这样形成和改善的。

有人认为汉初匈奴兵犯不止，阻塞了通西域的道路，张骞通西域后，还是时通时阻，直至汉武帝发兵大败匈奴，匈奴远遁，中国通往西方的道路，才畅通无阻。其实并不尽然。我们认为：即使匈奴支配着丝绸之路，丝绸贸易还是可以进行的。匈奴虽然与汉朝政府为敌，并不蓄意同和平的商人作对。汉朝商人运货入匈奴管辖区，匈奴收了汉朝商人的礼品或过境费后，就可以让他们通过。而且匈奴也要同各地区进行贸易，必不会反对通商的。介乎中国和伊朗还有许多国家，商队都可以逐国停留，补充给养和交换商品。丝绸之路对来往客商基本上是开放的。不过国与国的关系有时紧张和恶化，就会发生障碍或暂时中断的事情。

中国与西方的海上交通和贸易也早在汉武帝统治时期已经开始。当时中国商船已由南中国大港出发，沿途访问东南亚一些国家，最后到达印度和锡兰。但由于海上风波的险恶，又受到造船术和航海术的水平限制，海上交通似乎不及陆路交通的安全。我国东南沿海利于水上交通，西北边地又适宜于陆路运输。由于水陆交通的发达，中国在公元1世纪前后，已经同许多国家建立外交关系或贸易关系。

中国一旦和西方交通，就必然使一些人对外国有所认识，并推动我国学者对外国的研究。中国伟大史学家司马迁的《史记》，关于中外关系史的就有《大宛传》等。司马迁自序说"网罗天下旧闻，不敢缺"。他所谓天下，已超出华夏或中国本土的概念了。汉史家班固在《汉书》安息（今伊朗）传中，不仅标出它距离长安若干里，而且记载中国和安息交换使节，不厌其详，有声有色。我国学者对中外关系史作有系统的研究可以说是从汉代开端。

中国国号远播到西方还是在于汉代。古代西方人把中国称为"支那"（Chin、Sin、Sinae），据史地学者考证，"支那"就是"秦"的对音。春秋时代，秦穆公归并了许多西北部的游牧民族，并把翟（狄）人部落赶到漠北，即日后与秦汉为敌的匈奴。秦始皇又却退匈奴七百余里，迫其西迁。后汉武帝加以打击，匈奴就进一步渗入欧洲。匈奴从东方跑到西方，自然会把秦的威名到处传播，使西方的人认为秦就是中国的国号，甚至汉朝取代秦朝之后一段时期，西方人还是把汉人称为秦人。"支那"一名就是这样来的。5世纪罗马帝国的覆灭，主要是奴隶起义的结果，但"蛮族"的入侵，特别是匈奴的入侵也发生很大的作用。就是这些匈奴像波浪般把其他"蛮族"推到罗马帝国的门户，促使罗马帝国的崩溃。

中国是世界文明发达最早的国家之一。在16世纪前，我国文化在世界史上占有极为崇高的地位，而且对世界发生过深远的影响。我国先进的科学技术和优良的产品，有些在汉代已经直接或间接传播到中亚、西亚和欧洲，除丝绸外，还有钢铁和冶铁技术，养蚕技术，陶瓷和以后的制瓷技术，掘井法和制漆法等，一方面使别国人民的生活丰富起来，另一方面对别国工农业生产的发展也起了促进作用。

中国人民在对外关系上一贯以"仁义"为宗旨，在文化交流中，毫无保留地把自己的文化成果贡献给全世界。在唐、宋、元之际，中国四大发明——造纸术、印刷术、罗盘针和火药已相继由中亚、西亚而传入欧洲，这对欧洲封建制度的崩溃和资本主义的萌芽起了一定的促进作用。在艺术和科学技术方面，中国亦不断从外国吸收有益的东西，加以改造来符合自己的需要。

国无论大小，都有长处和短处。文化交流就是要舍短取长，互相借鉴，互相调剂，达到互助互利的目的。中国和外国的精神文化和物质文化的交流，对各自的国家都发生一定的影响，从而丰富了双方经济生活和文化生活。这里仅以中印文化交流为例：从印度传入的希腊式的犍陀逻艺术对我国的雕塑和绘画就发生了深远的影响。一方面，隋唐时代，印度的音乐已经由西域传入中国艺术界，《隋书·音乐志》、《旧唐书·音乐志》和《新唐书·礼乐志》都著录了天竺部的乐器和乐曲。另一方面，唐代初期流行的"秦王破阵乐"（按：唐太宗为秦王时，破刘武周，军中相与作此曲，名"秦王破阵乐"。即位后，每逢宴会都奏此曲，后改名"七德舞"。此曲大约由西藏、尼泊尔传入印度的。）亦于7世纪传入印度，受到普遍热烈的欢迎。唐三藏法师玄奘，于7世纪游学印度17年之久。他不仅把老子的道德经译为梵文供印度人参考，而且用梵文著书来阐述印度大乘佛法。他前后译经75部、1330余卷，不仅丰富了祖国灿烂的文化宝库，而且间接替印度保存许多珍贵典籍，使印度学者能够根据玄奘译本把已佚的梵文经典重新译出。玄奘访印，遍历110国，又传闻而未至者28国，凡见闻各国的宗教、风俗、传说、异迹，都记于《大唐西域记》一书。这本书共12卷，乃由其弟子辩机根据他的日记和口述编写出来。其中记载可补印度中世纪史之缺。近代考古学家根据此书的记载，把王舍城、鹿野苑、阿旃陀、那烂陀寺等地遗址,一一查探并发掘出来。印度人民对这位伟大的文化使者玄奘及其著作非常热爱和推重。

13世纪意大利人马可·波罗入仕元朝凡17年,回国后著有一部《游记》,记述中国和中国以外有些国家和地区的一些情况和风俗习惯,受到全世界的重视。《马可·波罗游记》已成为世界名著,各种文字版本有数十种之多。最近中意两国合力摄制大型影片《马可·波罗》来纪念这位沟通中西文化的伟大使者。马可·波罗的《游记》是关于元代中国的珍贵史料,象征着意大利人民对中国人民深情厚谊的结晶品。从上面的例子看来,文化交流对双方都有好处,由于文化影响的不断扩大,对整个人类社会也将会有好处。

明清之际,耶稣会士在华的活动,是中西文化一场大接触。耶稣会本来是一个保守的宗教组织。其任务是对抗16世纪在欧洲发生的宗教改革运动,而他们传教东方的目的,不过是要用东方的宗教势力来弥补他们在西方威信的损失。由于它要与欧洲先进的科学思想作斗争,他们就必须具备一些自然科学知识,而这些科学知识就成为他们进入中国的敲门砖。耶稣会士白晋曾于1697年写了一份秘密报告给法国皇帝路易十四说:"一个多世纪以来的经验使人认识到,要在中国引入和传播基督教,宣传科学是一切必由之途的主要一种。"这段话说明外国传教士在中国宣传科学的目的在于传教。因此他们传授给中国人的实用科学如数学、天文学、历法、铸炮术、望远镜原理等都不是最新式的和有系统的科学知识,而且还包含有不少消极因素。但毕竟使中国知识分子知道欧洲科学的存在,并对欧洲科学有所接触,从而扩大了中国学者的科学视野,刺激了中国学者对欧洲近代科学发生兴趣。耶稣会士多通汉文和汉学,也把中国固有的文化和文物制度介绍到欧洲,成为 18 世纪中国文化传入欧洲的得力媒介。

18 世纪中国文化大规模传入欧洲，受到欧洲社会人士的热烈欢迎。中国的绘画、建筑、戏剧、诗歌、陶瓷、丝绸以及其他文物和典籍，都风靡一时，分别称为"罗柯柯艺术"、"启明时代"、"感情主义时代"。西方著名学者如莱布尼兹、服尔夫、伏尔泰、歌德和百科全书派以及魁奈为首的重农学派都在哲学上、文艺上和经济思想上不同程度地接受中国文化的影响。这是中西文化交流史上一件大事，值得我们重视和研究。

国与国之间发生关系，这是历史发展的必然趋势。但是，国与国的关系不是长期不变的，有时和平相处，有时爆发战争。我们研究对外关系史，应该包括和平与战争两方面的关系。历史事实是客观存在的，不能避而不谈。我们不能单方面宣扬在和平时期两国的友好往来和文化交流，而绝口不谈在战争时期双方的敌对行动。不过，和平关系比战争关系长久得多。一个国家没有相当长期的安定局面是不能立国于大地的，而且各国人民都是爱好和平，反对非正义的战争的。因此，中国和各国人民的友谊的发生和发展，是中外关系的主要内容。

目前，关于中外关系史的研究还是一门薄弱的科学部门。我们还没有一部内容丰富，符合爱国主义和国际主义精神，适应国际形势的发展和国家建设的需要，有独到之处的中外关系史问世。这和我们十亿人口的泱泱大国是很不相称的。这种落后局面必须迅速扭转过来。

原载《学术研究》1982 年第 4 期

论明代里甲法和均徭法的关系

梁方仲

引言

关于明代徭役的三大类别及编派对象或方法之不同,《明史·食货志·赋役》曾以几句最简单的话概括出来,说道:

> 役,曰里甲,曰均徭,曰杂泛,凡三等:以户计曰甲役,以丁计曰徭役,上命非时曰杂役。皆有力役,有雇役。府、州、县验丁口多寡、事产厚薄,以均适其力。

又云:

> 迨造黄册成,以一百十户为一里,里分十甲,曰里甲,以上中下户为三等,五岁(一)均役,十岁一更造(黄册)。一岁中诸色杂目应役者,编第均之,银(差)、力(差)从所便,曰均徭。他杂役,曰杂泛。

作为明代二百七十余年中徭役制度的总括性的引言，这两段话基本是正确的。除了"上命非时"的杂役比较没有多大系统可谈以外，在洪武中年成立的里甲法和正统初年创行的均徭法都是明代徭役制度史中的重大事件。可惜《明史·食货志》书中并没有交代得很清楚。读者如不细读全书，只以上引两段话为凭，便不免会产生这两种役法是在同时制定的错觉，从而对明代徭役制度的发展过程难得有正确的理解。这一情况在有些课本和许多论文中都可以察觉出来。几年来，我也曾收到过几封从远道的来信，征求我对于这两种役法的关系一类问题的意见。最近又在《历史教学》第4期上读到了衔微先生《明代的里甲制度》一文，说到关于这一制度的内容，"至今在有关著作中还没有给以满意的解释"。文中提出了若干新的解释，又认为"十甲轮役"并不是里甲制所行的办法，而只是均徭制中的办法等等。这些都是值得商榷的。关于明代里甲制的探讨，我另有专文，将在《中山大学学报》发表。本文只以里甲法和均徭法的关系为中心，并就此展开几个有关问题的讨论。

在写作过程中，我有几点体会：首先是，古书上的记载，备极纷纭矛盾。即如，同一内容的东西，在历史文献上往往有不同的名称；而同一的名称，在不同时期内，又往往具有不同的内容。如何判断其是非，辨别其差异，自不能以校勘文字上的异同为满足，而必须结合到当时的历史、社会诸条件用辩证唯物的观点来考察，才能得出正确的结论。这一方面的工作，我做得很不够深入。其次，《明史》和明代诸官书所记载的大半是明中央政府的政令法规，只不过是官样文章，不能够说明问题，且与各地方的实施情况大有出入。本文所已利用的方志和私人记述的资料还很不充分。最后，可是最重要的一点，有关的历史文献，几乎全部出自地主阶级和封建文人之手，所记载的不只是不尽不实，且常有严重歪曲历史事实的情况存在。如何运用马克思主义的阶级分析方法来阐明历史的真相及其发展的过程和规律，这一方面的工作，本文更是做得最不成熟的了。希望同志们多加指正。

一、几条基本史料的异同校勘及其诠释

明代里甲制度是在洪武十四年（1381年）正式在全国范围内建成，此事诸书所载皆同，惟颇有详略之分，且在个别字句上互有差异。为了澄清认识以便讨论起见，今试以成书较早——永乐初年修的《太祖实录》来和成书较晚——正德间初修的《后湖志》和万历刊行的《大明会典》进行互校。下面转录的是《太祖实录》卷一三五的原文，括弧符号内所记的则为《后湖志》卷四"事例"和《万历会典》卷二十"户部"七"户口"二所引的洪武中年《诸司职掌》的条文而与《实录》有显著的歧异者，其无关重要的异文不复注明。《实录》原文云：

> 洪武十四年正月。是月，命天下郡县编赋役黄册。其法：以一百一十户为里。一里之中，推丁粮（《后湖志》及《会典》皆无"粮"字）多者十人为长；余百户，为十甲；甲凡十人。岁役：里长一人，甲首十人（上两书无此四字），管摄一里之事。城中曰坊，近城曰厢，乡都曰里。凡十年一周，先后则各以丁粮（"粮"字上两书皆作"数"）多寡为次、每里编为一册。册之首，总为一图。其里中鳏寡孤独不任役者，则带管于百一十户之外，而列于图后，名曰畸零［户］。册成，为四本：一以进户部，其三则布政

司、府、县，各留其一焉。

从上可见，洪武十四年初编赋役黄册时，关于里长的推定，和里甲应役次序的编排，据《后湖志》和《会典》所记，仅以丁数的多寡为先后；据《实录》，则于丁数外，又兼用税粮数来作标准。尽管《实录》成书在前，《后湖志》和《会典》修成在后，但后两书引录的是洪武中年颁行的《诸司职掌》的条例原文，故其说较为可信。这因为在第一次编造黄册时，对于税粮的额数尚未能很好地进行核实工作，所以在洪武十七年，又"令各处赋役，必验丁粮多寡、产业厚薄，以均其力"。十八年，复"令有司第民户上中下三等为赋役册，贮于厅事。凡遇徭役，取验以革吏弊"。经过了几次调整以后，至洪武二十三年，户部奏重造黄册时，我们才看见了有如下的明文规定：

> 其排年里甲，仍依原定次第应役。如有贫乏，则于百户内选丁粮多者补充；事故绝者，以畸零内选凑。其上中下三等人户，亦依原定编类，不许更改，因而分丁析户，以避差徭。（《太祖实录》卷二〇三。《明会典·户口·黄册》系此事于洪武二十四年，文词大致相同）

可见里甲轮役的先后以丁、粮多寡为次序这一编排原则，直至洪武二十四年造成的第二次黄册中才真正明确下来的。《实录》所记洪武十四年丁、粮并用之说，似乎是贯通是年以后的历次规定言之，并非原来如此。

复按《明史》所记，与《实录》亦颇有歧异之处。《明史·食货志·户口》云：

> 洪武十四年，诏天下编赋役黄册。以一百十户为一里，推丁粮多者十户（按《实录》作"人"）为长；余百户，为十甲；甲凡十人。岁役：里长一人，甲首一（《实录》作"十"）人，董一里一甲（《实录》无"一甲"二字）之事。先后，以丁粮多寡为序。凡十年一周，曰排年。……

这里显而易见的分歧点之一，是对于里长额数的计算：《明史》是用"户"，《实录》则用"人"。指明这一区别是有必要的，因为明代初年，里甲的供应方式是以力役为主，——即每户各出一人，故举户数或人数来说，均无不可。迨及明中叶，各地废除了里甲轮年的办法，改征了银两以后，里长一役，遂由许多户合起来充当（当时名曰"朋充"），既有所谓"正户"和"贴户"之分，也有出力或出资的区别，于是便不用"户"或"人"来计算里长的数目，而但作若干"名"了。

其次，对于《明史》和《实录》"甲凡十人"一语，我们也只能理解为每甲的应役人数，因为每甲绝不止十人；然紧接于这一句之下的，又来了"岁役甲首"若干人的句子，未免重复。故"甲凡十人"实应改作"甲凡十户"，关于这点，明朱健《古今治平略》卷三"国朝户役"的书法是切当的：

> 十四年，诏……以一百一十户为里，推丁粮多者十户为长。余百户，为十甲，甲十户，名全图；其不能十户，或四、五户，若六、七户，名半图。

二、甲首的人数问题

诸书中分歧较大而又难于解决的问题，是关于甲首人数的记载：据《明史》，是"岁役甲首一人"，据《实录》，是"十人"，而《后湖志》及《会典》就根本没有"甲首几人"诸字样。

究竟谁是谁非呢？要解决这一问题，就不能不先对明代里甲制度略作一番介绍。本来，明代里甲制是具有两个方面作用的：其一是户籍的编制，另一是赋役的编排，后者是根据前者来决定的。里甲在户籍上的编制，是以其居处相邻近这个"地区"因素作原则，从现存嘉靖四十五年福建泉州府德化县里甲清册原件来看[1]，知道一甲就是一条村。户籍的划分，则以其职业和身份为根据，主要分为民、军、匠户三大类，其中民户占绝大多数，他们是国家赋役的最主要的负担者，故亦名"民粮户"。在划分了里甲户籍以后，又按各户的丁粮多寡这个"财产"因素分为上、中、下三等户，以为编排徭役的根据。所有这些方面，都是在每十年一大造的黄册中安排好的了。十年之中，非有重大的变动，是不许更改的。

明代中年以前，里甲制在徭役方面的编排，是十甲轮年的办法——即十年内，每年各由里长一户率领一甲十户去应里甲正役，这点在下节中将有详细说明。现在要问的，只是这十户是否全部皆名为甲首，抑或十户中只有一户是甲首？《实录》和一般的记载，都主张前说，《明史》和弘治十年（1497年）谢铎纂《赤城新志》则主张后说。

把甲首和一般人户（亦称"甲户"）分开，是有相当理由的。这

---

[1] 原件的照片已在拙作《明代黄册考》文中影印出来，载《岭南学报》第10卷第2期。又，明章潢《图书编》卷九十载有"本朝坊厢里甲"图解一幅，亦收入拙文中。

点从《大明会典》卷二十"户部"七"户口"二"黄册"所载洪武二十四年奏准关于"攒造黄册格式"的规定中便可以看得出来：

> 有司先将一户定式，誊刻印板，给与坊长、厢长、里长，并各甲首。令人户自将本户人丁事产，依式开写，付该管甲首。其甲首，将本户并十户造到文册，送各该坊、厢、里长。坊、厢、里长，各将甲首所造文册，攒造一处，送赴本县。……

又，《会典》卷二九"户部"十六"征收"所记洪武二十六年"征收税粮"的规定中，也说明甲首和一般甲户（又称"花户"或"纳户"）是不同的：

> 该办税粮，粮长督并里长，里长督并甲首，甲首催督人户……

又如万历三十三年唐鹤征纂《武进县志》卷四"征输"篇引万历二十一年知县桑学夔"议征收法"一文中有云：

> 本县催科之法：自来，区皂催总催，总催催里长，里长催田甲，田甲催花户，相沿日久。[1]

---

[1] 万历四十六年唐鹤征纂《常州府志》卷五"里徭"篇云："里甲、均徭，皆以丁田派。但里甲概不优免，而均徭有优免，以里只据甲长，不论人户耳。"它把政府规定里甲无优免的理由指出来：这因为里甲一役的催征，政府把全权交给甲首了，政府并不直接和花户打交道，如果真的要优免，便非全甲优免不可，这未免损失太大，关系非同小可的。但由此可见，在政府的心目中，甲首也就不过是与花户相同，把两者混称起来是不无道理存在的。

所谓"田甲",就是正德以后武进县"甲长"的别名,他是催征花户的角色,而且是以一甲中丁田较多的人户来充当的。本来依照一般通常的惯例,甲长就是甲首;然该县其他花户,又书曰"甲首",这不能不说是一种非通常的用法。《武进县志》卷三"里徭"篇二有如下的记载:

> 国朝役法,以编民一十一户为一甲,每甲推择丁田多者一人为长,是为"田甲",甲领中产十户,为"甲首";其丁产不任役者,带管甲后,是为"畸零"。十甲为一里,每年轮一田甲应役,谓之"里长",管摄十甲,催办钱粮,勾摄公务。以里而派者谓之里甲,以田而派者谓之均徭。其初,差有银、力、轻重烦简不等,民甚苦之。弘[治]、正[德]以前,不可考……

清末薛允升撰《唐明律合编》卷十二"户婚"上引嘉靖二十九年重修《明律》卷四"户律"一"禁革主保里长"条云:

> 凡各处人民,每一百户内,议设里长一名,甲首一十名,轮年应役,催办钱粮,勾摄公事,若有妄称主保、小里长、保长、主首等项名色,生事扰民者,杖一百,迁徙。

此条之后,又引万历王肯堂著《律例笺释》(按此书亦名《律例笺解》)说云:

> 里长、甲首,本为办一里、一甲公事而设。妄称主保等名色,

则又多增一里长、甲首矣。故拟罪与滥设官吏同。

按：《武进县志》以"一十一户为一甲"，是其中包括了里长一户来说的；而《唐明律合编》则说每一百户内，轮年役里长一名，甲首一十名，便是把里长一户除开在外了。历史文献上记载的纷纭情况，往往类此。后一书引《笺释》之说，认为增设里长、甲首，与滥设官吏同罪，这点亦可作为甲首的身份究竟与一般人户不同之证。

但绝大多数的记载都说是每年轮役甲首十人，这也就等于说在十年内十甲百户人家各当甲首一次。嘉靖三十六年董谷纂《海宁县志》卷二"徭役"更是这样直截了当地说：

一百一十户定为一里，内十名为里长，一百名为甲首。

如果确是这样，便要问甲首和一般甲户的区别在哪里呢？我认为甲首这一称谓，本来起源于户籍的编制，即里有长，甲有首。在明初"事简里均"的情况下，值年应役那一甲的甲首，便协助里长率领该甲其他九户来完成整个里的支应。在这一阶段，甲首和里长一样，同为封建政治的地方基层组织的最低级的半公职人员，是与一般人户区别开来的。后来，赋役繁重，里甲户籍制中的甲首便转移到以赋役的编排方面为重点，于是值年应役的一甲十户，都通称为甲首了；又因每甲十户都有值年的机会，于是虽非值年的九十户亦渐得泛称为甲首了。还有一点，每年应值的十户所征收的并不只是本甲的钱粮，其他九甲的钱粮也由他们来征收。从他甲的眼光看来，这十个值年的甲户自亦可以认作是甲首。

所以《明史·食货志》所说每年只役甲首一名,当就明初户籍编制中的里甲体系而言。随着时间的推移,多数的地方都把值年的十户唤作甲首,《明实录》说的"岁役甲首十人"也就是从俗的称谓。

三、所谓"十年轮役",是怎样轮的

上节诸书所记,一致证明了明代里甲徭役之制,是于一里一百一十户之中,推丁粮多者十户为里长,其余百户,分为十甲。十年内,每年各有里长一户率领一甲十户轮流应役。这正如嘉靖十年蒋孔炀纂《德化县志》卷四"役法"所述里甲正役云:

> 国朝役制:一里十甲,挨次轮差……

又,崇祯初年何乔远纂《闽书》卷三九"版籍志"记明初里甲役法云:

> 里甲之役:图(按即一里)为十甲,以一户丁力相应者为[里]长,统甲首十户……岁轮一甲见(同"现")役,此正役也……

十甲轮役的次序,是以各甲来配合干支年份,即所谓"十甲排年"的办法:如河南归德府宁陵县人吕坤这户名下系三甲见年,规定了每逢庚年应役。吕坤万历三十七年《答通学诸友论优免》一书云:

> 优免差役之法,免杂泛,不免正办。十排轮转,空年谓之催

科里甲，见年谓之正办里甲。养十年之财，供一岁之用。……曾见累朝有优免正办里甲之旨乎？坤三甲见年也，逢庚应役：嘉靖庚戌（二十九年），坤尚庶民，每地一顷，贴戴帽人（按即代应役人）三十两；又十年，庚申（嘉靖三十九年），坤已在学，可优免矣，每顷犹贴三十两，每亩每年合银三分；至隆庆庚午（四年），坤为举人，可优免矣，经熊公十段锦后，每顷止贴应役人十两，每亩每年只合银一分……

函中又云：

迨十甲将尽之年，正一甲复始之际。（吕坤《去伪斋集》卷五"书启"）

这又可作为《德化县志》关于里甲正役挨次轮差"一里之地，为十甲者，共一百一十家，循环应役"一说的具体说明。十甲各按照干支年份来应役，在《天下郡国利病书》原编第六册"苏松"所记万历年间松江府的里甲排年情况亦可参考，此不具引。

或者有人会说，上面所举吕坤一函诸例，皆为嘉靖、万历年间的办法，未必明代初年就是如此，这一疑问也有道理。因此，我们不能不探求十甲排年的方式问题。

如前所说，在黄册上所登记的里甲编排本为户籍方面的事，当然各户的丁粮等项在州县的黄册上也是有登记的；关于十甲轮役的规定，乃属于赋役范围，它可以依照黄册上的排定次序，也可以自己另订一套次序。实际上，问题的中心在于这每年应役的十甲首是怎样组合起来的？

这里不妨先把衔微《明代的里甲制度》一文的论点介绍一下，它说：

> 所谓的"十年轮役"，绝不是每里十甲依次轮流应役。它的内容止是全里百十户人家在十年内不论丁粮多的户（即充里长户），还是一般民户（畸零除外），不是当一次里长，就是当一次甲首。

文中并没有把排甲和排年的关系交代得清楚，但如果推敲下去，不过只能有两种方式：

其一，仍依黄册户籍上的十甲编制，每年于十甲中各取一户为甲首。但应指出，由于每年进行编审里甲一次的情况在明史上是根本不存在的，所以每年一编的方式并不须考虑。此外，另一种方式就是于大造黄册之年便将这一工作搞好了。这就等于说，在黄册里甲的编制上，再来一套十甲的编排，可是这一方式在文献上也是毫无根据的，所以也不可能。从十甲中各选取一户为甲首，或集中在几个甲内共取十户甲首，这一工作看来似易，实则并不简单，因为必须经过一番适当的配搭，然后十户甲首不至于全属同一等则的人户，比方说，今年所取的尽属上等富户，明年却尽为贫难下户，这就不只会引起各甲间不公平的反感，而且也会造成对政府供应方面的困难。而在明代初年的社会经济条件下，并结合到当时里甲职务的性质和范围来看，都是没有设立两套不同里甲制度的必要，这点在下节中马上就要谈到。

最后剩下来惟一可能的方式，就是里和甲各按不同的原则来划分：里的划分系根据一百一十户聚居的地区，十甲的划分纯粹依据各甲十户的丁粮多寡，因此，在一里范围之内，每甲的人户并不一定是由居处相邻近的十户来构成的,这里的十户可以分隶于不同的几甲。这种编制显然和史料上的记载不合,例如据前引现存的嘉靖德化县的里甲清册原件,每甲十户就是一条村。

所以我认为甲这个组织只是一个地区上最小的单位,每年里甲一役就是指定甲这个单位来提供的;而各甲十户人家又各分为上中下三等,乃是为了支应里甲正役以外的杂役而设立的赋役上的编制。

更具体地说来,所谓"一里十甲,挨次轮差,循环应役",就是于大造黄册之年,在划分了十户里长和十甲百户以后,便将各甲的应役次序编排下来。每年由里长一户率领一甲十户来支应本里本年的"催征钱粮"和"勾摄公事"两大类的任务。这样,在每十年内,从第一甲以至第十甲皆须依照排定的次序轮流应役一年。换言之,每甲在十年以内只须服役一年,其余九年分别由其他九甲各轮流充当一年。本甲除了应役这一年外,九年内都可以得到休息。应役之年,名曰现年(亦称"见役")里甲;不应役之年,名曰排年里甲。每届十年期满,便重造黄册,根据这十年来各甲人户丁粮增减的实际情况,进行调整,重新排定下一届十年中各甲的轮役次序。一般的情况总是重编后的各甲应役次序仍与上届次序相同;但如各甲的户口丁粮,或各户的人丁财产发生了巨大变化时,则亦得加以相应的更动——例如将原属于某甲的某几户改隶于他甲,又如第一甲在上届时原排定在第一年应役,本届则改排在第六年应役等等。终明之世,户口的逃亡是严重的,尤其是自成化(1465—1487年)、弘治(1488—1505年)以后,各地往往有全里全甲逃得干干净净的情况发生,所以裁并里甲的事件,是常见于史乘记载的。明代列朝里甲编役方法的种种改变,只不过是当时社会阶级斗争的反映。

为什么上述十甲轮役的办法在明代初年行得通？为什么后来又有所改变？这些就是下一节所要解答的问题。

四、里甲正役的任务和里甲役制的演变

应该首先指出，作为明代人民供应赋役的基层单位，里甲这个组织是田赋和一切徭役的主要担承者，这点可以从两方面来理解：其一，田赋和一切徭役都是通过里甲这个组织来征收的；其二，赋役的征收是采取连带负责制，一户歉收由其他九户补足，一甲歉收由其他九甲补足，而最后的负责者为现年的甲首和里长，乡县政府是唯他们是问的。

由于明政府赋役征发的不断增加，里甲所提供的赋役的种类和款目也不断增加，征发的对象和范围也日见扩大了，这是明代里甲制度史上的基本情况，相随而发生的就是各种役法的调整、改革等等。

本来，在明代初年，里甲的基本任务是比较简单的。隆庆三年（1569年）海瑞在应天巡抚任内颁布的《督抚条约》云：

> 里甲止是催征钱粮，勾摄人犯，外此，非分宜然也。自官民之分不讲，义利界限不明，里甲受害，种种劳费，本［抚］院不能备言。（《海瑞集》上册，中华书局1962年版，第246页）

所谓"勾摄人犯"，即为拘传罪犯的意义。[1]但据他书及一般记载，

---

[1] 元人徐元瑞辑《吏学指南》卷十六"捕亡"门云："呼唤曰勾，追取曰摄。"（《居家必用事类全集·辛集》）可知勾摄这个名词，自元代以来已通用。

都作"勾摄公事",因知词讼买办等项公事,亦在勾摄范围之中。[1]

催征本里的钱粮,及拘传本里本县的民事罪犯和案件,这就是明初里甲的两大基本任务。这是每年由里长一人率领一甲十户来供应的,是名曰"甲役"或"里役",亦名曰"正役"。里甲正役之外,尚有许多种属于地方公务性的差役,统名曰"杂役"或"杂泛";其中有一部分是具有经济性的公差任务,如库子、仓夫、门子等;也有一部分属于非经常性的义务劳动,如修路、筑城等等。这些杂役,每年皆由值年(或称"见年")里长斟酌各役的轻重,并据里册上所载的上中下三等人户分别进行"佥定":或则按户征发,或则按丁起派,故亦名户役或丁役。在各种徭役之外,还有对中央或地方各衙门的物料供应,多亦按里科派,名曰"物料"。这在明代初年,主要是临时上贡的性质,且数量较小。总而言之,在明初,只有里甲正役方面,由于赋役黄册的完成,已具备了全国基本划一的制度,但对于杂泛和物料的征发,则各地各自为政,尚没有统一的正规办法。

为什么明初里甲正役采取十甲轮年的方式?而且它行得通呢?据明人一般的记载都说是它有"一劳九逸"的优点,如《南阳府志·田赋篇》云:

> 役之一年,休之九年,成法于民甚佚。(《天下郡国利病书》原编第十三册"河南")

---

[1] 据海瑞《督抚条约》所言,词讼及买办,亦得用里长。(见《海瑞集》上册,第250页)

又在《天下郡国利病书》中另一处给了较详细的答案，并指出了它失败的原因和万历时对于各种改革方法上的争论：

> 按国初事简里均，间闾殷富，便于十甲轮支。其后，事繁费冗，里胥因而为奸，里甲凋敝，而轮支始称苦矣。近议有十甲朋当者，有照旧十年轮充者，有论丁不论地者，有丁地兼派者，言人人殊……（《天下郡国利病书》原编第十五册"山东"上"里甲论"，《四部丛刊三编》影印本）

除了"间闾殷富"还待商讨外，把明初"事简里均"认为是便于十甲轮支的条件，是有相当根据的。在明初诸帝大力整饬吏治之下，政府的开支还不太大，各地里甲的编制和人户财产的登记也比较认真，赋役的科派也比较均平，这些都不失为明初的有利条件。尤其是当时的徭役实以力役为主，每年应役的有里长一户和一甲十户，所承办的只是一里一百一十户范围内的催征和勾摄两项任务，从这点意义来说各里的负担比较均平也不失为事实。明代一里的实际范围究竟有多大呢？如果根据《明史》卷四十《地理志》所记来计算，万历年间全国共有 193 州，1138 县，69556 里，则每个州县的平均里数是 52。复据其前在天顺年间李贤等编的《大明一统志》来作进一步的考察，知道全国各州县的里数多寡是极其悬殊的：南直隶和江西的州县的里数较高——如南直隶松江府华亭县有 820 里，苏州府嘉定县 730 里，长洲县 639 里；江西抚州府临川县有 625 里，吉安府庐陵县 600 里。边远及北方各省的数字较低，如云南澄江府邑市县，陕西省汉中府略阳、平利、石泉三县，均各只有 1 里。其余各县在 10 里以下的也不在少数。[1] 所以我们推想当时所记的里数，只是代表纳税户数，并非实际人户数。大约在税法上所谓"带管"、"畸零户"、"附户"、"子户"以至"贴户"等，都不是作为一个整户来计算的。

上引《山东·里甲论》所记："其后，事繁费冗，里胥因而为奸，里甲凋敝，而轮支始称苦矣"云云，实为南北各地共同情况的素描。读弘治四年（1497年）谢铎纂《赤城新志》可知道更多的具体情况：

> 里[长]，每十户甲首一名，岁轮[里长]？一户应役，十年而周，谓之正役，谓之递年。……旧例，止令输纳物料，供给差使而已。今则百凡官府所需，悉出于此。县取于里，里取于甲，而府又取之县。盖视景泰、天顺间已不啻其几数十倍矣。厥后，有愤其弊者，乃更为丁田之制。今田既诡寄，丁亦隐匿，而官府但随其现在[额数]以为科派。丁田之外，又倡为贴解、水脚诸名色，阳予阴夺，而民莫敢知其数。名虽更，而弊益甚矣。（引自清光绪《黄岩县志》卷六"版籍·徭役"）

上文记的是浙江台州府里甲供应的激增程度：由于府县对里甲的层层剥削，弘治初年的征发额数比起景泰（1450—1457年）、天顺

---

[1] 参看拙编《中国历代户口田地田赋统计》甲编表七五："明天顺初年及嘉靖、隆庆年间各司府州县的里数及估计户数。"关于每里的粮田亩数，记载甚为缺乏。万历二十一年沈榜纂《宛署杂记》卷六"山字·地亩"（北京出版社1961年版，第45页）记北京宛平县万历中年以前的情况云："据籍，各里中地之极多者惟永安五图，然不过壹百伍拾余顷，曾不足当中人十家之产。若鸣玉坊，仅以伍拾余亩，亦编一里。……"按该县征粮地共计2865顷54亩余。同书第19页云："宛平以五十里为一县，视外省外县，数已狭矣。而五十里之内，又多名存实亡……"

(1457—1464年)又增加了数十倍。天顺以后,便从旧日按户等丁粮起派的方法改为按丁田两项起科差役。然田既诡寄,丁亦隐匿,而官府只照现存丁田额数来科征,又于丁田正项银两之外,倡议带征贴解、水脚等项,名义上是为了补贴运输费用,实则为附加税,一般纳税民户不敢过问其数目的多少。必应强调地指出来,能够诡寄、隐匿丁田的只是限于少数的有力大户,而登记在税册上的则几乎全属小户的丁田的现额,把这个现额作为科派赋役的根据,那就是使每一个税户的负担都加重了,特别使本来负担已重的小户再无法维持下去。大量人口逃亡和田地抛荒的现象相继出现了,这又更有利于大户对土地兼并的进行,随而加强了各户财产占有的不均平状态。在明初以力役提供为主的条件下,曾经存在过的各甲支应能力尚无多大悬殊的状态,由于此时折银的盛行,便显然不复存在了。裁里并甲的事件,史不绝书,这些无一不是农村中阶级矛盾日趋尖锐化的反映,应另作专文讨论。

  总括言之,自明代开国后不久,各处大小各衙门及其附属单位如仓、库等等,都纷纷伸出手来向里甲方面索取人财物力的支应。里甲的负担早已超出于催征钱和勾摄公事的力役范围以外了。为了解决困难,明政府的筹款方法屡有变更,可是这些负担都只落在那些想逃也逃不了的小户的背上,大户多半是逍遥于赋役之外的。所以"名虽更而弊益甚"的情况并不止台州府一地为然,全国情况也无不如此。不妨再引录明末杨芳《赋役》文中一段话来作证明:

    国朝之制:百十户为里,丁粮多者为长。每户(按应作"里"字)十甲首,户百。……图分十里(指轮年里长,观下语自明),轮年应役,十年而周。公赋、公匀(指"役"言),皆里正(即现年里长之别名）董之。一年在官，九年在家，故其赋易供，而其民常逸。历年渐久，征输之制，名色繁多：曰"额办"者，以物料为贡，有定额者也；曰"杂办"者，藩司（布政使司）承部不时征派，无定额者也。有定额者，民犹得按亩而输之；无定额者，吏巧为名色，今日曰奉计部（户部），明日曰奉缮部（工部营缮司），今日曰奉司文，明日曰奉部文，今日曰正编，明日曰加编[1]。头绪丝棼，里正茫然，莫知所措，则不得不多方以应之。至于差役，其繁滋甚。见役里甲，赋钱于官：曰"纲银"（按这是按丁四粮六征银入官的编役法，正德间盛行于福建等地），曰"办银"（即上文所言"额办"、"杂办"等项银，亦名"会银"）。有司复摄之，令直（值）日供应，无名之征，纷然四出，即[每日]百缗（千钱为缗）不以抵数。穷乡小民，白首不识官府，雇人代直，[每]月费数十金（"金"指银两），里甲大苦；及编均徭，又复取盈（超额），其最重者莫如库子，夫甲，廪保诸役。上司行部（巡察），使客下车、下程（过境）夫役之费，急于星火（此言"驿传"等项供应）；而郡邑长吏诸饩币（火食费用等），咄嗟立办（此言限期严迫）。大都廪[保]编一两，费可百余金；库子编一两，费可数百金（一两系官府编定的额数，百余、数百两则为小民实际支付数）。至兵役繁兴，衔蠹蝟集，编派弥多（似指明末三饷加派言），民不胜弊，破赀鬻产，逃亡者相踵（接）矣。（载《古今图书集成·经济汇编·食货典》卷一五二"赋役部·艺文"五）

---

[1] 据万历《帝乡纪略·政治志》所记，里甲一门分为"额派"、"坐派"、"岁派"三大项，亦简称作"三办"。清光绪《扶沟县志》卷六记明代里甲，分为"额支"、"待支"、"杂支"。帝乡指今安徽泗县，扶沟县明代属开封府。

如上文所示，里甲对中央各部和省所提供的"物料"就分为多种：它既有有定额的"额办"，也有无定额的"杂办"，而后者又有"正编"、"加编"等项名色。至于"差役"方面，其名目更繁，其附加更重，其期限更迫，其弊害更多。文末"兵役繁兴"等语，虽直指明末天启（1621—1627年）、崇祯（1628—1644年）年间而言，但"民不胜弊，破资鬻产，逃亡相踵"的情况，则由来已久了。

对上文应作补充的还有三点：其一，里甲这个组织，除提供了关于征催和勾摄的正役以外，其他诸项杂役如均徭等等，以至各项物料的供应，莫不相继直接或间接地和它发生联系，这是朱明一代里甲制度演变过程中的基本情况。环绕着这一基本情况，就是各种役法——如里甲和均徭、驿传、民壮诸法之或分或合，及其编佥方法之同异，与彼此间的交互作用，这些都是我们应该注意的问题。

其二，明代历朝对于里甲役法进行的各种改革方案莫不以"定额税制"为中心课题之一。把无定额的赋役征发改为一个固定的额数，这本来是官民一致的要求：在官的方面是企图税收稳定，在民的方面则希望负担明确。然而没有一次不是完全失败了。这因为士绅等大户的丁田既享有优免赋役的特殊照顾，且又隐匿诡寄，使自己的负担全归于平民小户分担，这当然不是平民小户所能胜任的。因此，定额不但无法完成，且积年大量逋欠，构成了明代财政史中一种经常的普遍现象。面对这样的事实，政府方面，在初时亦未尝不以定额为满足，可是封建统治集团的诛求是毫无止境的，所以加派、加征不断发生，而政府本身就是定额制的破坏者。

其三，明代自正统（1436—1449年）以后，折银之风盛行。当时不只物料早已折为物价，且各种力役亦陆续折为工价。文中提到的

"均徭"、"纲银"诸法,就是把力差改编为银差,但在税册上仍保留着力差的原来名称,故云"库子若干两"等等。明初里甲十年一轮的办法后来改为年年支应,也是与折银有最密切的关系的。折银不只瓦解了力役制度,更重要的是引起了应役者身份的变化,这点将在拙作《明代里甲制度试论》一文中申述。

五、均徭法和里甲法的关系

在明代初年,一切徭役只分为两大类别:除里甲一役系"正役"外,其余尽为"杂役"。到了正统初,才有人从"杂役"中把一些具有经常性的差役划分出来,并纳入于"均徭"这个新名称之下。从此以后,明初的二分法便逐渐为"里甲、均徭和杂役"的三分法所替代了。

在均徭和杂役分家的同时,也要求均徭和里甲在编派方法上作出更多的区分,这是各地初时一致的倾向,但最后的结果却是两者都采用了同一的编派方法。对于这一矛盾式的发展过程,只有对当时社会各阶级和阶级中各集团的利害矛盾关系进行分析,才可以获得较深刻和全面的了解。以下试分开几方面来讨论:

1. 均徭法推行的经过 "均徭"这个名称,在宣德(1426—1435年)以前,还没有出现(见下引成化二年丘弘疏中语)。正统二年至四年(1437—1439年),按察佥事夏时始创行"均徭法"于江西:他荐知州柯暹为按察使,并进暹所撰《教民条约》及《均徭册式》于朝,诏刊行为令。此法行后的结果,据《明史》诸书所记,皆说是:"民皆便之",且为"他省所仿行"。但初时曾被以参政朱得为首的反对派所构陷,说其"扰民",把它暂时反对掉了。正统十年(1445年)十二月,一度诏罢江西均徭册。至景泰元年（1450年）十一月始复行。当时江西巡抚韩雍和左布政使崔恭等，皆大力申明此法；以后，遂陆续为广东、四川、福建、陕西、南直隶等处所采用。均徭法之得以推行于南北各省，是和首创者夏时、柯暹等所拟定的规划制度分不开的。[1]

自景泰后，均徭法便在各地广泛地展开：天顺间在广东行此法的是右参议朱英，天顺元年（1457年）八月，朝廷下诏申饬"行均徭法，禁里长害民"。然初行于四川时，又颇为一部分人所反对。成化（1465—1487年）初年，朱英升任闽、陕左、右布政使时，又相继推行均徭法于该二省。是时南直隶诸处多亦先后施行。至弘治（1488—1505年）时，此法已基本成为全国的制度了。[2]

2. 均徭法的两点改革 如前节所述，明初的徭役制度，除里甲正役系依照黄册编排次序，每甲十年一轮以外，其他一切"杂泛差役"各地多数是每年由现年里甲长酌量该役的轻重如何，各按黄册上所定的上中下三等户内临时佥点，这三等户则的划分是以各户的丁粮（或财产）的多寡来决定的。由此可见，两者不同之点是：里甲以"甲"为应役单位，杂泛则以"户"为单位。里甲十年轮役的次序，在大造黄册之年一次过便安排好了，杂泛则每年由现年里长临时从本里本甲的人户中进行佥点。尽管有这些不同，可是杂泛差役的佥点方法还不能不受里甲制中的三等户则和轮年次序方面的限制。

均徭法对明初徭役旧制的改革，首先是把那些具有经常性的差

---

[1] 参看《明史·食货·赋役》；《明史·夏时传》；《明史·邹缉传附柯暹》；明万历《钱塘县志·夏时传》；谭希思著《明大政纂要》卷二三，正统十四年三月条；谈迁著《国榷》卷二六、二九及三二，清雍正《江西通志·韩雍传》；《明史·崔恭传》。

[2] 参看拙作《明代江西一条鞭法推行之经过》一文，载《地方建设》第2卷第1、2期合刊，1942年版。

役——如各衙门历年例设的库子、斗级、弓兵、铺兵、防夫等项——和其他只属于临时性的"杂泛差役"划分开来，并把前一类的差役名额加以确定，稍后更折合为各项工食代价银两，作出固定的开支细数，以免临时佥点的弊病。还有，在旧时的点差方法下，里甲长和经手人的权力太大了，不如收归政府自己掌握，这也是均徭法成立时所要解决的问题。

另一点改革，就是于原有黄册之外，另造"均徭文册"。由于黄册上关于上中下三等户的记录多已失实，不足为凭；所以进行查勘各户的丁粮实数，重订户则，以为编派均徭的根据，这是别造"均徭文册"的原因。

上述两点，都是正统初年夏时所订的新办法，它们和旧办法不同之处，从下引嘉靖《海宁县志》卷二"徭役"所记便可证明：

> 国朝定制：凡府县都里，每十年一造赋税黄册，分豁上中下人户三等。人户内不拣军、民、灶、匠等籍（按"不拣"即"不拘"之意，黄册内每户名下是分别注明这四种户别的），但一百一十户定为一里。内十名为里长，一百名为甲首。其外，又有一等下户，编作"带管"；又下，为"畸零"，分派于十里长下。排定十年里甲，[各]一次轮当。专一应办岁办物料，催征夏秋税粮，解送应于（？）钱粮等项，此系"正役"。又有马匹、水夫（按即"驿传"），亦系正役，[或从]丁佥，[或从]粮佥。其外，一应大小衙门额设库子、斗级、坝夫、馆夫、皂隶、斋夫、弓兵、巡捕、铺兵、防夫等项，此为"杂泛差役"。府县每年一次令该年里甲量其役之大小，各照赋役黄册原定上中下三等点差，此定

制然也。(按以上所言，皆为均徭法未行之前，一切杂泛差役的佥点方法。)正统四年，以江西按察佥事夏时言天下徭役不均，户部行令：里甲除正役照黄册应当外，又别另编造均徭文册，查勘实在丁粮多寡，编排上中下户，量计杂泛轻重等事佥定，挨次轮当。一时上下称便。自是以来，三四十年，时更事改，日出事生，缪辐纷纭，回视更法之初，不胜其烦矣……

夏时、柯暹所作的《均徭文册》的格式，早已先可稽考。[1] 但在《海瑞集》(上册，中华书局 1963 年版，下同，第 268—272 页)，还保留着海瑞于隆庆三年 (1569 年) 应天 (南京) 巡抚任内所作的《均徭册式》。应该指出，早在此时之前，南京各府属已实行了均徭法多年，海瑞这次所定的册式仅为重订的性质。这一文件一开头就是事由文告，以下分作"通法"和"则例"两部分。文告中指出了南京各府州县均徭的佥定，自从由里、甲长手中收归官府自己掌握以后，对人民抽剥的祸害，仍毫无减少。这因为均徭的额数无定，官吏乘机舞弊，随时加额增派，且不照例征银；而作为雇役者和被雇者的中间人——"包当人"，则又利用这个指定的编役名额向纳户加倍征收役银。因此，这次由巡抚衙门根据各州县各项差徭的原额银数，酌为增减，分派于各项田地、山荡、人丁的上面，相应作出各项固定的税率，年年据此数向"小民"征收，以免吏胥人等多取。另在官府方面，设"备用银"

---

[1] 据《明史·食货志》卷二所记，夏时所作的册子，亦名"鼠尾册"，它的编造方法是："论丁粮多少，编次先后，按而征之。"按鼠尾册这个名称，宋元时已有之。元世祖 (忽必烈) 中统五年 (1263 年) 八月令中书省"将人户验事产多寡，以三等九甲为差，品答 (搭) 高下，类攒鼠尾文簿。……"(《大元通制条格》卷十七"赋役·科差"文中所说的"三等九甲"和明代里甲法中的甲有无渊源关系，难以遽作推论，因为我掌握的材料还不够充分。

一款，用来作平衡每年度实际收支和保证税率年年不变的手段。该告示原文如下：

> 照得钱粮外，有均徭一事。钱粮正供有额，独均徭官自为私，时有增益，且不如例征银，包当人指名倍取。厉阶不改，剥民为毒。本[抚]院今就各州县原差徭数一一较量，损其可损，益所当益。大约一县中，其田地，其人丁，其优免，其今岁役当增，其来岁役当减，相去不远。县官委曲调停，存有余，补不足，事无不济。……长[洲]、吴[江]二县，均徭原设"备用银"一款，借此立为通法：以后年分诸事增减，止借备用银调停之。小民输官，岁岁此数，通之而百十年可一定，可通行矣。一切如长、吴二县，乡当里甲公费，城当[坊厢铺行]买当，上[元]、江[宁]二县官夫、小夫、正柜、外柜等项名色尽除去。分"均徭"、"均费"二端：其事用人谓之"徭"（按即原日力差，然此时已折银），其事用银为之"费"（即银差），又止以"均徭"统之。刻成书册，标之曰某县均徭册。以后年分，用有加减，丁田、优免有加减，先年银有无余剩，因之，备用[银]一款[亦]增若干，减若干，随多寡备细刻一二纸续于后……（《海瑞集》上册，第268页，《均徭册式》）

根据海瑞的规定，这种由县府掌握的"备用银"乃一种准备金的性质，它的运用方法如下：如本年度入不敷支，可以借用"备用银"来填补；如由于丁田的额数增益而收入有多余时，便拨归"备用银"内，留备下年不足之需，但是各项丁田的税率都规定了年年不许变动。

这种"通融、调停"的方法，颇与嘉靖末年行于江南的"十段锦册法"相同，可是它又推进了一步。因为十段锦册法还停留在"如一甲有余，则留二、三甲用；不足，即提二甲补之"，那种以"甲"为供应单位的阶段，但海瑞的办法，却进入到"十甲总编"，用全"里"来统筹每年的费用了。所以他本人也把它称作"一条鞭"。自行一条鞭法后，均徭银是年年派征的，也就是下面说的"总十甲作一年编"的办法，至此，均徭便与"轮甲应役"不再发生联系了。《均徭册式》后附"则例"，其中一条说：

> 州县事体不出钱粮者，尽归均徭。不许于均徭外，再有编征名色。有系一、二甲一编，尚存三、五年者，总作一条鞭总编银。（按以上是对于十甲分编旧法办理结束时所采取的措施。）以后年分，总十甲作一年编：有某项原是十年一编，未完者参算征银，编入均徭。各县民多告愿十甲总编……（《海瑞集》上册，第271页）

自从施行一条鞭后，在某些地方，均徭的费用比里甲费用更庞大，所以有些方志索性把里甲各项银两都列入均徭门内来了。如崇祯六年刘勅撰《历乘》（即山东《历城县志》）卷七"赋役考"便是如此。

3. 均徭的轮役方法 在尚未每年编银的时候，均徭的应役方式一直是"轮役制"。初期行的是"十年一轮制"。据雍正《江西通志·韩雍传》云：

> 景泰初，以右佥都御史巡抚江西，首行均徭法，编册轮役，

一劳九逸。（嘉庆《大清一统志》卷三〇七"江西统部·名宦"载《韩雍传》云："首行均徭，[及里甲]岁办法。"按雍以景泰二年十二月巡抚江西，天顺元年二月改官。）

《明史》卷一五九《崔恭传》云：

> 景泰中……寻迁江西左布政使……定均徭法，酌轻重，十年一役，遂为定例。（亦见王鸿绪《明史稿》卷四七本传。《江西通志》卷五八所记略同）

《明史》卷一七八《朱英传》云：

> 景泰初……出为广东右参议……立均徭法，十岁一更，民称便。[明何乔新《文肃公文集》卷二九《朱公（英）神道碑记》。雍正《陕西通志》卷五二"名宦"三《朱英传》，亦可参看。]

关于均徭十年一轮的详细办法，以上诸条所记还不够具体。从各地方志看来，晓得均徭的轮役次序是和里甲正役的轮役次序密切结合起来的。各地通行的办法是：在里甲正役停歇后，隔若干年然后充应均徭。据《闽书》卷三九"版籍志"所记，这一相隔的期限是五年：

> 均徭之役，十甲轮差，十年一次；正役歇后五年，一著役。

嘉靖十年蒋孔旸等纂《德化县志》卷四"役法"所述，更为详细：

> 国朝役制：一里十甲，挨次轮差。有正役，谓之里甲；有泛役，谓之均徭。"正役"，凡十家为甲，别推有产力者为之长，一里之地，为十甲者共一百一十家，循环应役。催征钱粮，勾摄公事，及出办上供物料。官府一岁经常、杂泛之费，皆以丁产兼论。十年造[黄]册，则有书手一人，贴书二人。其在县坊者，为坊长。每里又有老人一名，主风俗词讼；总甲二人，掌觉察地方非常。凡老人、总甲，以为众推服者为之；"泛役"，亦在于十甲人户内轮差，正役歇役后五年，方一次著役，盖亦宽民力之意也……

应该指出，里甲、均徭，虽然都是十年一轮；然里甲是用全甲十户来供应的，均徭则只于现年甲内从十户中来选点，有时可以不用全甲，下引丘弘奏疏中可见。总之，均徭法之成立，远在里甲法之后，均徭的编甲本来就是里甲户籍中的编排，而均徭的应役年份又是参照里甲的应役年份来作决定的。衔微先生《明代的里甲制度》一文说道：

> 里甲正役与均徭输（"输"应作"轮"）甲，实际上是两件不同的事件。梁（方仲）先生可能是把这两件事没有弄清楚，因而就误作（里甲正役也是）"一甲应役，九甲休息"了。

他似乎是把两者的历史关系和先后次序颠倒过来了。

为什么当时均徭的应役年份需要和里甲的应役年份分开来呢？前引《德化县志》所云："盖亦宽民力之意"，这自然是冠冕堂皇的官话。万历十三年詹莱等纂《常山县志》卷八"赋役表"中说得还老实一些：

> ……立法之意……自税粮之外，一年里甲，一年粮长，一年丁田，一年均徭，一年造册，十年之中，五作而五休之；少得喘息，以并力于供应也。

其实明代人民何尝稍有喘息的机会！但如果把均徭法和旧役法作比较，则在旧法下，有些人户不免于一年内同应里甲和杂泛两役，其负担未免过紧过重；自行均徭法后，把它和里甲的应役年份分开来，应该是比较容易应付一些。

4. 从均徭的论战中所见的阶级矛盾 由于均徭的编役对象及其标准，各地时有所改变，于是引起了当时人的争论，从这些争论中，可以看做诸阶级矛盾的反映。明徐学聚《国朝典汇》（万历刊本）卷九十记天顺（1457—1465年）年间四川初造均徭册时便遭受了"重庆府民"的反对：

> 正统间，江西参议夏时建议，以民间税粮多寡（注意，此与《海宁县志》用丁、粮多寡之说又有不符），官为定其徭役，谓之均徭册。后行其法于四川，四川民以为不便。于是重庆府民奏："政令一则人易守，科条繁则人易惑，祖宗数十年间所以不轻出一令者，虑扰民也。窃见四川民间赋役，俱有定制：其徭役，临期量力差遣。近者，官司轻于更变，造成均徭册，以民间税粮多寡为差，分上中下三等，预先定其徭役。且川蜀之民，有税粮多

而丁力财帛不足者,有［税］粮少而丁力财帛有余者。今惟以税粮定其科差,则富商巨贾力役不及,而农民终年无休息之日矣。臣恐数年之后,民皆弃本趋末,为患非细。"奏上,诏:"从民便。里甲有害民者,如律治罪。"(明余继登《典故纪闻》卷十三所载全同)

新造的均徭册,专据各民户税粮数的多寡来编派差役,把均徭全部交给纳粮户负担,至于没有田粮的富商巨贾便可以一毛不拔,在这点上农民和商人的利害冲突是显而易见的,所以反对它的,必然是当时以自耕农民为主体且亦包括有少数的大中小地主在内的全体纳粮户的一致意见。可是当时反对者的正面主张却着重在使"祖宗旧制"维持不变,他们所赞成的是"临期差遣"的旧办法,反对的是"预定徭额"的新办法,从这些方面看来,"重庆府民"这一奏议是否真正出自"民间",就大有问题了。据我的推测,这一奏议多半是出自那些在旧办法底下沾到便宜的地主们的手笔,因为据许多史料证明,在均徭法未行之前,那些毫无定额的各种临时差遣事实上多数都落在小户的身上,他们当然不会赞成维持旧办法。

又经过了至多还不到十年的光景,在成化二年(1466年),中央官吏方面也有人提出了反对当时均徭法中的某些现行办法。理由是:由于富豪奸狡和官吏里外的互相勾结,狼狈为奸,所以新造均徭册的记录并不见得比旧编的黄册稍为切近实际,"以下［户］作上［户］,以亡［丁］作存［丁］"的严重情况还是仍旧存在的。况且,在旧日每年按户临时点役的办法下,"一年之中,或只用三四户而［已］足",有些"空闲人户"还可以有幸免的机会;再则,"孤寡老幼,士大夫之家，致仕之官"都可以依法享受优免一部分差徭的特殊照顾。自行均徭法以后，只据各户的丁粮额数来编派，于是上述各项人户只要是需要输纳丁粮的无不也需要编役或派银；更由于均徭的轮甲方式和里甲应役的排年次序密切地交参配合起来，——这种"以十［排年］里［长］之人户，定十年之差徭"的轮役方式，使到出现了"一里之中，甲无一户之闲；十年之内，人无一岁之息"的情况。这些就是下引丘弘疏中前大半段申述的他要反对现行均徭法的理由。成化二年八月辛丑，礼科给事中丘弘疏言十事，其一"革［差役］弊政"云：

> 切（窃）见国朝立法，凡一应大小科差，皆论民贫富佥点，既因土俗，复顺民情。故永乐、宣德间，民生富庶，至有老死不识官府者。其时未有均徭之名，而政无不平。[1] 盖民以十户为甲，以十甲为里。向者，均徭未行，但随时量户以定差，一年之中，或只用三四户而足，其余犹得空闲，以俟后差，贫者出力，富者出财，各随所有，听从其便。故竭一年之劳，犹得数年之逸；今也，均徭既行，以十里之人户，定十年之差徭。官吏里书，乘造册而取民财；富豪奸狡，通贿赂以避重役。以下作上，以亡为存。殊不想民之贫富何常，丁之消长不一。只凭籍册，漫定科差。孤

---

[1] 按《万历会典》卷一五七"兵部"四十"皂隶"载："永乐间令各项皂隶，以均徭人户为之"，是则均徭这个名称在永乐时已出现了，然亦可能是史官用后起的名词来追述原有的制度罢了。海瑞《淳安县政事稿·兴革条例》云："均徭：徭而谓之均者，谓均平如一，不当偏有轻重也。……若不审其家之贫富、丁之多少、税之虚实，而徒曰均之云者，不可以谓之均也。均徭：富者宜当重差，当银差；贫者宜当轻差，当力差。……"（《海瑞集》上册，第61页）这是嘉靖三十七年至四十年海瑞在浙江淳安县任内对该县均徭进行改革时起草的。

寡老幼,皆不免差;空闲人户,亦令出银。故一里之中,甲无一户之闲;十年之内,人无一岁之息。士大夫之家,皆当皂役;致仕之官,不免杂差。甚至一家当三五役,一户役三四处。富者倾家破产,贫者弃祖离乡。宜严加禁革。今后民间差役,仍宜如旧制:责付府县正官。其[十甲]排年里长,则尽数通拘;其各里人户,则详加重勘。考诸册籍,参以舆情,贫富品第三等,各自类编。丁粮消长,三年一次通审。别为富役之册,以为科差之则。挨次定差,周而复始,务在远近相等,劳逸适均。如此,则差役均平,人得休息矣。(《明宪宗实录》卷三三)

疏中后小半段是丘弘提出的改革方案。对于现行办法中的两点,他是主张仍予以保留的,这就是:各项均徭杂役名色都制成定额;和仍用丁粮多寡为评定上中下三等户的根据,各自类编均徭。在这基础上,他又提出两点改革的建议:一是重新详勘各里人户丁粮增减实数,别造"富户册",作为今后科差的准则;二是对各户丁粮的增减情况,规定每三年进行一次通审。

上述两点改革的建议用意何在呢?让我们从后一点说起。所谓"三年一次通审",就是每隔三年举行一次全县范围的通审,从而编定全里各户的轮役次序[1]。这样一来,各户便须依照其新编的等第每三年各轮役一次,也就是说,原编的里甲人户等则和十甲轮役次序对均

---

[1] 万历二十一年沈榜著《宛署杂记》卷六"山字","人丁"云:"每三年本县(宛平县)奉文审定人丁一次,分九等,就中择上中则编各衙门正头,其次为贴户,其次征银给募。"又,"力役"云:"役分二等,每三年本县官申请详允审编一次。一曰实役……一曰募役……"又扬州府仪真县均徭由五年一审改为每三年一编,见隆庆元年李文藻《仪真县志》(抄本)卷六。

徭都将不复适用了。在这点上，改革方案的企图，是要求把均徭和里甲划清界限，不再受十甲轮役制的束缚。这里透露出一连串很有关重要的消息来：首先是，在成化元年四月爆发于湖广郧阳以刘通（千斤）、石虎（和尚）为首的武装起义只是多年以来"流民运动"的一种最高斗争方式。早在此之前，大量的人口流亡已经在许多地方出现了，与此同时并存的现象当然就是各地里甲人户间的大变动，从而使得十年一造的黄册的记录更为脱离实际。因此，把均徭和里甲在编役和排年方法上分开，自不失为应有之义。然而问题还不止此。在建议者的本意，把均徭轮役的年距，由十年一轮缩短到每三年一轮，理由是欲将一个固定的徭役额数分配到较广阔的税基上——即由每年一甲增至全里的三分之一的税户来供应。它并不一定意味着要把各户的平均负担提高，相反地，在当时社会经济情况变动较急较剧的条件之下，这一改革是合乎客观要求的。后来一条鞭法更由三年一派进而为每年一派，在初期取得的成功经验，正好证明了这一点。可是不管是哪一种改革的办法，继续施行下去的结果，无一不是实际把各户的平均负担大为提高了，这是因为明政府不断地把定额提高了的缘故。总之，改良的方案挽救不了明封建统治政权的命运。

其次，丘弘方案中提出的另一点改革是："别为富户之册，以为科差之则。"其主观愿望未尝不想把那些重役指定专由富户担任。可是在优免的问题上，他却企图维持明初旧制，使士夫之家可免皂役，致仕之官可免杂差。这就充分说明了他的官僚地主的立场了。实则在明初以力役为主的徭役制度下，允许官吏生员人等不必亲当衙门里的皂隶一类的杂差，这尚不无一点理由可说。但在均徭法下，所要求于他们的并不是亲身充当，只不过是多少出点差银罢了，而这点他们还是不答应的。这个问题一直到了一条鞭法时,也并未得到真正的解决。

其实,"只凭册籍"并不能解决任何问题。差役之不均平,主要是因为"官吏里书,乘造册而取民财",尤其是"富豪奸狡,通贿赂以避重役",在官吏和富豪的互相勾结下,贫难小户惟有相率"弃祖离乡",这又加深了人口大量逃亡和册籍失实的程度。丘弘的改革建议,所谓"重勘"户等,所谓"通审"丁粮,所谓"别为富户之册",都不过是充满着内在矛盾而无补实际的办法罢了。

原载《学术研究》1963年第4、5期

清代幕府制的变迁

郑天挺

清代地方主管官吏,从州县到督抚,总要聘请几位能干的或有学识的人才,帮助自己处理日常工作,称为师爷。文献上称为幕宾、幕友,一般统称幕府。

幕府是主管自聘的助手,不在国家官制系统之内,不属公职,但他们的地位得到国家的承认。他们没有固定资格的限制,没有年龄经历的要求,不经考试选拔,但须有一定的文字水平和知识水平。因此,当时人们认为是读书人出路之一。

幕府工作称为馆地,在幕称为处馆。幕宾在馆时,由幕主供给食宿,按季或按年致送修金。修金没有固定数目。待遇较教读老师稍优。幕宾和幕主是朋友关系,是平等的,没有隶属或上下级名义。幕宾和幕宾之间,也是平等的。幕宾随幕主职任为去留,只对幕主负责,不对职务负责,因此,他们不受奖励,也没有处分。他们的自我要求是尽心、尽言,不合则去。

幕宾多数是通过介绍聘请的。他们的来源,包括专业幕宾在内,大约来自十四个不同方面。这就是:朝廷指派;随长官出差;偶然机会发现；国内著名学者；国内名流；地方人士；丁忧人员；退休或失业官吏；京官；新贵；秀才；门生故旧；亲属；专业幕宾。

专业幕宾就是刑名钱谷师爷，也就是过去所谓绍兴师爷，是幕府的基本人员，在旧社会任何官署都不可少。但幕府人员并不限于刑名、钱谷专业人员。

附带说明一下，幕宾和胥吏，身份不同、来源不同、性质不同，不能相混。

清代幕府制的变迁和他们职责的消长，当然同社会经济发展和政治影响分不开，但是直接反映到幕府制本身上的变化，则有先后迟速。我们初步看法，清代幕府的发展可以分为三个阶段：太平天国起义前是第一阶段，太平天国起义到光绪中是第二阶段，辛亥革命前20年是第三阶段。也就是用1853年曾国藩初建幕府，和1889年张之洞到湖广后的幕府为主要界标。这样分段，年代不很平衡，但是从幕府的职责、作用和影响来看，是越到后来，变化才越大的。

在第一阶段，前后200年，其间政治、经济、国防和文化各方面的进步是显著的。清政府在这些发展过程中，吸取历代封建统治者的历史经验，逐步形成了一个强有力的专制王朝，各项措施都有详细的具体规定，要求各级行政机构，按部就班地贯彻实行，作为地方主官私人助理的幕府，也只有按照法令去做，我们看到，这一阶段：

1. 在政治改革上，除了几件大事，如摊丁入亩、设军机处以外，一般是保守的、迂缓的、前后不变的。清初有一条最不合理的规定，就是汉人不许同蒙古妇女结婚。这条法令事实上早已失效，但是直到乾隆五十二年（1787年）对于立法原意早不清楚的时候，刑部和各地方刑名案件还在引用，而且出现了不同解释和裁决，于是才被废除

(《清高宗实录》一二八二）。

2. 幕府人才只有使用，没有培养，幕宾不安于工作的思想始终存在。汪辉祖从乾隆十九年（1754年）参州县幕，经过十六年，中举人，后来四次参加考试，又在幕府八年才中进士。林则徐和陈銮同在百龄幕中，林中嘉庆十六年（1811年）进士，陈中嘉庆二十五年（1820年）进士。前后66年间，幕宾不安于幕府的思想情况是一致的。

3. 幕宾是幕主的个人助手，可以建议而不能决定，所以不负行政责任，也没有奖励。赵翼于乾隆三十三年（1768年）由广西镇安府知府调往云南军营两年，据说是有功的，结束后仍回镇安府本任。到乾隆五十二年（1787年）林爽文起义，李侍尧又约他到福建作幕宾，军事结束，李侍尧得到奖励，而赵翼没有。直到道光十四年（1834年）程祖洛以列保幕宾，还下部议处。说明个人才能和工作利益不统一，前后也是一样的。

4. 幕宾是助手，但全部倚赖幕宾，放弃自己的职守，也是不许可的，到嘉庆十九年（1814年）还是如此。初彭龄以兵部尚书署江苏巡抚，一切公文全交幕宾茅豫裁决（稿案率委茅豫画诺），被劾革职（当然还有其他原因）。

5. 乾嘉间，朱筠、毕沅、阮元等人的幕府，人员最多，号称大幕，只是将幕府工作重点，一部分转向提倡学术、纂辑书籍。道光时，涉外事繁，林则徐、徐继畬幕府只增加几个明了国外情况的人员，对于国家大计，还少公开议论，说明当时约束幕府的功令尚严，社会上对幕府也另有看法。当然，像林则徐的禁烟和在广东的严厉执行，一定有非常之人在幕府筹议，可惜时间太短，以当时龚自珍的思想、识见、抱负和他同林则徐的交谊，竟不能入幕，可以看出当时社会上还有阻力。

所以我们认为这一阶段的幕府情况，发展不多，功用不显，只能说是幕宾的实习场所。

咸丰以后的幕府，和以前大不相同。

1. 首先表现在幕宾人员加多。以曾国藩的幕府而论，据薛福成记载就有 83 人，而薛本人和他所不知道的还不在内。这是由于：通商、海防和新出现的事务加多；团练初起，主兵的人莫不入幕；新兴厘金的征收，不由地方州县经手，主持的都是幕府中人；幕府人员多被"破格录用"，成了官僚升迁的捷径。于是愿意作幕宾的越来越多。这和乾隆时的"家累素封，必不忍去父母离妻子寄人篱下"和"勿轻令人习幕"的风尚大不同了。

2. 幕府人员身份公开，社会地位增高。1850 年骆秉章任湖南巡抚，凡以公务来见的都使他们去见左师爷，就是左宗棠。于是幕府人员身份公开了，地位也提高了。这在乾隆时就会受到招摇的批评。

3. 幕府主管任务加多。乾隆间，幕宾的主要分工有五方面：刑名、钱谷、书启、挂号和征比。咸丰以后，曾国藩以兵事、饷事、吏事、文事四项，要求幕府人员，这显然比五方面分工更加宏阔和深远。在实践外还有钻研，说明当时实际政治的要求已不同于前。

4. 新兴事务，凡原无专管的，概由督抚兼理，督抚又交给幕府，而且逐步加多。于是，督抚权任日重，幕府由不管事而管事，无职责而有职责，政治地位随之增高，国家政治逐渐由内重外轻趋向外重内轻。

5. 嘉道以前，幕宾与幕主是不分职别的，这时在幕府外出现兼职职称，有了等级。逐步演变成围绕朝廷的以幕主个人为中心的小集团。但在幕府内还没有上下级关系。

6. 咸丰后，清廷依靠团练作战，对于高级官吏的选拔，总从有无兵力考虑。于是，骆秉章、胡林翼、曾国藩等人的幕府，纷纷脱颖而出，留在幕府的人也加深探索新兴事务的利弊和推行办法。这就使幕府一变嘉道以前的消极沉寂，成了政治人才的培养机构，不断出现新的人才。

7. 上面都是新的变化。但是幕府人员自我要求的合则留不合则去，一直保持未变。李鸿章离开过曾国藩幕府，蒋益澧离开过李续宾幕府，李云霖离开过左宗棠幕府。

光绪中幕府制情况，比较咸同时，又有更大的变化。

1. 首先幕府性质变了。客卿变成僚属，聘请改为委任。光绪十五年（1889年）张之洞从两广总督调湖广总督，其幕府人员都分别给以职称，并按职务，分成统属，将原来的聘请改为札委，就是用命令委派，明确了统属关系，成了正式属官。于是平等地位变成上下级隶属关系。当时人认为张之洞破坏了中国宾师传统。其实当时督抚全都如此。这种改变是有它的便利和必要的。

2. 这时地方工商业发展，出现了民族资产阶级，出现了所谓地方自治机构，最后还出现了各省咨议局，地方力量抬头。这和以前只是地方督抚力量加强的外重内轻局面是大不相同的。

3. 各省政权、财权和军权都在督抚手里，他们和地方势力互相利用，于是形成一种离开清廷、以督抚个人为中心而权势超越于一省的特殊势力，如李鸿章、刘坤一、张之洞、袁世凯、岑春煊等，这班人在外国势力控制下，大之可以联合起来左右大局，如1900年东南互保，小之可以抗衡中央，如1904年湖北拒绝商部参加讨论芦汉铁路（芦沟桥到汉口，后称京汉），居间奔走联系的大都是原来的督抚幕宾。从历史看，发展下去成了辛亥革命以后的军阀。

最后想到，晚清政府对于当时外重内轻和它二百多年中央集权局面遭到损害，有无觉察和从事补救？我想，也是有的。光绪七年（1881年）、十年，左宗棠两次被召为军机大臣；光绪三十三年同时把权倾南北的两个最大的总督张之洞、袁世凯调京，显然在釜底抽薪。光绪十年、二十年、二十九年亲贵奕䜣、奕譞、世铎、奕劻的首枢换班，以及宣统三年（1911年）奕劻的亲贵内阁，等等，可能都和企图扭转当时局面有关。

原载《学术研究》1980年第6期

清代区域社会经济史研究概况

韦庆远

一

为便于对中国清代区域社会经济史的研究作一些回顾与前瞻,我对这方面的概况谈一些粗浅的看法。

我国传统史学研究,虽然大多以政治史为主,但自古以来,不论是官修正史抑或私人著述,还是很重视社会经济史资料的搜集整理和研究的。战国时期的古书《禹贡》就大量登载着诸如疆域、山脉、河流、道路、土壤、田地、物产等有关自然经济的材料;从《史记》的《平准书》和《汉书》的《食货志》以次20多部正史,无不以专门的卷目记载一代的社会经济概况,包括户口、赋役、关税、币制、物产、农时,以及天文气象、水利、灾荒等。此外,还注意到有关工、矿、商业的生产、社会需求和经营发展,在当时国民经济中所占的地位和所起的作用。对于历代在经济发展中作出了贡献的代表性人物,不论行商坐贾抑或技术专家,他们的主要经济理论和策议活动,也都有详略不同的介绍。足以说明,社会经济史的研究在中国古代史学中是占有一定地位的。许多卓越的史学家都认为经济和政治不可分,都曾经把他们的研究视野注目到社会经济方面。即使他们在着重研究政治事件和政治性人物时,也注意到产生这些事件和人物的社会经济背景,进行综合性的分析和叙述。这是中国传统史学中一些名著共同具有的特点和优点。

中国传统史学的另一特点是重视地方史的研究。《周礼》已明载,设有"外史"之官以"掌四方之志",又设有"职方"之官以"掌道四方九州之事物"。对地方志书的编纂是历来受到重视的。所以,所谓正史的二十四史才共有 3200 卷,而现存历代修纂的地方志书则有近 11 万卷,达正史的 30 多倍,其中确有一少部分学术价值甚高。而且,所有省志、府志、州县志以至镇志、乡志,几乎都登载有反映当时当地社会经济史的材料,而且具体详细,地方色彩越浓。还必应注意到,在将近 4000 年的对区域经济史的记载和研究中,又以清代为最丰富最充实。我国现存的各类方志计有 8500 余种,其中约 80%,即 6500 种是清代编纂成书的。

有清一代,上承 2000 余年封建社会的末间,下启半封建半殖民地社会的开端,时当新旧交替之会,中国人民的生产和生活方式、社会的经济结构、人口的增长率、行业和地区经济的兴衰、区域间经济发展的不平衡、各种经济学说和策论的出现及其影响,等等方面,所发生变动幅度之大及其急遽程度,都是前所未有的。"二千年未有之变局",不但适用于政治史、思想史,实亦适用于社会经济史。对清代区域经济史的深入研究,极有助于剖析古代和近现代中国的衔接、民生国情的特点、社会经济的发展源流和趋向,具有重要学术和实际意义。

二

自20世纪以来，由于许多新的社会科学理论和研究方法的传进，也由于当时世界史学潮流的影响，中国一部分史学家、经济学家、社会学家，深感到有对清代的区域社会经济史进行认真探索的必要。尤其是马克思主义史学方法的引进，更将这方面的研究提高到新的水平。他们将研究视野较集中于清代，是因为这个时期发展急遽、矛盾交织，以及中国社会的性质开始了某些质变，所暴露出来的许多严重冲突直接延伸至当代。学者们理所当然地要求对之思考和探索：矛盾从何产生？为什么集中爆发于清代？中国社会的性质和特点是什么？中国社会经济问题的症结何在？中国将往何处去？如此等等。老一辈学者怀着爱国爱民的热忱，努力从微观的科学分析中判断出中国的国情实况，寻觅救亡图存，振兴国家民族的良方。当时，陈翰笙教授的农村经济研究，汤象龙教授的区域经济比较研究，梁方仲和梁嘉彬教授对广东经济和十三行的研究，傅衣凌教授对福建农村经济和对徽商、江南市镇市民经济的研究，严中平教授对棉花产销和棉纺工业的研究，全汉昇教授对湖广米谷产销和金融问题的研究，罗香林、陈序经教授对客家经济的研究，李景汉、吴景超教授对华北农村社会结构和生活方式的研究，都是成绩卓著而具有开拓性的。由陶孟和教授主持的北平社会科学研究所曾经有成效地组织进行了对清宫档案中社会经济史料较大规模的整理和利用，开创了在清代经济史研究中系统利用历史档案的领域。

应该说，20世纪20—30年代，老一辈学者对清代区域社会经济史的研究，既继承了中国传统史学尊崇实学，力戒空疏，巨细毕收，博而能断的优良学术传统,又积极吸收了外国的一些经济学和历史学理论,注意运用调查研究和计量方法,而且在选题上下功夫,将小题纳入中国社会经济政治的总体上进行动态的多层次的考察。这些努力,使清代区域社会经济史这一学科在短短的二三十年中由学术附庸发展成为大国,被视为了解古代和近代中国的重要橱窗之一,是谋求解答和解决当代中国社会问题的重要历史依据之一。应该说,解放以前对清代区域社会经济史的研究,在当时各学科中是进行得比较扎实和深细的学科之一。当然,限于当时的历史条件、理论水平和占有资料的范围,有些方面还显得肤浅,某些论断存在偏颇甚至谬误,这是难以避免的。解放以来特别是"文革"之后,清代区域社会经济史能够从一个比较坚实的基础上重新起步,乃是和前辈学者的辛勤劳动分不开的。

三

近年来,对清代区域社会经济史的研究又有了重大的进展,其具体表现在如下四个方面:

一、研究力量日益扩大,初步形成了一些研究中心。

中国幅员广大,地区之间的自然条件和经济发展水平悬殊,经济结构、行业,甚至在农业耕作技术也各有不同,但是,这些地区差别又是在一个共同的国家之内,两千余年在一个共同的中央集权统治之下发展过来的。由此决定了清代区域社会经济史的研究必须承认同中有异,异中有同,各寻其异,不失其同的原则。在研究方法和组织上,只能采取既要有全国性的科研规划安排,又需要充分发挥各地区研究力量,有分工有合作地多路前进。一般说来,以当地人研究当地史事,具有熟悉风土人情和历史沿革、便于就地取才（人才）和取材（资材）等方面的方便和优势。30多年来，我们在这些方面已经建立了队伍，形成了研究中心。例如，中国社会科学院历史研究所、经济研究所、近代史研究所集中了较大量的专家，对全国许多地区和行业都进行了卓有成效的研究，并取得了国内外公认的卓越成果；东北三省对东北经济史的研究；北京对京畿地区文献碑刻口头史料的搜集和研究；山西对晋人商帮、钱庄票号的研究；山东对本省农村结构的研究；南京、上海、江浙等地对沪、苏、杭长江三角洲经济、江南市镇经济的研究；安徽对徽州学的研究；川、云、贵对西南民族经济、四川井盐和云贵矿业的研究；江西对景德镇陶瓷业的研究；广东对珠江三角洲经济和珠江水运史的研究；福建对本省城乡经济和闽、粤、浙、赣山区经济的研究，等等，都已经取得了丰硕的收获。

除此之外，在其他地区，也都组织了一批力量，研究各自地区的社会经济史。尤值一提的是，近年来台湾省的高教和科研组织以及广大学者，对台湾地方公私碑刻档案文献进行了大规模的整理和研究利用，成绩显著。最近，我国又正式成立了藏学研究中心，已将西藏地区的社会经济史列为研究重点之一，都是值得高兴的。

任何研究工作必须要有专业人才。值得欣喜的是，近年在培养清代区域经济史研究的新力量方面取得了进展。不少硕士生和博士生取得了学位，其中，有一些同志已经发表了有相当分量的论著，并已确定了自己的研究方向，投身于一定的比较长远的研究规划之中。《中国社会经济史研究》、《中国经济史研究》、《徽州学研究》等专门性学术刊物的出版，为海内外同行提供了很好的交流园地。

二、研究课题的广度和深度都有了显著的拓展。

新中国成立初期，比较注意农村生产关系、土地占有、买卖、租佃、雇工等问题的研究。近年来，研究的领域有了重大的拓宽，不少论著专门论述人口、赋役、官私手工业、官私商业、矿业、内外贸易、行业经济、中央和地方金融、城市发展等问题；也注意到社会人文、乡族社团、行会、会馆、商帮及有代表性的皇商、官商、民商人物、在工农矿业的经营管理和生产技术上有过贡献的人物，等等。学者们逐渐认识到，任何方面的经济活动都是在一定的社会政治条件和时空特点下进行的，都是由一定的人物或人群主持或承担的。它们之间存在着各个方面的相互联系和制约，就经济言经济，恐怕难以比较完整和准确地解答有关的经济问题。只有把自己的选题纳入当时社会经济政治文化风俗的总体中加以考察，对直接有关的人物和事件进行严格而客观的鉴核，对自己研究专题的发展脉络和特点尽可能探索清楚，才能避免过于偏颇和片面。近年来，清代区域社会经济史课题的扩展，显然有利于各方面专题研究者的横向比较和参考，对推进整个学科的深入和提高是很有益处的。

就研究的范围来说，也有了明显的扩大，以往较注重于东南，尤其是江南地区经济的研究，近年来对其他地区的研究也逐渐展开了，如对山东、河北、东北三省、云贵、内蒙、新疆、西藏等区域，都开始了相当规模的研究；对上海、扬州、天津、北京、汉口、佛山、临清等城市的发展和商人资本、市场，山西的银钱业，山西、陕西、甘肃等地的农业和山区经济的研究，取得了令人鼓舞的成果。特别是，研究黄河、运河水利和灾害，对沿河地区社会经济的影响；研究珠江水运史，探索它对华南地区经济繁荣所起过的重要作用，均已纳入了学者们的研究范围，这对于从更多的角度和更深的层次研究清代区域经济,是新的进展。

在研究的阶段来说,过去大体呈现两深两浅的状况,即对清朝建国后以迄乾隆中期的研究和晚清社会经济的研究较多较深,其中,又较集中于所谓"康雍乾盛世"经济的研究。近年来,这种状况有了一些改变,不少学者对满族入关前的社会形态和经济发展进行了一些重要的探索,弥补了一些空白。特别是对乾隆晚期至咸丰时期的社会经济的研究相继进入了研究领域。清代由盛入衰、外国资本主义的侵入和爆发成为战争、中国从古代传统的封建社会演变为近代半封建半殖民地社会都是形成、出现于这个时期。所以,对这一时期社会经济的研究无疑是非常重要的,它必将有助于我们解答有关清史,甚至中国史的若干重大问题,必须予以重视。

三、在清代区域社会经济史的研究工作中保持着一种比较扎实的学风和在方法上日益多样化。

老一辈的学者早在20世纪二三十年代开始,就在本研究领域中初步奠立了一些优良的学风,那就是尊重事实材料,尊重证据,不惜下大功夫搜集和整理原始资料,审慎做论断。这种优良学风大体上被后学继承下来了,并且在近10年的工作实践中得到了较普遍的认可和发扬。史学工作者当然需要坚持四项基本原则,积极为四化服务,但历史学毕竟是一门独立的科学,它有自己的研究对象、研究方法、表述形式和发展规律。只有坚持科学的态度,不为媚世,不为趋时,不迎合某种气候,才可能写成较为符合历史真实的信史,才可能有据有理地阐述和论证问题,才可能产生真正的学术效益和有用的社会效益。老一辈学者在当时的条件下,已经力图运用历史学、社会学、经济学、统计学和人类学的知识,既对区域社会经济进行典型的个案分析、量化统计，又作出综合性的论断。这样的工作方法，在近年各学科新的理论发展和科学技术发展的条件下，又得到了发扬。在这些方面，我们可以举出若干为国内外同行公认的范例：傅衣凌教授不但是现仍健在的老一辈学者之一，而且早在30年代就开始了对福建和徽州民间契约文书搜集和研究，不辞跋涉，进行过一些实地社会调查，从这些高度分散的第一手材料中以求索有关区域经济的若干关键性的问题，在长达半个世纪的漫长岁月中孜孜不倦地从事开拓耕垦；邓拓同志对北京西郊矿区，对北京某些商业行号，如万全堂、六必居等进行了深入的调查访问，用活材料以审核死文书，从微观入手以引出符合历史实在的宏观观察和结论；洪焕椿教授从40年代迄今，一直从事浙江地方史，尤其是社会经济史的研究；叶显恩研究员早在青年时代，即20世纪60年代初期，就在梁方仲教授的指导下对徽州的商业、商人、城乡宗法结构和佃仆制度进行长时间的探索；章有义研究员对明清徽州土地关系的研究与叶研究员的着重点各有不同，但均能做到有据而立，言之成理，分析入微，信而有征；从翰香研究员对华北的棉花种植业和棉花产销已经作了长期的研究；吴天颖和冉光荣教授为弄清四川的井盐生产、运销集散，大量整理和利用当地的官方档案和民间契约，他们在自贡市盐业博物馆和自贡档案馆、自贡房管局等单位一蹲10年；罗仑教授为研究山东的经营地主经济结构，亦进行过长时期的调查和考察。如此等等。以上事例仅是笔者较为了解的一部分，如果从清代区域社会经济史的研究队伍中稽考，就不难发现，有一些学者是用10年、20年，甚至数十年的功力研究一个或一组专题。他们所取得的卓越成果都是寸积缕聚，都是经过辛勤刻苦的劳动而获得的。

四、在清代区域社会经济史研究领域中，对资料的发掘和整理工作也取得了显著的成就。

近30多年来，严中平、李文治、彭泽益、汪敬虞等专家分别编纂出版了一些大型专题资料书，为有关问题的研究提供了大量的珍贵资料，对有关专题研究起到了很大的促进和保证作用。其后，其他院、校档案馆等也相继在资料的整理和出版方面做了大量的工作，有力地推动了有关专题的纵深研究。近年来，有质量、有价值的资料书出了不少，乃是由于各方面大力协作的成果。学者埋头耕耘，是其一；中华书局和一些出版社不单纯从经济效益考虑，能从有利于学术发展出发，大力支持这些资料书和古籍的公布出版，是其二；各图书馆、博物馆、档案馆积极供给馆藏的善本珍藏，是其三。

在这里，我要着重谈一下利用历史档案来研究清代区域社会经济史的重要意义。如所周知，历史档案是最原始的第一手史料，清代的官修史书，包括实录、会典、则例、纪、传等等几乎都是根据档案的记载修纂而成的。这中间当然会根据各个时期政治情况的变化和从是否对统治者有利的尺度加以增删窜改，实录不实，久已成为史家的共同认识。而且，在各种体裁史书中所公布和引载的有关内容仅占全部档案的1%—2%。在旧时代，绝大多数历史档案长期被禁锢于宫廷或官衙的库架之内而得不到充分的利用。史学家只能望库兴叹，莫奈其何！只有在现在，大规模系统利用历史档案才有可能。当然，形成于清王朝中央以及各级官府的公务档案，大多数出于地主缙绅之手的各种民间档案，无不打上阶级的烙印，集中地反映着统治阶层的利益和观点。但我们不能因此而贬低其史料价值，只是在利用时必须认真地加以分析和审正。有幸的是，我国现存的清代官方档案逾千万件以上，民间契约文书等档案的数量虽然尚无统计，但也是非常庞大的。这是我们研究清史，包括区域社会经济史最为充实的资料资源之一。我国现已建有 3131 个档案馆，是全世界建馆数量最多，档案馆网络最完备的国家之一。在这 3000 多个档案馆中的若干馆保藏着不同数量的清朝档案，例如，中国第一历史档案馆以保藏清代历史档案为主，其馆藏档案件数在 1000 万件左右，内容包括编审户口、稽查人丁、征收田赋钱粮、漕运、税课、各地农业、工业、矿业生产、库储、气象、地方财政经费奏销、币制、粮价、盐务、灾害赈济、皇室财政、皇商、官商以及晚清农工商部、邮传部、海关总署等等方面的材料，这对于研究清代经济史，无疑是极为重要的。此外，东北三省的档案馆，分别藏有满族入关前后旗务、庄园、户丁、盛京五部和内务府、督抚衙门等行政机关、中东铁路等方面的重要档案；河北省档案馆藏有清代相当完整的有关正定府获鹿县的户口赋役编册，这是现存县级最系统的地方行政和财政资料，对研究清代人口增长和"摊丁入地"以后赋役负担的变化、土地的占有和转移状况等都是非常有用的，四川省档案馆所藏巴县县衙门档案是现存最完整的反映从县到保甲基层公务活动，以及当地风土人情、民间生活状况的档案；自贡市档案馆（以及自贡盐业博物馆、自贡市房产局）所藏的盐业档案，对研究四川地区的盐业产销以及对当地社会的影响等方面，都是无可代替的；此外，中国档案学会于 1987 年 11 月在昆明召开了有关少数民族历史档案的研讨会议，我们高兴地发现，我国各少数民族现存有关本民族地区经济发展的档案资料是很不少的，这是一个实际上还没有认真开发过的文献宝库，是一个极有潜力的研究领域。当然，要充分利用这些档案，还必须在民族学以及少数民族语言等方面作出很大的努力。

近年来，在清代区域社会经济史的研究工作中，较大量利用了民间契约文书，对这方面的史料价值给予了很大的重视。民间契约的品种和类型是极其复杂的，它包括了当时社会中各种人际关系和财产关系，举凡土地、房产、山林的买卖、典押、租佃、借贷、合伙、婚配、分家、继承、卖身赎身、账籍单据、缴纳赋税回执……某些由家族祠堂、会馆、行业公会、商号、盐井、煤窑等形成的文书也可划入其内。这些契约文书生动地再现了当时当地社会经济活动各个环节的面貌，不但具体而微，而且延续性强，比较真实可信。30多年来，对这些史料的挖掘、整理和利用，其成绩是很可观的：对徽州契约文书的研究已经发展为专学；《孔府档案史料选编》的出版，较完整地反映着一个与政治特权相结合的贵族地主庄园长期的各方面的活动，《自贡盐业契约档案选辑》成书，是从当地数千件有关契约中，精选出800余件编成的，它较好地反映着自清雍正年间直到解放前自贡井盐全行业的生产经营诸方面的关系和特点。据笔者所了解，中国历史博物馆对全国各地的明清契约文书有丰富的入藏，而且已经在进行系统整理；厦门大学在杨国桢教授的领导下，对闽西北的文书契约也做了大量搜集和整理工作。我们期待着他们以及其他单位和学者能够在这一方面继续作出贡献。

自1980年以来，全国普遍进行编修史志的工作，新的省、地区、州、县、市、镇、乡、山、湖、海、河志均正在积极着手编纂。在这项工作中，必然要加强对清代各地区社会经济史资料的重新审核和对史事的进一步探索。这对于我们的研究工作，肯定是有利的。

以上事实都说明，清代区域社会经济史的研究工作正处在一个新的发展时期，主客观条件是空前有利的。我们已经迈出了第一步，就要迈出第二步和第三步。在学术发展的长途中，我们这一代人承前启后，必须作出自己力所能及的贡献。以清代为典型研究古代中国，极有利于促使我们更好地了解近现代中国，比较清醒地认识我国的国情，看清楚我们民族的优点优势和弱点劣势。反思是为了总结，回顾是为了进步。历史科学的重要作用在于此，历史学家的社会责任也在于此。

本文仅限于对中国大陆地区近年来对清代区域社会经济史的研究作简要的概述。我们对台、港、澳学者近年对台、港、澳以及祖国其他区域社会经济史的研究状况，是有了解的，而且充分肯定和钦佩他们的努力。我们也充分注意到各国学者和海外华人对中国各地域社会经济史的研究，给予了很高的评价。我以为，尽管我们的国籍、所在地区、学术经历和观点可能不同，但学术研究是我们共同的事业，清代区域社会经济史是我们共同的选题。所以，我们理应继续加强交流和合作，促进这一学科研究的发展。

本文是作者根据1987年12月在广州国际清代
区域社会经济史暨全国第四届清史学术讨论会
上所作同名学术报告整理而成的。
原载《学术研究》1988年第2期

丘逢甲离台内渡考

戚其章

在中国近代史上,丘逢甲可算是争议较大的历史人物之一。百年以来,不管历史环境如何变幻,但对丘逢甲的争议却始终不断。在所争议的问题中,以离台内渡一事为焦点,成为评价丘逢甲的关键所在。笔者多年来涉猎所及,亦有所得,胪陈如下,以供进一步讨论。

一、丘逢甲离台内渡的时间

关于丘逢甲在乙未抗日保台运动中的表现,笔者曾发表《丘逢甲与乙未抗日保台运动》一文,说他在此期间做过三件事:一是筹建抗日义军;二是争取外援保台;三是倡导台民自主保台。因此,对于他在推动台湾抗日保台运动中的贡献,应该给予肯定。[1]该文没有论及他离台内渡的时间,因为此前十余年,笔者曾撰《丘逢甲乙未保台事迹考》一文,已经指出:1895年7月下旬,丘逢甲写下了抒发满腔悲

---

[1] 吴宏聪、李鸿生主编:《丘逢甲研究——1984年至1996年专集》,广东人民出版社1997年版,第122—136、191页。

愤的《离台诗》六首,始内渡广东镇平县原籍,[1] 故不再重复了。问题是对于"7月下旬"这个时间,有的论者仍有怀疑,所以很有进一步探讨的必要。

笔者之所以确定7月下旬为丘逢甲离台的时间,是根据其弟丘瑞甲所撰之《先兄仓海行状》,内称:"先兄知事无可为,乃回台中,与先考妣仓卒内渡,时已六月初旬矣。"[2] 此"六月初"为夏历,即阳历7月下旬。此说为许多学者所接受。近有论者考定丘逢甲离台的具体时间为夏历六月初四日,即阳历7月25日。[3] 如果从6月7日日军占领台北城算起的话,那么丘逢甲在台湾转辗参战的时间就达到48天了。

对于丘逢甲在台湾参战的时间问题,历来存在着一种美化的倾向。如称:"九月,台南亦陷,伏哭数日夜,得间乃返镇平。"[4] 或谓其"渡海盖在10月"。[5] 夏历"九月"也好,阳历"10月"也好,皆指台南陷落之时。说丘逢甲到10月21日台南陷落后才离台内渡,显然是夸大其词,与历史事实不符。因为丘逢甲本人说得很清楚:"中部驰援,半道遇敌,旬月之战,虽不大挫,而终莫支。"[6] 连他自己都承认在台湾参战是个把月,也就是到7月下旬,怎么能说他一直坚持到10月下旬呢?

---

[1] 原载《学术研究》1984年第4期,又见拙著《甲午战争及近代社会》,山东教育出版社1990年版,第359页。

[2] 《岭云海日楼诗钞》,上海古籍出版社1982年版,第418页。

[3] 吴宏聪、李鸿生主编:《丘逢甲研究——1984年至1996年专集》,第191页。

[4] 《中日战争》(中国近代史资料丛刊续编)第12册,中华书局1996年版,第459页。

[5] 蒋君章:《台湾抗日军领袖丘逢甲》,《丘逢甲的一生》,台北中外图书出版社1975年版,第30页。

[6] 丘晨波主编:《丘逢甲文集》,花城出版社1994年版,第263页。

当然，对于丘逢甲在台湾参战的时间问题，还存在着一种贬低的倾向。早在日据台湾不久，时人连横著《台湾通史》，其卷三十六有《丘逢甲传》，称："日军迫狮球岭，景崧未战而走，文武多逃，逢甲亦挟款以去。"[1] 此说一出，影响极大，至今仍有学者信之。如称："丘氏在北部抗战期间，却未闻有与日军'开仗'之事实，而是紧随唐景崧之后'挟款以去'，在大陆继续其'文章抗日'"。[2] 语近讥讽，本不足怪，盖对连横所言深信不疑也。

那么，对于丘逢甲紧随唐景崧"未战而走"之说，能否拿出根据来呢？对此，有论者写道：

> 唐景崧于6月6日内渡，故丘逢甲最早内渡时间应在6月6日以后；而依前述，丘逢甲内渡后所做之《乙未秋日归印山故居周游仙人桥作》诗，可证明1895年秋日时丘逢甲已内渡。按蕉岭俗，秋日又称为立秋。1895年立秋为8月12日（引者按：应为8月8日之误），因此，丘逢甲内渡之时间应在1895年6月7日迄8月11日（引者按：应为8月7日）之间。再以丘念台所著《我的奋斗史（岭海微飙)》一书内所叙述丘逢甲一家内渡的路程加以检视（作者注：当时丘逢甲自梧栖港离台，达泉州，经厦门、汕头而至蕉岭，沿途曾居留个把月)，并扣除由台湾至丘逢甲故乡蕉岭所必须花费的交通时间（作者注：丘逢甲内渡所花费的行动时间，由台湾至泉州10日，由泉州至蕉岭11日，共约21日)，据此推

---

[1] 连横：《台湾通史》下册，商务印书馆1983年版，第721页。按：此书初版于日本大正十年，即1911年。
[2] 黄秀政：《台湾割让与乙未抗日运动》，台湾商务印书馆1992年版，第271页。

算，丘逢甲离台之时间最晚应在 6 月下旬。

以此证明"丘逢甲不待转战便提前内渡"。[1]

以上，用丘逢甲自己的诗来证明他回到镇平的时间，似乎言之有理，无懈可击，实则大有商榷的余地。暂置"未战先走"问题不论，先要弄清楚丘逢甲是否在立秋前就回到了镇平。将丘逢甲诗"秋日"解释为"立秋"，固可备一说，然并不符合诗的本义。旧诗中"秋日"泛指秋天，乃常见之语。如李白《秋日鲁郡尧祠亭上宴别杜补阙范侍御》诗，其起句即称："我觉秋兴逸，谁云秋兴悲？"陆游《秋日郊居》诗，据考证是作于绍熙三年（1193 年）秋。[2] 皆是。再看丘逢甲的另外两首诗：一是《潮阳东山张许二公祠为文丞相题沁园春词处旁即丞相祠也秋日过谒敬赋二律》诗，有"荒郊马冢寻遗碣，秋草萧萧白露中"、"悲秋怀古此登临……枯木寒鸦泪满襟"等句；一是《秋日藕华杠过山居次元韵》诗，有"骑驴晓入秋山里，来看丹枫万树霜"、"满路秋花散晚香"等句。哪还有一点立秋时的景象呢？即使是《乙未秋日归印山故居周游仙人桥作》这首诗，内称"一庵斜日坠红叶，万嶂秋空开碧莲"，并自注云："时岩桂正花"，也绝不像立秋时候的光景。其实，从丘逢甲内渡途中所写的诗句看，便可知道他进入广东境内时已经是夏历七月了。他在汕头写的《鮀江秋意》诗："西风一夜芦花雪，鮀浦秋痕上客衫"；在去潮州船上写的《潮州舟次》诗："九秋急警传风鹤，万里秋痕过雪鸣"；进入梅州境的船上写的《舟入梅州

---

[1] 台中逢甲大学人文社会科教中心编印：《丘逢甲与台湾历史文化学术研讨会文集》，第 89 页。

[2] 游国恩等：《陆游诗选》，人民文学出版社 1957 年版，第 142 页。

境》诗:"凄绝天涯雁叫群,秋江一棹如斜曛",可见他这一路上都是满眼秋色,所以每首诗里都离不开秋光的描写。更值得注意的是,丘逢甲翌年重游汕头,又写了一首《去岁秋初抵鮀江今仍客游至此思之怃然》诗,点明他去年内渡初抵汕头的季节为"秋初"。可见,丘逢甲回到大陆的时间必定在夏历七月以后。但也不会晚于八月十五日,他回到镇平后有一首《中秋夕乌石冈眺月同三弟崧甫作》诗可证。

由上述可知,丘逢甲于夏历六月初四日,即阳历 7 月 25 日离台内渡,约到夏历七月底,即阳历 9 月中旬始抵达镇平。认为丘逢甲在立秋(8 月 8 日)以前便回到镇平的说法,是难以成立的。

二、丘逢甲离台前的抗日活动及内渡原因

对丘逢甲之为人所以争论不休,既然是由于他内渡引起的,那就需要把他离台前的活动及内渡原因搞清楚。

根据已经见到的指责丘逢甲内渡的文字,大体上可分为三类:第一,是将丘逢甲与在台抗日中牺牲的吴汤兴、徐骧相比。如称:"逢甲既去,居于嘉应,自号仓海君,慨然有报秦之志。观其为诗,辞多激越,似不忍以书生老也。成败论人,吾所不喜,独惜其为吴汤兴、徐骧所笑尔。"[1] 后来之争议即以此为起点。第二,是将丘逢甲与唐景崧相比,意其不过五十步与百步之差耳。丘逢甲死后,有人作挽联以讥讽之,有"唐总统涕泣誓师,乘隙腰缠偷内渡"、"地下若逢唐少保,拊心蒙面污魂过奈何桥"诸语。第三,是将丘逢甲自己的言与行相比,

---

[1] 连横:《台湾通史》下册,第 721 页。

认为"为德不卒"。如称:"其未战而先走之行为则与其先前所发表的激越言辞迥异;更何况丘逢甲在唐景崧不战而逃时,曾痛骂唐景崧,甚至表示要'食唐景崧之肉',但其行径却与唐景崧如出一辙,其言行未能合一,终为世人所讥。"[1]这些指责用简单的类比方法,皆未免流于表面化,且受情绪化的影响,很难从中了解丘逢甲离台内渡的真实原因。

事实上,若丘逢甲真存内渡之心,他是有多次离台机会的。譬如说,当5月中旬清廷电谕台省大小文武官员内渡时,他可以名正言顺地同布政使顾肇熙、福建提督杨岐珍等许多官员一样离台;当6月初日军登陆澳底后,他可以像曾被推为台湾民主国议长、太仆卿衔台湾团防事务督办林维源那样离台;甚至当6月6日获知唐景崧既已内渡,他也完全可以紧跟台湾民主国内务大臣、刑部主事俞明震等人离台。为什么他计不出此,反而要到一个多月以后才内渡呢?这只能说明丘逢甲本未想离台,后来在不得已的情况下才不得不决定内渡的。

确实如此。筹建义军之初,丘逢甲激于爱国热情,决心抗日保台。他曾以工部主事、全台义勇统领的名义上书朝廷:"桑梓之地,义与存亡,愿与抚臣誓死守御。设战而不胜,请俟臣死后再言割地,皇上亦可上对祖宗,下对百姓。如倭酋来收台湾,台民惟有开仗。"[2]这些话皆发自肺腑,绝无夸张邀宠之意。因此,从乙未三月(4月)上旬开始,丘逢甲为义军布置防地,尽了最大的努力。他连日来徒步往来于崇山峻岭之间,身着短衣,以帕裹首,深入士卒,鼓舞士气。自称:"望轻才绌,誓与士卒同甘苦,借结人心,故帕首短后衣,日周旋健儿

---

[1]《丘逢甲与台湾历史文化学术研讨会文集》,第90页。
[2]《清季外交史料》,书目文献出版社1987年版,第109卷,第5页。

间。"[1] 与此同时，他还奔走于台北，反对《马关条约》中关于割台的条款，争取外援保台，并领导了自主保台活动。其重要成果之一就是5月25日成立的台湾民主国。直到此时，他对台民自主保台还是充满信心的。

但是，台北局势的发展却为丘逢甲始料所不及。唐景崧无所作为，根本控制不了局面。他信用广勇，而广勇毫无纪律，浸骄而不可制。6月3日晚，护卫营黄义德部索饷大哗，唐景崧不敢问。4日，"前敌溃兵入城，城中大乱"。[2] 丘逢甲叹曰："祸患之来，迫于眉睫，尚不能整饬军纪，徒畏葸游移，坐令其哗变，天下事尚可为乎？"傍晚，抚署火起，毁于一炬。丘逢甲睹此情景，精神大受打击。其《离台诗》第二首云："虎韬豹略且收藏，休说承明执戟郎。至竟虬髯成底事？宫中一炬类咸阳。"便是追忆当时的心境。是夜，唐景崧微服奔沪尾。丘逢甲哭曰："吾台其去矣！误我台民，一至此极！景崧之肉其足食乎！"[3] 他知台北局面已无可收拾，立即赶至其驻地南崁。

在此后的一个多月内，丘逢甲究竟在做些什么？对此，应该进行必要的探讨，以便对他作出正确的评价。因为人们批评丘逢甲，主要是两件事：一是不应唐景崧沪尾求援之电；一是他一直不参战，最后未战而走。其实，用这两条来指责丘逢甲，是没有道理的。

先看丘逢甲不应援台北事。据时人吴德功说："[唐景崧]电催林朝栋、丘逢甲、杨汝翼带兵赴援。[五月]十三日（6月5日）电报曰：'千急急赴援！'十四日（6月6日）曰：'万急急速赴援！'……林

[1] 丘晨波主编：《丘逢甲文集》，第259页。
[2] 《中日战争》（中国近代史资料丛刊）第1册，新知识出版社1956年版，第98页。
[3] 同上，第6册，第401页。

朝栋、杨汝翼犹可云虽鞭之长不及马腹，而扎南崁之兵近在桃园，台北有淮楚军粤军十余营，外无一兵一卒可援，何以电文如此甚急，诸军视如弁髦？此岂人所能理解耶？"[1] 其对丘逢甲不应援之不满溢于言表。有论者认为："吴德功为实际参与反割台运动之时人，其所著可信度较高。"[2] 从表面上看，吴德功所记固是事实，问题是他并不真正了解内中的实情。台北清兵哗变，全城陷入混乱，且唐景崧已至沪尾，靠丘逢甲这支义军去稳定台北局势是难以做到的。此其一。丘逢甲义军的任务本是防守从南崁到后垅的海岸一线，防线长达百里，兵力单薄，而且极为分散，不仅集结、准备需要时间，而且也不可能一下子抽调多营，所以北上应援是无法一接到电报就立即做到的。此其二。何况丘逢甲义军不是不应援，而是正在联络其他各军，共谋率军北上。[3] 此其三。所以，不问实际情况如何，便指责丘逢甲不及时应援，是极为不妥的。

再看丘逢甲是否真的未战先走。丘瑞甲《先兄仓海行状》记："未几，台北告急，先兄率所部往援。至途中而台北破，唐已先去。日兵乃由铁道南下，直至新竹县。义军力御，经二十余昼夜。"[4] 或有人怀疑这段记载的真实性，谓丘瑞甲乃逢甲之弟，"有可能为亲者讳"。[5] 其实，《行状》除个别句子如"至途中而台北破"叙述不够准确外，其所记主要事实是可以印证的。自丘逢甲回防后，即不断派人联络旧部，商北上御敌之策。1894 年秋天，丘逢甲在台中招募义勇时，生员吴汤

---

[1]《中日战争》（中国近代史资料丛刊续编）第 12 册，第 68—69 页。
[2]《丘逢甲与台湾历史文化学术研讨会文集》，第 86 页。
[3] 戚其章：《甲午战争史》，人民出版社 1990 年版，第 528 页。
[4]《岭云海日楼诗钞》，第 418 页。
[5] 黄秀政：《台湾割让与乙未抗日运动》，第 86 页。

兴、徐骧、姜绍祖、丘国霖等投笔从戎，都成为当时著名的义军将领。他的《答台中友人》诗有"殉义谁彰故部贤"之句，自注云："谓部下吴、徐、姜、丘诸将领。"其中，吴汤兴是丘逢甲在台湾民主国建立后，引荐给唐景崧的。"总统方急时事，逢甲言无不听，即给予汤兴统领关防。"[1]徐骧、姜绍祖亦于当时成营，但"不立营垒，无事安居，有事候征调"。[2]故称吴、徐、姜为"故部"。丘国霖虽是他的旧部，但又成为新编义军的诚字正前营管带，随丘逢甲驻南崁一带。6月10日，义军各营皆集合新竹城外。闻省城被陷，"拟袭台北，是日不期而会者万人，遍山漫野"。[3]因按当初的分工，丘逢甲义军本来"专防中路，兼任筹饷；旋因省垣后路空虚，复调赴此"，以"兼顾省垣后路"[4]故荐吴汤兴为中部统领。此时仍推吴汤兴统领诸将。丘逢甲不仅令丘国霖带主力诚字三营来合，复派吴镇觥带靖字正中营前来参战。这时，日本间谍也探到消息，及时向日本军方报告中路义军约1000名转移至新竹县。[5]11日，吴汤兴率诸将祭旗誓师，揭开了台湾军民武装抗日保台之役的序幕。

此后，各路义军分兵节节阻击自台北南下的日军。丘逢甲义军丘国霖诚字营表现十分英勇。据《让台记》载："丘国霖引七百人，于二十五日（6月18日）抵新竹。越日，到大湖口接战。日军亦整队前进，枪子如雨，日军死者数十人。丘军猛搏不支，败绩而退。"到7月上旬，丘逢甲义军还参加了反攻新竹城的战斗。在连日的搏战中，丘

---

[1]《中日战争》（中国近代史资料丛刊）第6册，第336页。
[2]《中日战争》（中国近代史资料丛刊续编）第12册，第104页。
[3] 同上，第72页。
[4] 丘晨波主编：《丘逢甲文集》，第257—258页。
[5]《中日战争》（中国近代史资料丛刊续编）第12册，第74页。

逢甲义军损失很大，丘国霖也不幸牺牲，精锐丧尽，使丘逢甲精神上再次受到极大打击。于是，他便率余部退往台中。后来他有《林鹫云郎中鹤年寄题蚝墩忠迹诗册追忆旧事次韵遥答》诗追忆此事道："当年痛苦割台湾，未肯金牌奉诏还。苍葛哀呼竟何事？全军退保武峦山。"自注云："割台之役，太仆（引者按：指林维源）仓卒内渡，予独抗议保台，卒乃转战支离，无成而去。武峦山，在台中。"吴德功也说："丘逢甲之勇，前扎在南嵌，亦奔回扎拣东。"[1] 拣东，今丰原潭子。可见，丘瑞甲所说"义军力御，经二十余昼夜"，还有丘逢甲复丘菽园书中所说的"旬日之战"，[2] 皆是可信的。身临是役的吴德功曰："自台北至新竹，沿途虽有铁路，而峰回路转，径仄溪深，丘壑皆可伏兵，易守难攻之地也。然台北一破，岩疆已失，日本已塭其脑而拊其背。况朝廷已下割让之诏，唐帅渡厦，绅富挟资遁逃。在籍臣民欲抗朝命，不愿纳土归降，而饷械已竭，将非凤选，兵皆乌合，虽有抱田横之志，效丹诚于旧君者，而日军统常胜之师，居高临下，讵能维持残局耶？……是役也，诸军虽不能捍卫桑梓，子弟化为沙虫，识者嘉其志，未尝不悲其遇，何敢以成败论人哉？"[3] 这是客观的历史评论。无论如何，指责丘逢甲未战先走，未免太厚诬古人了。

当时，在丘逢甲面前摆着两条路：一是整师再战；一是离台内渡。他起初是倾向于前者的。有论者根据口碑材料指出："逢甲进退俱穷，知事不可为，犹欲率众移东势（引者按：此地在今丰原东20里），再

---

[1] 《中日战争》（中国近代史资料丛刊续编）第12册，第74页。
[2] 丘晨波主编：《丘逢甲文集》，第263页。
[3] 《中日战争》（中国近代史资料丛刊续编）第12册，第68页。

入山死守，长期抗日。"[1] 但他最终选择了后一条路。其所以如此，主要有以下原因：

其一，丘逢甲已成为日军搜捕的重要对象，藏身困难。6月6日，日军占领台北的前一天，即接到杂货商人辜显荣密报，将丘逢甲列为"匪首"。其密报称：

> 本人为艋舺之杂货商，行号称瑞昌成，姓名辜显荣，原住彰化县鹿港街。现台北巡抚，于清历二十日（我历4日）夜半逃走，于同时刻该巡抚官邸起火燃烧。基隆至台北沿道无一兵勇。台北府之良民，因被土匪掠夺金银货物，殊愿总督阁下率兵拯救良民，民等将沿街树白旗欢迎阁下入台。匪徒多为新竹及彰化地方人，俟阁下入台后，逐加镇抚，必悉归良民。匪徒之首领为丘逢甲，原来系一读书人。

此见于日军侵略台湾档案。从此，日军多方侦察丘逢甲的踪迹。如从日军档案里还找到另外两份谍报：第一份，是10月9日"间谍土人"的报告："据桃仔园居民谓：丘鸿［逢］甲……正勒兵守在新竹。"第二份，是10月10日德国商人的报告："改革台湾政府之首创者为旧江头人，系一文学家（引者按：指丘逢甲），其人已逃亡南部，并正募兵图与我抵抗。"[2] 这些谍报，既证明上述丘逢甲义军在新竹一带抗敌

---

[1] 廖隆盛：《剖云行日：丘逢甲传》，《近代中国》第48期（1985年），第221页。转引翟本瑞：《丘逢甲与义军保台抗日》，《丘逢甲研究——1984年至1996年专集》，第157页。
[2] 《中日战争》（中国近代史资料丛刊续编）第12册，第74—75页。

之事不虚，也证实了丘瑞甲《先兄仓海行状》"日人搜求急"[1]之语的可靠性。时人记他为避日军之"严索"，"窜身深箐穷谷间"。[2] 在敌人搜求甚急的情况下，以其身为台湾著名人士，确实是藏身不易的。

其二，帮办吕赓虞的叛变投敌使义军难以为继。吕赓虞为丘逢甲之多年好友，1894年秋曾赞助过丘逢甲筹办义勇，丘逢甲称他"赞助之力为多"，倚之为左右手。1895年春，义军成军之初，丘逢甲请设营务处，以吕赓虞为帮办。唐景崧未许，丘逢甲为之力请，谓："其在军极为得力，不便令去。"并提出："若使全军赞助之人纷纷告退，则逢甲一人难独自办理，丛脞必多。"[3] 唐景崧碍于丘逢甲的情面，终许之。未料到为丘逢甲所厚爱的吕赓虞却叛降日人，使义军余部犹如雪上加霜。丘逢甲《重送颂臣》诗有"人情易翻复，交旧成鬼蜮"之句。自注云："指部将吕某叛降倭事。"这样，丘逢甲身边只剩下部将谢道隆一人了。就在此时，"尤有甚者，谣传唐景崧内渡前，台北曾发库银十万元担送台中，为逢甲及部将谢道隆吞没。义军或不察，信以为真，遂多逃亡，人心涣散，号令不行"。[4] 处于内外交困之境的丘逢甲，确实感到无力支撑了。

其三，也是最主要的，乃是丘逢甲深感自己无力回天，眼前又找不到像郑成功那样的伟人，实难扭转危局，只有等待时机再图恢复。早在《马关条约》签订时，他便驰书唐景崧称："浩劫茫茫，未知天心何属，于今令人思郑延平一流人不置。"[5] 他期待唐景崧能效法郑成功，

---

[1] 《岭云海日楼诗钞》，第418页。
[2] 《中日战争》（中国近代史资料丛刊）第6册，第402页。
[3] 丘晨波主编：《丘逢甲文集》，第251页。
[4] 吴宏聪、李鸿生主编：《丘逢甲研究——1984年至1996年专集》，第157页。
[5] 丘晨波主编：《丘逢甲文集》，第251—252页。

但他的希望落空了。他后来在许多诗里称颂郑成功,如《有感书赠义军旧书记》诗云:"谁能赤手斩长鲸,不愧英雄传里名?撑起东南天半壁,人间还有郑延平。"他因做不到郑成功那样的伟业而自愧,称自己是"腐儒"(《读史书感》、《怀秋》),以此进行自责。他还仰慕马援,"重使交趾复"(《和晓沧买犊》),更希望世间真有虬髯客这样的传奇人物,"未必扶余属别人"(《有书时事者为赘其卷端》)。既然在现实中还没有出现郑成功一流人物,自己在台湾又已难有所为,就不能不考虑另外的出路了。"此间非死所,能不变计亟?"(《重送颂臣》)"人生只一死,死况忠孝全!"(《重九日游长潭》)在他自觉不能忠孝双全的情况下,只有尽孝之一途了。因为"亲在谋所安,况乃虏烽迫"(《重送颂臣》),手下唯一的旧部谢道隆也极力劝说,他终于决定离台。此时,丘逢甲仍希望于有朝一日卷土重来,规复台岛,于是写下"卷土重来未可知,江山亦要伟人持。成名竖子知多少,海上谁来建义旗"(《离台诗》)的诗句,而奉父母由梧栖港登舟内渡。多少年后,他还一直以复土雪耻自誓,《再叠前韵》诗云:"卷土重来心未已,移山自信事非难。……地老天荒留此誓,义旗东指战云寒。"所以,丘瑞甲《先兄仓海行状》所说"先兄知事不可为,乃回台中,与先考妣仓卒内渡"[1]的话,是符合实际情况的。

根据以上所述,可知丘逢甲是矢穷内渡,而绝不是未战先走。论者或将他与毫不抵抗而仓促内渡的唐景崧、林朝栋、杨汝翼等人相比,是完全不恰当的。

---

[1] 《岭云海日楼诗钞》,第418页。

三、丘逢甲"挟款以去"辨诬

一般论者指责丘逢甲,主要是"未战先走"和"挟款以去"两个问题。所谓"未战先走",现已证明并不真实,那么,"挟款以去"是否事实呢?对此,需要进行一番考辨。

"挟款以去"说来自连横所著《台湾通史》之《丘逢甲传》,称:

> 丘逢甲任团练使,总其事,率所部驻台北,号称二万,月给饷粮十万两。……日军迫师球岭,景崧未战而走,文武多逃,逢甲亦挟款以去,或言近十万云。[1]

前言"月给饷糈十万两",后谓"挟款已去,或言近十万",上下对应,给人以真实之感,便不去察其真伪。但是,他并未拿出证据来,且又加上"或言"二字,显然是得自传闻。此事流传甚广,读者耳熟能详,久而久之,更不再去考虑什么"或言"了。连横以前,在文字中涉及此事的时人有四位:

(一)易顺鼎《魂南记》:"时守台中之道员林朝栋、杨汝翼、主事丘逢甲,皆拥巨资,弃师潜逃。"

(二)吴德功《让台记》:"丘逢甲之勇前扎在南崁,亦奔回扎拣东,各领银饷三个月。"

(三)思痛子《台海思痛录》:"奏派在籍兵[工]部主事丘逢

---

[1] 连横:《台湾通史》下册,第721页。

甲广募民兵，以辅官兵不逮，称为义勇统领……营官不领薪水，逢甲月支公费数百金，兵则食数军之半饷，器皆取给于官，或听民自捐。不立营垒，无事安居，有事候征调。数月之间，逢甲领去官饷银十余万两，仅有报成军之一禀而已。"

（四）洪弃生《寄鹤斋诗话》："昨年时事破碎，（逢甲）闻唐抚弃台西遁，已遂弃义军仓皇渡海，军饷不发，家屋尽被部下所焚。"

他们的这些记述，也就是连横"或言"的来源。然对其稍作检阅，便可知绝不可轻信。

为什么这样说呢？因为以上引语在关键之处皆用疑似之词，甚至自相矛盾。如《魂南记》说的"巨资"，是军饷还是私产，却不明言。谢汝诠《进士丘逢甲先生》诗有"家资席卷随唐遁"之句，其后又撰《乙未抗日什记》一文，注说："家资席卷云者，以丘师只收拾家财，别无所取。"[1] 丘逢甲不过中产之家，即使席卷家资也不能说拥有"巨资"，可见其夸张不实也。《寄鹤斋诗话》所说的"军饷不发"是军饷不继还是扣而未发，也并不作出明确交代。丘家房屋被焚是实，却不是丘逢甲部下所焚，而是日人所为。[2] 一言之差，既错怪了前人，又误导了后来者，贻害甚大，为文岂可不慎！《让台记》和《台海思痛录》所记领饷事，连时间都十分含糊，难以令人置信。后者更是出奇，既然兵勇"无事安居"，怎么还要食"半饷"？既然，"营官不领薪水，逢甲月支公费数百金"，怎么几个月就"领去官饷银十余万两"？可见，"挟款以去"说并无真实材料，只是道听途说，不加详考，任意臆测，

---

[1] 《丘逢甲与台湾历史文化学术研讨会文集》，第104页。
[2] 《岭云海日楼诗钞》，第418页。

缀而成文，极不严谨，何足凭信？这几位作者皆应在前贤之列，相信绝不会有意诬枉丘逢甲，而是由于他们根本不掌握真实的第一手材料的缘故。请注意：他们虽是当事人，却又是局外人也。不过，这个前人无法弄清楚的问题，今天根据已经掌握的材料却有可能解决了。

首先，不妨先了解一下义军是何时开始领饷的。丘逢甲开始招募义勇，是在1894年秋季。他的乙未诗稿有一首《菊花诗》："去年菊花时，奔走为戎装。枕戈待旦心，力筹保鲲洋。"即指此而言。但当时的义勇并无正式的编制，也无粮饷可领。唐景崧在是年10月28日的奏稿中说得很清楚："臣于闻警之初，即商邀在籍工部主事丘逢甲，遴选头目，招集健儿，编伍在乡，不支公帑，有事择调，再给粮械。现台湾府所属四县已挑集一万四千人，编为义勇二十六营，造册前来。南北两府，并令丘逢甲一体倡办。该主事留心经济，乡望式符，以之总办全台义勇事宜，可以备战而固民心，于防务不无裨益。"[1]与《台海思痛录》系私人记述不同，此乃官方正式文件，理应以此为准。可知当时招募义勇只是"遴选头目，招集健儿，编伍在乡，不支公帑"，以备"有事择调"而已。这种局面维持了半年有余，直到夏历三月初（3月下旬），丘逢甲由唐景崧奏准改刊"统领各路义军关防"，才是义军有正式编制之始。亦即从此以后，义军始有粮饷可领。《台海思痛录》作者由于不了解其体制变化，将义军成立以前和以后的情况混为一谈，以致引起后人的误会和费解。

其次，还要看一看义军支领粮饷的实际情况。如果说夏历三月义军才开始支领粮饷的话，那么，到唐景崧于五月二十日（6月4日）

---

[1]《清季中日韩交涉史料》第6卷，第3888页。

离开台北也只有不到两个半月的时间。按当时通用的湘淮军饷章，每营饷银大建月支 2892.20 两，小建月支 2802.46 两。还有一条规定："哨官以次，均以日算，奉扎招勇，未经大营点名，其勇丁、勇夫，均有小口粮。至大营，上宪委员点名后，始起支大口粮。其小口粮之制，勇丁、勇夫一律每名给制钱 100 文。"[1] 当时钱价涨落不定，按法定比价计算，约合银 1.4 钱。丘逢甲仿湘淮军编制，而营哨规模缩小，创建"小营"之制。所谓"小营"，就是每营正勇 280 人，与湘淮军规定每营正勇 336 人，减少近两成。所以，他要求唐景崧拨款每月每营按 2000 两之数支给。[2] 但是，唐景崧未予允准。当时，丘逢甲统领义军共 10 营，其中自带 5 营，即诚字 3 营、靖字 1 营、捷字 1 营；信字 3 营，由丘逢甲之兄先甲分带；良字 2 营，由进士陈登元分节。从现存的有关资料看，除良字 2 营外，其余 8 营粮饷皆由丘逢甲经手支领。试看丘逢甲致唐景崧函称："靖字营借饷外，请另借八千两，五千济本军之急，以三千给家兄带往防地也。"[3] 丘逢甲自带五营分 5000 两，丘先甲分带 3 营分 3000 两，每营各 1000 两，一月之饷也。可见，《台海思痛录》所记义勇"兵则食数军之半饷"，是对的。今满打满算，8 营义军支领了两个半月的粮饷，共计 2 万两。即使像《让台记》所说那样，丘逢甲"各领银饷三个月"，也才合计 2.4 万两。何况这些饷银都要及时分发到各营，丘逢甲怎么可能有 10 万饷银可挟呢？

复次，还必须考察卷饷之谣的来由。尽管丘逢甲挟饷 10 万两以去

---

[1] 罗尔纲：《湘军兵志》，中华书局 1984 年版，第 114 页；《晚清兵志》卷一，《淮军志》，中华书局 1997 年版，第 39—40 页。
[2] 丘晨波主编：《丘逢甲文集》，第 244 页。
[3] 同上，第 246 页。

为不可能之事，那么，关于"数月之间，逢甲领去官饷银十余万两"的谣传真是凭空而来吗？据丘琮《怙怀录》说："挟饷之谣，实由叛将吕某为倭捏倡也。"[1]"吕某"，即吕赓虞。吕赓虞的背后是日本人，可知是日本人导演了这次造谣活动，其目的是败坏丘逢甲在社会上的声誉，使之威信扫地，以瓦解义军。人们或不知真相，故反为日本人所愚。尽管如此，也确有巧合之事，更加重了丘逢甲卷饷的嫌疑。时人姚锡光《东方丘事纪略》称，唐景崧就任时，台湾藩库尚储银 40 万两，到去时仅存银 24 万两。[2] 这 16 万两白银的下落竟成了历史之谜。于是，人们很容易将此事与丘逢甲领饷 10 余万的讹传联系起来，成为一个很难说清楚的问题。正由于此，有论者认为："在兵马倥偬中要证明丘氏卷逃相当不易，反过来要丘氏自己证明自己未卷逃则是事实的不可能。后人更不可能证明其是否曾经卷逃。因此，讨论这个问题不可能有结果，也无实质意义。"[3] 更有论者认为，"这一历史公案实无讨论之必要"，不如任其"说者自说，疑者自疑"。[4] 事实上，问题不见得就到了不可解决的程度，关键是能不能查到这 16 万库银的真正下落。兹据当时日本间谍的侦察报告，可知在 6 月 4 日夜，唐景崧离台北后，于 5 日凌晨 1 时"带兵官四百人，逃至沪尾，居民得悉，乃鸣锣予以追击。唐逃上轮船，沪尾居民追之码头，放枪击之。一小时后，沪尾之王统领追至船上欲杀唐，唐涕泣求命曰：'余将赠足下十六万两。'终购得一命。"[5]"轮船"，指德国商船鸭打号（Arthur）。"王统

---

[1] 转引徐博东、黄志平：《丘逢甲传》修订版，时事出版社 1996 年版，第 301 页。
[2] 《中日战争》（中国近代史资料丛刊）第 1 册，第 93 页。
[3] 吴宏聪、李鸿生主编：《丘逢甲研究——1984 年至 1996 年专集》，第 199—200 页。
[4] 《丘逢甲与台湾历史文化学术研讨会文集》，第 87 页。
[5] 《中日战争》（中国近代史资料丛刊续编）第 12 册，第 199 页。

领"当是驻沪尾的定海营统领王佐臣，因为据日军驻台陆军参谋部调查，当时台北至沪尾一带的清军只有这一位姓王的统领。[1]唐景崧在此危急时刻，不得不答应将在此以前已经汇走的16万两银票交给王佐臣，以换取一条活命。又据淡水关税务司马士（H.B.Morse）给总税务司赫德（Sir Robert Hart）的报告，王佐臣既拿去16万两的银票，又强行搬走了船上"海关银号人员携带约三万两现银"，"在军队内悄悄瓜分。可是他们还嫌这个数目不够，就将海关委员从船上带走"。[2]后经陈季同出面斡旋，由海关凑足5000银元，又在德舰"伊尔提斯"号的护卫下，唐景崧一行才得以于6日上午8时30分乘"鸭打"号驶出港外。这终于揭露出台北16万两库银下落的秘密。

或者有论者要问：仅凭唐景崧"余将赠足下十六万两"这句乞求饶命的话，怎么就断定这跟藩库短缺的16万两白银是一回事呢？其实，唐景崧盗走库银的事，在当时的台北已是公开的秘密。英国驻淡水领事金璋（Lionel Charles Hopkins）于1895年4月24日写给其驻北京公使欧格讷（Nicholas R. O'Conor）的报告称："据我所知，自从割让台湾的消息传来以后，人们便普遍完全错误地怀疑包括巡抚在内的官员们企图偷偷逃往大陆，更为严重的是，他们相信通过敛取税金得来的政府财款也将被运走。"[3]这种怀疑只是胡乱猜测，还是确有其实呢？这样隐秘的事情，虽然可能瞒过外人，但绝瞒不了抚辕亲兵。不久，果然发生了大闹抚署的事，其为首者正是原抚辕亲兵李文奎。"李

---

[1]《中日战争》（中国近代史资料丛刊续编）第12册，第516页。
[2]《中国海关与中日战争》，中华书局1983年版，第236页。
[3] British Documents on Foreign Affairs-Reports and papers from the Foreign Office Confidential Print, part I, Series E, Vol. 5, *Sino-Japanese war and Triple Intervention, 1894-1895*, Bethasda, University Publication of America, 1894, p. 356.

文奎者，原直隶保定游匪，从淮军渡台，得保外委，充抚辕亲兵。"[1] 后来可能被借故与其他 5 名亲兵一起革职，[2] 因而怀恨在心。4 月 22 日这天，唐景崧命婿余某送母内渡，由亲兵沿途护卫。署衙守卫单薄，李文奎便带领一伙人冲进，杀中军副将方元良及亲兵等共 7 人。福建水师提督杨岐珍闻讯，及时率兵弹压，才平息这场骚乱。然而，唐景崧不但不惩办乱首，反而"令充营官以安之，令募缉捕一营"。[3] 这样的处理，不禁令人百思不得其解。唯一的解释，只能是唐景崧为掩盖盗银的隐私，用这种办法来堵住李文奎的嘴。

这种推测对不对呢？据 4 月 29 日金璋向欧格讷续报的 4 月 22 日骚乱情况：当天晚上，城里还贴满了告白，号召"袭击拉普莱克—贾士公司（Messrs, Lapraik, Cass, and Co.），因为他们负责保管巡抚前不久存放在那里的 20 万块银元，而这笔钱现已转移到神户去了。这就是造成本周局势动荡不安的根源之一"[4]。可见，李文奎闹事的一个重要原因，就是因为唐景崧将 20 万银元由外国商人经手汇到日本神户去了。当时，有多种外国银元在中国流通，其中墨西哥银元最为常用。墨币俗称"鹰洋"，自 1854 年流入中国后，逐步成"为中国主要流通货币，约 60 年"。墨币行使最普遍的地区为华东及华南一带，台湾流通的银元当即鹰洋。关于外国银元与银两的比值，冯桂芬说过："往常谓洋银重七钱三分，实银六钱五分，余铅八分，中国行用辄当八钱以上。"[5] 尽管鹰洋在中国市场的价格涨落不定，但一般不会低于 8 钱。

---

[1] 《中日战争》第 1 册，第 92 页。
[2] Sino-Japanese War and Triple Intervention, p. 357.
[3] 《中日战争》第 1 册，第 92 页。
[4] Sino-Japanese War and Triple Intervention, p. 410.
[5] 魏建猷：《中国近代货币史》，群联出版社 1955 年版，第 107、122 页。

20万鹰洋正合白银16万两之数。金璋的报告与日本间谍的报告不谋而合，而且连数目也分毫不差，恰好相互印证。

至此，事情的真相业已大白：原来，这16万两库银早被唐景崧汇走，如今手中的银票又成了他的保命钱，不想竟讹传为丘逢甲"挟款以去"，他无端背此恶名，岂不冤哉枉也！

四、结论

基于以上所述，对于丘逢甲离台内渡的问题，可以得出以下几点认识：（一）唐景崧于1895年6月6日离台后，丘逢甲并没有随之内渡，而是回到义军驻地南崁。随后，他带领义军辗转于新竹一带，后又撤至拣东。及见事不可为，乃于7月25日奉父母内渡。（二）在此期间，丘逢甲诚字、靖字等营与其他义军配合，屡次与自台北南下之日军作战，其著者有大战大湖口、反攻新竹之役，兵虽败而功不可没。（三）丘逢甲支领义粮军饷顶多3个月，合计不过2万余两，本已拮据，捉襟见肘，何来10万两可卷？据考察，台北藩库所少的16万两，乃是被唐景崧汇走，绝非丘逢甲领去，他完全是清白的。丘逢甲"挟款以去"说可以休矣！

原载《学术研究》2000年第10期

屈大均与《广东新语》

来新夏

屈大均原名绍隆，或作邵龙，以出生地自号翁山，一号冷君。广东番禺人。明崇祯三年（1630年）生，清康熙三十五年（1696年）卒，年六十七岁。近人涂宗涛氏曾据《翁山诗外》撰《屈翁山生日考》一文，考订翁山生日为明崇祯三年九月初五日（1630年10月10日），全文载广东《学术研究》1980年第2期。

撰者为明诸生。清兵围广州时，削发为僧，法号今种，字一灵，又字骚余，时年二十一岁。他一生不仕清朝，时释时儒，为清廷所嫉。乾隆四十年十一月初十日上谕中曾"指斥"屈大均等的隐遁行为说："金堡、屈大均辈之幸生畏死，诡托缁流，均属丧心无耻。若辈果能死耶，则今日亦当在予旌之列，乃既不能舍命，而犹假语言文字以自图掩饰其偷生，是必当明斥其进退无据之非，以隐殛其冥漠不灵之魄。"（《史忠正公集》卷首，《丛书集成初编》本）

撰者性好游历，曾北游京师，周览辽东，西涉山陕，与顾炎武、朱彝尊、阎若璩、毛奇龄等都有往还。他是清初的岭南名诗人，王士祯曾称道他的诗作说："翁山之诗，尤工于山林边塞，一代才也。"（《池北偶谈》卷十一《粤诗》）

清初的另一诗人杜濬（于皇）在所著《变雅堂文集》卷一有《复屈翁山书》，盛推屈氏风骨，称许他是鲁仲连之流，"有骨有识，足以继武古人"。

屈大均的生平，除自撰《生圹自志》（《翁山文外》八）外，《清史稿》卷四八九、《国朝先正事略》卷三八、《文献征存录》卷十及《清代学者像传》卷一都有他的传记，可供参读。

他所著的《广东新语》二十八卷是清人笔记中的名著。它介绍了广东地方山川、物产、风俗、气候各方面的情况极为详备。清初学者潘耒（次耕）为《新语》所写序言中曾说："考方舆、披志乘，验之以身经，征之以目睹，久而成《新语》一书。"可见翁山不仅从文献记载中搜辑，而且又经实地考核验证，然后写录，其可信程度自较一般耳食者为高。

潘耒又评论这部书的价值说："游览者可以观土风，仕宦者可以知民隐，作史者可以征故实，摛词者可以资华润。视《华阳国志》、《岭南异物志》、《桂海虞衡》、《入蜀记》诸书，不啻兼有其美。"

这段话乍读似感对《新语》扬之甚高，然循读一过，又感到次耕确非虚谀。钮琇所撰《觚剩》卷八有《著书三家》一则称赞《新语》说："著书之家，海内寥寥。近惟《日知录》、《正字通》、《广东新语》三书，可以垂世。"钮氏以《正字通》相比，似拟于不伦，但却可见《新语》的初时所重，固不独次耕的称誉。

书前有自序，设为问答之词，叙述书宗旨和缘由。翁山自称其书的始作是："予尝游四方，阅览博物之君子，多就予而问焉。予举广东十郡所见所闻，平昔识之于己者，悉与之语。语既多，茫无头绪，因诠次之而成书也。"

翁山复自述其书之所以名《新语》的缘由说："吾闻之君子知新。

吾于《广东通志》，略其旧而新是详。旧十三而新十七，故曰《新语》。"

这说明撰者系以厚今薄古的意趣，作《广东通志》的补篇。《广东新语》和翁山其他著述《翁山易外》、《有明四朝成仁录》、《翁山文外》和《诗外》，合称《屈沱五书》。

《广东新语》二十八卷列二十八语，即天、地、山、水、石、神、人、女、事、学、文、诗、艺、食、货、器、宫、舟、坟、禽、兽、鳞、介、虫、木、香、草、怪等二十八类。各以类相归，辑录有关资料，虽间有诡异玄怪之说，但大部分可供参证。其涉及方面之广，内容采录之富，诚为地方风土著述中的上品。其记事之后常系以叙事诗，语核意深，可称诗史。

《广东新语》不仅可供地方史研究之用，而其所记多偏于社会经济，对研究清初社会经济状况有足资取材之处。其于农业，尤重经济作物和特产，对莞香、蒲葵、甘蔗、龙眼、荔枝等的种植和经营都详其原委，如记顺德陈村情况说："顺德有水乡曰陈村。……居人多以种龙眼为业，弥望无际，约有数十万株。荔枝、柑橙诸果居其三四。比屋皆焙取荔枝、龙眼为货，以致末富。又尝担负诸种花木分贩之，近者数十里，远者二三百里。他处欲种花木及荔枝、龙眼、橄榄之属率就陈村买秧。又必使其人手种博接，其树乃生且茂，其法甚秘，故广州场师以陈村人为最。"（卷二《地语·陈村》）

又记经济作物的普遍生产说："广州诸大县村落中，往往弃肥田以为基，以树果木。荔枝最多，茶、桑次之，柑、橙次之，龙眼多树宅旁，亦树于基。"（卷二二《鳞语·养鱼种》）

书中对手工业的记载，如石湾陶业、佛山冶业等都借时谚所谓"石湾缸瓦胜于天下"和"佛山之冶遍天下"等来说明器物精良，遐迩

畅销。(卷十六《器语》)

名产和特产往往引起贪吏的虎视,千方百计地勒取垄断以牟私利,陷民于水火。如记香柚之被勒取说:"有香柚者出增城,小而尖长,甚芬郁,入口融化。……近为贪令所苦。每出教,取至万枚,需金以代,今树亦且尽矣。柑亦橘之类,以皮厚而粗点及近蒂起馒头尖者为良。产四会者光滑名鱼冻柑者,小民供亿亦苦,柑户至洗树不能应。"(卷二五《木语·橘柚》)

广东地处滨海,物产阜丰,因之商业繁盛。广州便是一座"天下商贾聚焉"的名城,而濠畔街更是中外贸易的中心点,其繁华景象是:"当盛平时,香珠犀象如山,花鸟如海,番夷辐辏,日费数千万金。饮食之盛,歌舞之多,过于秦淮数倍。"(卷十七《宫语·濠畔朱楼》)

由于贸易繁兴,利之所趋,地方官吏多利用搜刮所得插手其间,商人则凭借其多金而溷入官场,遂出现官商一体的怪现象。《新语》即痛陈其事说:"今之官于东粤者,无分大小,率务朘民以自封,既得重资,则使其亲串与民为市,而百十奸民,从而羽翼之,为之垄断而罔利。于是民之贾十三,而官之贾十七。官之贾本多而废居,易以其奇矣。绝流而渔,其利尝获数倍。民之贾,虽极其勤苦而不能与争,于是民之贾日穷,而官之贾日富。官之贾日富而官之贾日多,偏于山海之间,或坐或行,近而广之十郡,远而东西二洋,无不有也。民贾于官,官复贾于民,官与贾固无别也。官与贾亦复无别,无官不贾,而又无贾而不官。民畏官亦复畏贾;畏官者以其官而贾也;畏贾者以其贾而官,于是而民之死于官之贾者十之三,死于贾之官者十之七矣。"(卷九《事语·贪吏》)

《新语》尚记述地主阶级强占增生沙田及抢夺农民禾稼的霸行说:

"粤之田，其濒海者，或数年，或数十年，辄有浮生。势豪家名为'承饷'，而影占他人已熟之田为己物者，往往而有，是谓'占沙'。秋稼将登，则统率打手，驾大船，列开张旗以往，多所杀伤，是谓'抢割'。斯二者，大为民害。"（卷二《地语·沙田》）

至于民间习俗亦有所记，如："凡村落人奴之女，嫁日不敢乘车，女子率自持一伞以自蔽。"（卷十二《诗语·讴歌》）此虽似记村俗，实则反映等级森严的阶级关系。

群众反抗斗争也多有记述，如卷七记群众斗争的组织形式说："粤中多盗，其为山盗之渠者曰'都'。'都'者多资本，有谋力，分物平均，为徒众所悦服，故曰'都'。每一营立，远近无赖者踵至，曰'签花红'。骁勇者曰花红头目，自六老以至十老，自先锋一以至先锋十，悉以十人为一曹，十人满则更一名号以相统。"（《人语·盗》）"凡贼有大总、二总至于五总。亦曰满总、尾总。分哨为哨总。禽总，演禽者也。书总，掌书记者也。旗总，职志者也。纪纲诸事曰长干。众贼曰散班。其上有甲头。合数群有都总。凡大总死，谋所以立，建所授皇旗，束以青茅，以次拜旗，拜而张则立之矣。"（《人语·永安诸盗》）

《新语》记明中叶广东地区黄萧养领导的农民起义事迹颇详。如记其起事及声势说："黄盗名萧养，初为盗下狱。……越狱纠集战船数百艘，直犯广州。海寇之雄，莫过萧养。"（卷七《人语·黄盗》）

诸如上述各种史料，都有裨于研史者参证。《广东新语》一书在清人笔记中当称上乘。

是书有康熙庚辰（三十九年）木天阁刊本。

原载《学术研究》1985 年第 1 期

史学与史家
——《史学新论》之二

田昌五

一

历史学是在历史学家的作坊里完成的,但历史学家的创作场景并不在历史学家的作坊里,而是人类社会的全部历史。人类社会的历史包罗万象,就看历史学家如何取景进行创作了。历史学有不同的范型,不同范型的历史学首先是由历史学家如何取景决定的。例如,只取历史上的精英人物,就只能创作出英雄传记;只取政治事件,就只能创作出政治事件史;只取某一事类,就只能创作出单一的叙事史;如此等等,不作备举。马克思主义历史学要求我们摄取人类历史的全部场景,从总体上把握人类社会的历史,包括人类历史活动和社会生活的各个方面,把人类历史尽可能全面地再现出来。记得马克思说过这样的话,我们只知道一门科学,这就是历史科学。历史可分自然史和人类史。研究自然史,是各门自然科学的任务;研究人类史,是各门社会科学的任务。由此可见,社会科学的各门学科所研究的是人类社会的各个方面,而历史学科所要求的是从总体上研究人类社会历史的全过程。作为马克思主义历史学家,必须有全面考察并把握人类社会历史的能力。不具备这种能力,是不可能成为一个名副其实的马克思主义历史学家,创作出合格的马克思主义历史著作来的。

对人类历史,可以作纵向考察,也可以作横向考察。横向考察,就是要研究人类社会各个方面,这是要由相关的社会学科来帮助完成的。如经济学、人口学、文化学、政治学、民族学、社会学、伦理学,等等。纵向考察,就是上下贯通,古今贯通,研究人类历史的由来、发展阶段、从历史到现实的演变和未来的历史走向。人类历史好比是一条巨大的长河,有主流、有支流、有湖泊、有港湾,曲曲折折,倾泻而下。所谓纵向考察,是就历史的主流而言的。马克思主义历史学的根本要求,是把握历史的主流,同时兼顾其相关的支流、湖泊、港湾,等等,即进行全流域考察。因此,作为马克思主义历史学家,就必须具备多学科的知识,对人类社会的历史进行多方面多层次的研究,包括自然界的变化对人类历史进程的重大影响。例如,地球板块结构的变化,冰期和间冰期大气环流的变化,等等。不具备多学科的知识,特别是和历史学科有亲缘关系的那些学科,只凭从书本上抄来的几个公式和一些理论标签,再找一些材料,相互捏合在一起,是不可能成为一个真正的马克思主义历史学家的。举两个例子来说吧!

研究中国古代社会,除古文献之外,还必须具有考古学、古文字学、民族学以及其他相关学科的知识。不具备这些知识,只凭手中的一点可怜的材料和从马克思恩格斯全集中抄来的几句话或从马克思主义二道贩子那里搬来的公式,能对中国古代社会进行全面的科学研究吗?我所以推崇郭沫若对甲骨文和金文的系统整理和考释,是因为没有一位马克思主义历史学家能像他那样对材料下过这么大的功夫。有人认为郭沫若轻视文献，甚至认为他用的文献材料是从别人那里抄来的。岂不知，郭沫若青年时代是熟读过经书的。

再如中国经济史，除经济学的知识外，还应有人口学、资源学、财政学、货币学、商业学、法学以及其他相关学科的知识。不具备这些知识，仅凭一大堆材料和对生产力与生产关系的简单理解或受斯大林歪曲的生产力与生产关系的理论，能对中国经济史进行全面的科学研究吗？为什么直到现在还没有一部较好的中国社会经济史呢？材料不足是一个原因，更重要的是我们始终没有摆脱所谓奴隶制、封建制；不发达奴隶制、发达奴隶制；领主封建制、地主封建制、封建农奴制、封建租佃制等为框架的公式经济体系。

举一反三，不多说了。即此可见，作为一个马克思主义历史学家，不具备多学科的知识，是不行的。要想成为马克思主义历史学家，就必须具有多学科的知识。当然，历史学家并不一定是其他学科的专家，但由此并不能说，历史学家不需要其他学科的知识。从某种意义上说，历史学科可谓交叉学科。这是由人类历史本身的特性决定的。我曾经说过，历史是一部百科全书，故而历史学身兼百科。人类历史的发展不只是有点、有线，还有纵横交错而成的面。为什么直到现在历史研究多点与线性研究，而很少全面的系统研究呢？这是值得我们深思的。

但应注意，历史学科并不是一门综合学科。作为马克思主义历史学家，具备多学科的知识，对历史进行多学科的交叉研究，尽管是必要的，然而又是远远不够的。如果我们仅仅对历史进行综合研究，历史学很可能成为杂学。这样，历史学家就要成为杂家了。真正的马克思主义历史学家绝不是杂家。其所以然者，在于马克思主义历史学家能抓住历史的主流，在历史长河的主航道中行进，通古而及今，由今而知来。这是马克思主义历史学家能够做到而其他历史学家所做不到的。他们也可以有自己的体系,但他们不可能有科学的历史体系。为什么呢?

前面我们把中国历史比作一条巨龙,这条巨龙的龙脉是什么呢?我们必须抓到这条线索。抓到龙脉,这条巨龙就活起来了。只抓龙须,不行;只抓龙爪,也不行;只看到龙鳞,更不行。具体地说吧!

我将中国历史划分为洪荒时代、族邦时代、封建帝制时代。这三个时代各有其主脉。如洪荒时代,其主脉是从生物人到社会人的衍化过程。或者说,最初的人猿是如何从生物圈中走出来,跨进人类历史轨道。这是一个极其漫长的历史过程,时间以数百万年计。如果划分几个阶段,则是:生物人阶段,能人阶段,直立人阶段(即猿人),智人阶段。智人阶段又可分为早期智人和晚期智人。晚期智人已经和现代人无甚差别了。我不用石器为线索,也不用劳动为线索,因为总的看来,这个时代的人类还处在生物圈中,进行生存竞争,人类是靠生存竞争诞生于世的。

族邦时代的历史主线是什么呢?曰:宗族的兴衰隆替。据此,我将这个时代分为四个时期:万邦时期(尧、舜),族邦联盟时期(夏代),族邦体系形成和建立时期(商、周),族邦体系瓦解和宗族全面衰亡时期(春秋至战国初)。

封建帝制时代的历史主线是什么呢?曰:三次历史大循环。其表象是三次分裂和统一,其基础是土地关系的三次大循环(小循环不算)。这三次大循环包括诸多方面,各有起讫,就不在这里多说了。我反对按朝代编写中国历史,或者按朝代分段编写中国历史,因为朝代的更迭不足以反映中国历史的规律。我也不赞成按其他线索和文化传统来编写中国的历史，因为这不是中国历史的主线。

依据上述规律，中国已经迈入它的第四次大循环，即以市场经济为基础的大循环。中国将由此以新的姿态走向世界。这，就是我提出的通古及今的中国历史发展体系。

我不敢说已经完全抓住了中国历史的龙脉，但我敢说，在运用多学科的知识研究中国历史时，必须抓住中国历史的龙脉。如此，才能纲举目张，弘扬历史主旋律，兼有多样化，把中国历史有筋有骨有血有肉地谱写出来。否则，历史的主流将被淹没，变得杂乱无章，好像一大块漫无边际的混交林，即使能走进去，也是出不来的。作为马克思主义历史学家，必须具备处置历史学科和其他相关学科的交互关系的能力。

二

人类历史的场景是无法再现的。这是因为，历史的场景多半是一次性的，时过境迁，原来的场景就不复存在了。比如说，现存的高级类人猿还能不能进化为人呢？不能。因为，现在已经没有从生物人衍化为社会人的场境了。我是相信有野人存在的。所谓野人，就是从生物人到社会人的衍化过程中落伍的人。落伍之后，失去境遇和时机，就再也无法衍化为社会人了。我曾经说过，中国历史上只能有一个孔夫子，一个秦始皇，在汉代去找先秦儒家或法家，纯属白费气力。说句不客气的话，这叫瞎子点灯，白费蜡！我认为，郭沫若是中国马克思主义史学的开创者和奠基人，是因为他打响了中国马克思主义史学的第一炮，而且这一炮打得很出色，很有生气。如晴天霹雳，振聋发聩,令中国史坛别开生面。现在有些人再说长道短,还是得沿着郭沫若开拓的马克思主义史学方向前进。这是历史,不服不行。譬如说,八一南昌起义打响了武装反抗国民党的第一枪,有谁能否认呢?对历史事实,必须有历史主义的态度。不能抹杀,不能歪曲,不能夸大,不能缩小,搞非历史主义。更不能口中念念有词,大谈特谈历史主义,但做起来却违背历史主义。马克思主义历史主义必须以事实为依据,离开事实,空谈历史主义,终不免于非历史主义。作为马克思主义历史学家,必须是实实在在的马克思主义历史主义者。

但是,人类历史的场景又是不能重现的,这该如何是好呢?我看别无他途,只有老老实实去搜寻人类历史的场景的遗迹和遗物了,这些遗迹和遗物,有载诸典籍的,记录在案的,是谓历史文献;有典籍失载,散失在各个角落的,是为史料。广义的史料可包括历史文献,但不限于文献,而是一切能够见到的东西。包括口碑史料、私人传记、航海记、旅游记,等等。可以这样说,史料是无所不包的,任何历史遗迹和遗物,不管是见诸文字的和文字所无的,都是史料。我们应当重视史料搜集整理的工作,并学会运用现代科学所能提供的一切手段和方法去搜集和整理史料。只有这样,我们才有可能恢复已逝去的历史场景,把过往的历史再现出来。治史不等于治史料,但不治史料是无从治史的。治史料不应有什么先验的框框,如什么大胆假设和小心求证之类,只需把用科学方法搜集到的史料加以科学整理就行了。如果在收集和整理史料时预设这类框框,按这类框框收集并整理史料,还谈什么科学性和客观性呢?人类的历史活动不可能按我们的假设来进行,自然不会按我们的假设留下史料来。把自己的假设加诸古人,或者说加诸古人留下的史料,在治史料时候就难免主观主义,更不要说按自己的假设来治史了。我们在治史料时不应有这类前提，而应以无条件地恢复人类历史活动的全景为宗旨。人类社会活动是多方面的，对收集到的史料也要按不同的系列进行整理。治史是史学家的工作，治史料同样是史学家的工作。人人都能治史，就用不着史学家了。治史须要史家有治史的能力，治史料同样须要史家有治史料的能力。例如，辨别史料的能力就不是任何人都能具备的。史学家这种能力是主观性的，不是史料本身所具有。所以，说治史料用不着史家的主观认识，这是自欺欺人之谈。问题在，史家的主体认识是不是和客观相一致，如果彼此相一致，这种主体认识就应该说是客观的、科学的；反之，则是不客观、不科学的。作为马克思主义历史学家，不仅应当重视史料的收集和整理工作，而且要力求提高自己治史料的科学识辨能力和综合能力。这样，在治史料时，主体认识和客体就可处于一致的状态，要恢复历史场景，进行历史创作，就比较好办了。

当然，把史料整理好，只是完成了治史的初级工作。从历史学家的工作程序来说，可称第一道工序。第一道工序是很重要的，没有这一道工序，就动手治史，只能在史学阵地上打零工，搞点小打小闹的活计，是不可能对历史学科有所建树的。打零工有时也能出真活，关键在于所用材料和解说是不是准确无误。如果用的是不经审核的二手资料，拼凑成书，生产出来的就很可能是残次品了。天下文章一大抄，此之谓也。不过，这样的人是谈不上历史学家的。这样的文章，这样的书，写得再多，也只能算个历史杂家。专家之文，必成系列；专家之书，必有体系。杂家则不然，无一定之规，无一定之见，东拼西凑，铺陈成文，理把成书，只费功夫，不费心血，章法虽可，但无真知灼见在其中焉。

治史不能没有史料，史料必须加工，而后才能成文，才能成书。对搜集到的史料，按其类别，分类排比，归纳成文，合成文集；或按事类系统归口，考其源流，连贯叙述，作为专著。此类著作，可称专家矣。因此我们说，专家之文，必成系列；专家之书，必有体系。系列者，对史料分类排比归纳之系列也；体系者，事类之系统考释连缀叙述也。能为此者，要花功夫，也费心思；文有规矩，书有条理，足备一格，非专家不足以成之。这类专家，也有层次，有文有书，是其高档者。但其高档者，也不过能按事类连缀成书而已。

历史专家和所有专家一样，都是可贵的。贵在其专，贵在其精，贵在其独具一格。然而，历史专家又是有局限的，限于一格，专于一偏；只知有此，不知其他。较之历史杂家，他们自有其出类拔萃之处。杂家之短，在于其博杂而缺少精品。文章一大箩，拳头之作不多。书籍一大堆，传世之作绝少。样样俱全，样样平平。他们不是一专多能，而是无一专者。开杂货铺，制售的全是大路货。当然，杂家也有其可取之处，作个编书匠或教书匠，可胜于专家。

在历史学家中，其上乘者要数大家。大家治史，在一个自然历史时段里，能抓住主流，进行全流域考察，其为文也，必着眼于要害环节，条分理析，破疑解难。如此成集，自成系统。其为书也，必有主线，层层展开，面面剖析。为文为书，都以恢复这个时段内的社会构成和社会整体为指归。我对中国古代社会的研究，就是力图这样做的。结果如何？不敢自必。但我认为，这样进行研究，就认识论和方法论来说，是无可非议的。我力图从总体上把握这个时段内的历史全景，也是无可非议的。在这里，不仅仅是如何全面地占有史料和驾驭史料的问题，而是如何运用这些史料恢复中国古代社会全貌的问题。时过境迁，难得其全。但这个社会阶段的轮廓、脉络、骨骼、肌肉、关节、机理，总还是可以复原的。破碎的器物可以复原，逝去的社会同样可以复原。我们应力争成为复原过往历史的大家。

杂家、专家、大家，其差别的根源在哪里呢？曰：史家主体认识之等差也。史学的品格，不是取决于史料、历史文献和史实，而是取决于史家对历史文献和史实的主体认识，取决于史家对客观历史的主观解析能力，取决于史家对史料的制作改造工夫。所以，否认史家的主体认识介入历史客体，以为这样就会失什么客观性和科学性，是根本错误的。如前所说，史家治史料是离不开史家的主体认识的，更不要说史家之治史了。能治史料才能掌握史料，没有这方面的专门知识和本领，搜集到的史料不过是个破烂摊子，乱七八糟的旧货库。有些人以自己搜集到不可胜计的史料而自豪，然而对自己的旧货家底，连自己也是不清楚的。史料无数，史家心中也无数，这只能说是不会治史料了。排比史料，归纳成文，这也是一种主体认识，难道史料不经史家之手，能自动分类排队吗？按事类连缀成书，更是一种主体认识，因为历史事类是不会自行串联的。对历史文献和历史事实，必有所见，必有其解，必有其说，而后才能成为史家。读书万卷，一无所见，一无其解，一无其说，当历史文献和史料的搬运工，不经消化就吐出来，这能叫史家吗？史家之能事，在于对历史文献和历史事实，解释得当，说明透析，能透过历史文献和历史事实复原过往的历史。历史文献和史料不等于历史实际，只有通过对文献和史料的精细加工，才可见到历史实际。历史学家的头脑就是一部特有的加工机器。所以，一个历史学家的知识结构和思维结构，是非常重要的。我将历史学家的思维结构分为三个层次：第一是感性层次，第二是理性层次，第三是悟性层次。悟性者何？豁然贯通之谓也。这一点很是重要，要发现历史规律，没有悟性不行。因为规律是深藏在事物内部无形象可察的。研究哲学和宗教，也要有悟性，因为哲理和教理都是在高空的精神传递中进行的，非讲习修炼所可得也。知识结构很重要，应博学以成之。思维结构更重要，应从认识规律入手反复循环以成之。研究历史不能行不由径，更不能思不由径。人的行为是受其思想支配的，史家治史也是受其思想支配的。有各种各样的思维模式，实证主义是一种思维模式，事证主义也是一种思维模式，主观感知又是一种思维模式，传统史学之义理何尝不是一种思维模式。当然，马克思主义哲学更是一种思维模式，我是信奉马克思主义哲学的，之所以然，是因为我还没有发现比马克思主义哲学更好的思维模式。马克思主义思维模式可以涵盖其他思维模式，其他思维模式不可能涵盖马克思主义。所以，用事证主义反对马克思主义，是非常滑稽可笑的。这种人既不识货，也不识相，坐井观天，夜郎自大，足见其不自量也。当然，也有搞章句马克思主义的，也有搞公式马克思主义的，但这种做法本身就是和马克思主义的科学精神不相容的。我们不能因为反对章句马克思主义、公式马克思主义而抛弃马克思主义的思维模式。什么主观不主观，凡是思维模式都是主观的。因为，这是史学家的思维模式，存贮在史学家脑海里的东西。史学家不是机器人，更不是机械手，要人操作才能活动，才能运转。即使是史学家有一副机械思维的脑袋，也不能说他是机器人，因为这副机械思维的脑袋是无须别人操作的。什么三论，什么新三论，还不是要由人来操作吗？金观涛把中国历史简化为专制主义、小农经济、儒学官僚网三个要素，编成程序，进行运算，结果就得出了超稳定社会结构说。这不是什么三论，也不是什么新三论，而是金观涛的思维模式里只有这三股线，只能作出这三要素论。但是，要用这样的思维模式代替马克思主义的思维模式，肯定是不行的。马克思主义的思维模式是多维型的，不止有感性思维模式，还有理性思维，更有悟性思维，逐级提高，循环进行。所以，用马克思主义的思维模式，可以找到历史发展的内在规律，还原过往的历史。马克思主义之所以无往而不胜，其要害就在这里。历史包罗万象，我们只能用多维型的思维模式，才能认识历史。客观的历史资料被摄入主观的超精密型思维模式，反复进行高精度的加工，才能还原历史。在这里，主体认识和历史客体是高度一致的，合而为一的。还分什么主观和客观吗？作为马克思主义历史学家，我们应当不断完善自己的知识结构，不断强化自己的思维结构和认识功能，把马克思主义的认识规律化入自己的脑海里，落实到自己的研究实践中，为马克思主义史学的发展献出毕生的精力。

三

应当承认，对马克思主义历史学来说，有一个二次创业的问题。所谓二次创业，简单地说，就是破除公式化的马克思主义中国历史体系，建立有中国特色的马克思主义中国历史体系。我们强调更新自己的知识结构，强化自己的思维结构模式，都是为了达到这个目的，而且非如此不足以达此目的。我们之所以要更新马克思主义历史学，并不是因为有些人在明里暗里反对马克思主义历史学。而是由于：一、公式化马克思主义历史学原本就不是以马克思主义的科学精神为指导建立起来的；二、公式化马克思主义历史学是不符合或不完全符合中国的历史实际的；三、公式化马克思主义历史学和建设有中国特色的社会主义，从根本上说是脱节的。我们要破除旧式的马克思主义历史学，是为了建立新式的马克思主义历史学。而有些人反对旧式马克思主义历史学，是为了建立什么三论史学（信息论、控制论、系统论），或再度恢复实证主义史学以及与实证主义史学类似的史学，还有一些连自己都说不出名目的史学，等等。但我可以断言，这些人是成不了大气候的。何以言之？

我们当前面临的，并不是什么学派之争或建立何种学派的问题。我们的问题，是要不要对中国历史进行系统的全面的再认识？如何进行系统的全面的再认识？如何从中国历史的发展过程中寻求解决现实问题的启示？如何把握中国的过去、现在和未来走向？我们说是研究历史，实际上研究的是过往的社会。过往的社会不能再生，要由历史学家把过往的社会复制出来，回归原位。为什么要费这样大的劲？因为现实社会是从过往的社会转过来的。不认识过往的社会就不能了解现实社会，反之亦然。解决这些问题，是历史学家义不容辞的责任和义务。历史学家要铁肩担道义，妙手著文章。回避这种责任和义务，就不配做历史学家。马克思主义历史学家要心系国家，心系中华民族，心系全体人民；心系祖国的过去、现在和未来，心系人类的过去、现在和未来。他们承担的是人民的事业，应以撰作中华民族的历史丰碑为天职。撰好之后，写上自己的名字，也不过表示对中华民族负责而已。但愿我们的历史学家，都有这样广阔的历史胸怀，满怀热情投身到自己承担的事业中去。

我们的责任是重大的，任务是艰巨的。如何才能圆满完成自己所承担的任务，交出一张合格的答案呢？这就看我们的知识结构和思维结构模式如何了。用乾嘉考据行不行呢？不行。用实证主义行不行呢？不行。用事证主义行不行呢？恐怕也不行。用"三论"史学行不行呢？看来还是不行。因为论之再三，中国被论扁了。用主观感悟行不行呢？那就没个准了。鹦鹉学舌，照搬西方，如什么酋邦之类，行不行呢？缺乏中国味，不行。恢复中国传统史学行不行呢？当然更不行了。这不行，那不行，如何而可？！如何是好？！

环顾西方史学，惟以年鉴派为代表的新史学有足资我们借鉴者。西方新史学原本是从主观经验主义出发的。但后来对着历史大屏幕做文章，在人类历史的广阔天地里，发挥主观认识论和方法论，历史学就为之改观了。我们应学西方新史学派的长处，改写中国的历史学。但在中国史坛上占统治地位的是马克思主义历史学，这样做，岂不是反对马克思主义历史学吗？如何回答这个问题，就看我们如何估价以往的马克思主义历史学，进行反思了。经过冷静的思索，结果发现：我们以往的马克思主义历史学家虽成绩斐然，焕乎其有文章，但无一能逃脱公式主义、教条主义者。如，我们研究中国古代社会，总以看到马克思写的《资本主义以前的所有制形式》为满足，以为凭此就可以研究中国古代社会了。这且不说，对这篇文章又只摘取其中的"普遍奴隶制"一类名词，妄加发挥，著书立说。这能说不是教条主义吗？再如，对生产力和生产关系的含义，马克思本来是有说法的，后来斯大林修正了马克思，而我们却不顾马克思，只用斯大林的说法。寻章摘句，用以治史，能避免教条主义吗？对人类历史，开列一张公式，中间插入一条阶级斗争的杠子，这能不叫公式主义吗？歪嘴和尚念经，马列本是好经，被一些歪嘴和尚念糟了。一句话，只背词句公式，忘掉精神和实质，这就是以往史学界不少人学习马克思主义的态度。奇怪的是，有些人不读马克思主义的著作，却起劲反对马克思主义；有些人没读多少马克思主义著作，却以马克思主义权威自居，对别人乱打棍子。现在应该是在历史研究中恢复马克思主义的科学精神的时候了！

如果我们仔细观察，年鉴派之所以能取得优异的成就，是和他们不自觉地吸收马克思主义的认识论和方法论有关系的。年鉴派的代表人物勒高夫说："大多数法国历史学家对历史哲学抱有敌意是没有疑问的，费弗尔和布洛克也这样，但他们在自己的研究实践中，锐敏地感觉到即使不是理论探索的必要性，至少也是方法论和认识论探索的必要性。"这就是说，年鉴派是反对历史哲学的，但他们在研究实践中又用了历史哲学。我看，正是从这个高度，他们才推崇马克思为新史学的重要先驱。他们从马克思那里得到了历史认识论和方法论。否则，他们不可能取得如此优异的成就，占据西方史坛的支配地位。

会学学个门道，不会学学个热闹。我们不应只看到他们的多学科交叉研究，而应抓到他们的认识论和方法论，自觉地学习和运用马克思主义的历史认识论和方法论，建立新马克思主义历史学。说什么马克思主义不灵了。灵得很！就看你会不会用了。马克思主义的历史认识论和方法论是历史学家的心脏起搏器，心之官在思，就请装上这付心脏起搏器吧！

毛泽东说过，学习马克思主义的目的全在于应用。那么，我们应怎样用马克思主义的历史观，透视中国的历史呢？我认为：

首先应取消人为地按五种生产方式划分中国历史发展过程的方法，也不要按朝代划分中国历史，如什么先秦史、秦汉史、魏晋南北朝史、隋唐史、宋元明清史，等等。怎么划分呢？按中国历史自然形成的发展阶段来划分。具体地说,人类起源时期,即从生物人到社会人的演进过程,可划分为一个阶段。我称这个阶段为洪荒时代,称人类起源时代亦可。不要再用什么原始群、旧石器时代之类的说法。如果从社会进程来说,则这个阶段应从生物人社会到氏族社会为止。原来我们说的氏族社会或原始社会只是从洪荒时代向族邦时代的转变期,不能视为一个独立的社会发展阶段。故此类名称也可弃之不用。

其次是族邦时代,这是根据中国古代社会的特点提出来的。世界历史上的古代社会都是城邦社会,中国古代社会由族邦构成。这个问题,我写了不少文章,也有专著问世。现在我还没有看到对此持异议者,见到比较多的是引用或发挥我的看法。

应当指出,所谓奴隶制社会的说法是不确切的。马克思和恩格斯均无此说。他们用的是古典古代或亚细亚古代。这个时代虽有奴隶,但整个社会并非由奴隶和奴隶主构成。所以,中国族邦时代虽有奴隶制,但不能称为奴隶制社会,古典古代社会亦然。如果用奴隶制社会的说法,则这种奴隶制是哪个时代、何种社会的奴隶制?何种样式的奴隶制?就说不清楚了。我们过去讨论古史分期问题,长期聚讼不决,就是因为只在奴隶制上做文章的缘故。所谓奴隶制社会或奴隶社会之说,偶见于列宁著作,而足成其说者为斯大林。现在看来,这个名称是不能成立的。我的几本书都不以此命名,而是以古代社会名之。如《古代社会形态研究》、《古代社会形态析论》、《古代社会断代新论》、《中国古代社会发展史论》,就是出于这种考虑而发的。

在中国历史上,继族邦时代之后,则是封建帝制时代。为什么我不直称其为封建社会呢?我认为,这种说法只适用于欧洲中世纪和斯拉夫人。对中国封建帝制时代的历史来说,是不适用的。为什么呢?

欧洲封建社会是单程性的，即只经过一个历史过程。中国封建帝制时代的历史是多程性的，经过大致雷同的三个历史过程。所以不能以一个历史过程论之，径称之谓封建社会。如然，这三个大致雷同的历史过程就变成同一历史过程的三个阶段了。由于我们视三程为一程，所以许多问题说不清，道不明，现在应当如实地还其本来面貌了。我提出的封建帝制时代历史发展的大循环论，就是据此而言的。有些人感到奇怪，这不是历史循环论吗？我不想讨论循环论的问题，如要较真，我可以举出中外历史上许多循环式的例子，进行讨论。我只想证明，中国封建帝制时代的历史确有三个大致雷同的过程。按三程说，许多问题就可迎刃而解了。也有人建议，要我改用螺旋式发展，我想来想去，好像不行。因为螺旋式是就一程而言的，三程怎么是螺旋式发展呢？如果一定要找这三程的联系，恐怕只有绝而复续一语可以当之。

总的来说，原来我们确定的社会发展程序，只适用于欧洲历史。中国历史远较欧洲历史为长，应当有其本身的发展阶段。我提出如上五个阶段，而且每个阶段都有一个从前者到后者的转折时期。经过近代的转折，我国历史开始走上有中国特色的社会主义发展阶段。对我所划分的阶段可以讨论，但按历史的自然发展过程划分历史阶段的方法，我认为是完全正确的，符合马克思主义长时段划分的原则。

按历史的自然发展阶段划定之后，我们就可以进一步分段研究了。怎么研究呢？我的意见是：首先要抓到两个历史阶段之间的转折时期，如洪荒时代到族邦时代的转变。过去我们习惯上是按母系氏族社会和父系氏族社会两段处理的，而且一再移动上下限。经我对各地考古资料的研究，结合古代传说，实际并不如此。此说原出于摩尔根《古代社会》，恩格斯在《起源》中赞同此说。我们食而不化，照搬到上述转折时期，结果在考古资料面前老吃败仗。例如，我们原来称仰韶文化为母系氏族社会，龙山文化为父系氏族社会。结果如何呢？现在谁都同意我提出的龙山文化已进入铜器时代早期说，再也不谈什么父系氏族了。龙山文化时期实即中国历史上的万邦时期，还谈什么父系氏族呢？龙山文化而上如仰韶文化，裴里岗文化等，也说不上是什么完全的氏族社会，因为当时的社会，除少数例外，都是以家庭为生活单位的。而氏族则是以相互群婚为特征的。据此，我将这个期间的社会分为前后两个小段：前段为家庭、家族、氏族、部落；后段为家庭、家族、宗族、姓族。上接氏族社会，下接族邦时代。现在有些人又出花招，把族邦时代的萌生阶段单砍下来，作为酋邦期，不知令人说什么好。

其次说族邦时代到封建帝制时代的转变。我们认为，这里有一次社会结构的大变动，应从各方面予以说明。像过去那样，仅仅抓个奴隶制，或按个别材料凑个封建租佃关系，是说不明白的。怎么研究，我和臧知非写了一本书，题曰《周秦社会结构研究》，共约40万字。有兴趣者，读一读此书。这里就不再说了。

在封建帝制时代的三次历史大循环中，每一次都是从土地再分配开始的。我称之为土地关系的三次大循环。如此等等，说明这个时代的历史是呈周期性循回发展的。最近我应《学术月刊》之约写了一篇文章，从十个方面谈了这个问题，可以参看。也不在这里多说了。

对每个自然历史阶段，我主张对其间的社会进行多方面的研究；有阶级的社会，也不能只按阶级和阶级斗争一条线，或什么生产方式，作简单化的研究。如战国至魏晋这个阶段，我在给学生讲课时提到了九个方面，分别进行研究。再找出各个方面的交互关系，进行综合研究。拿阶级关系来说,汉初至武帝就是有变化的,军功地主衰落了,一批新地主取而代之,于是出现了田宅逾制的问题,出现了室庐舆服僭上无限的问题。如此等等,只有进行全面的分析与综合,才能把这个阶段的社会研究清楚。简单化了不行,照比欧洲也不行。如东汉时的地主庄园,以往我们都将之比拟于欧洲中世纪的农奴制庄园。经我研究,二者迥然不同。不同者何?东汉庄园乃农商一体化、城乡结合之庄园也。这里只讲研究方法问题,过多的就不说了。

对每一阶段的社会,都要全面研究,不能只抓一点,不及其余。要点、面、线三者结合起来。有点、有线、又有面,复原一个社会的整体面貌。只抓一点不行,只抓一线不行。可是我们过去的研究,或有点无线,或有线无面,只顾找材料套公式,证明公式就完事。上下左右不相连,缺乏社会网络。这能说是符合马克思主义的精神吗?说句不客气的话,这和实证主义的方法是没有什么本质区别的。有些做法,和梁任公之说,也是无大区别的。

当然,我们不可能对一个阶段的社会各个方面,一下子全研究清楚,但从全局着眼,从局部入手,在研究局部时不忘记全局,这总应该可以做到吧!兼则明,偏则暗。单打一,有时连一个小问题都是很难说清楚的。如《史记·陈涉世家》中提到的"发闾左",如不从当时的社会基层组织进行考察,就说不清楚。说什么闾左贫民,富人住在闾右,当时有这样的基层社会组织吗?孤立地、静止地、片面地看问题,这叫形而上学,不符合马克思主义。

还可举一个例子。欧洲封建社会只经过一程就转为资本主义社会,为什么中国封建帝制时代的历史反复了三程还没有进入资本主义社会呢?我的回答是:这三程中每一程都有相当发达的工商业,但就是产生不了资本主义。至于萌芽,每一程中均有之。为什么会是这样?原因在:中国始终没有商人社会,而欧洲中世纪的社会是二元的,既有领主农民社会,又有商人市民社会。在中国历史上的商人队伍中,诸色人等无所不有。有农民,有工匠,有地主,有僧侣,有官僚,有贵族,有时还有皇帝老子。多方参与,缺乏专业商人。专业商人也依附于官府,和农村脱离不了关系。多方参与,自然很是热闹;缺乏专业商人社会,必然产生不了资本主义。中国的农民也多有兼业,如木匠、如铁匠、如石匠、如染匠、如做豆腐,等等。所以,说农民是男耕女织,自给自足,纯自然经济,并不符合实际。不符合实际之说,是谓主观主义。

社会是复杂的,我们的脑子也要复杂一些。而要有复杂的脑子,只能用马克思主义的认识论和方法论装备起来。有人说,马克思主义的教育是灌输式的,但愿灌输的不是马克思主义的词句和公式,而是马克思主义的科学思维精神。

末了,简单谈两个问题。一个是读书问题:中国史书那么多,而且六经皆史,怎么读得好读得了呢?我的意见是:读书要有轻重主次,主要的重点书,要多读,要精读;次要的书则略读,有些只需浏览就行了。我对《左传》和《国语》,是下过功夫的。对前四史,也下过一点功夫;再有就是《资治通鉴》。这里的关键是能不能触类旁通,重点书读熟了,其余的书也就可以旁通了;重点书中所无的,在其他书中一见就记住了。读书的过程也就是对史料分类清理的过程。不要总是忙于抄卡片,抄的越多忘的越多。总之,要把马克思主义的认识论和方法论用在读书上,那样会收到事半功倍的效果。我是不抄卡片的,有时只作点索隐。有的人说我只读过一部书,有的人不知道我为什么读书少而著书多，实则读书也有方法论问题。方法对头，则读书少而得益多；方法不好，读得多了就糊涂了。

另一个是史学理论问题，学此道者，切不可脱离史学研究的实践，只在一些马克思主义的词句上打主意。理论要能回答历史研究中碰到的一些重大问题，不能空对空，谈了一大套而不解决任何问题。按照马克思主义的观点，理论应来自实际，而又高于实际，这样对历史研究才有指导意义。我的学生中，有研究史学理论的，我经常提醒他们，不要做空头理论家，不要当马路评论家，说了老半天拿不出一个史学研究的章法来。

长期以来，我们一直把历史唯物主义视作史学理论，这是不对的。历史唯物主义只是历史观，属于哲学范畴。史学理论应是史学家如何治史的理论与方法。作为马克思主义史学理论家，就应研究马克思主义史学应有的理论与方法。如：马克思主义史学的研究对象，马克思主义史学的任务，马克思主义史学的研究程序，马克思主义史学如何搜集和处置史料，马克思主义史学如何提出问题和解决问题，马克思主义史学与其他各种史学之异同，马克思主义史学与其他学科之间的关系，马克思主义史学家应具备的理论素养、知识结构、研究方法，等等。总之，史学理论应是培养史学家的理论，是论述史学家如何治史的理论与方法。历史学家之可贵，贵在多出高质量之产品；史学理论家之可贵，贵在培养出高水平的人才。好比一个体育教练，本人不一定是运动员，但却可以训练出高水平的运动员来。作为马克思主义史学理论家，不应介入各派之争，支持一派反对另一派，而应冷静地观察各家各派的理论与方法，考其得失，提出更好的理论与方法。史学理论家应该解决的问题，应是如何改善我们的研究方法，提高我们的研究水平；如何改进史学研究的章法，强化史学研究的品质；如何运用马克思主义的哲学思维，思索史学研究中的问题。我常对自己的学生说：我传授不了多少知识，只能讲一些获取知识的方法，考虑问题的方法，解决问题的方法。我给学生讲的第一课，就是我的治学方法。我的学生中有研究史学理论的，在作论文时，我提醒他不要偏向一家，要把各家各派放在同一杆天平上，从其治史的理论与方法，衡量其轻重大小，分出个档次来。作为一个马克思主义史学理论家，应有其特有的品格；作为一个马克思主义史学理论家，也应有其特有的品格。我也搞点史学理论，但我不是史学理论家。有人说我是史论学家，这倒差不多，作为一个马克思主义史学家，就应据史实而论理，把纷杂的史实理出个明白来，就像检察官调查分析案情一样。我们说要以马克思主义为指导，一定要落在实处，运用马克思主义的立场、观点和方法，解决一些重大的历史问题。中国历史上的重大问题多得很，就看你抓不抓得住，能不能解决，解决多少了。历史是人类智慧的宝库，走进历史，探采中华民族的智慧宝藏，观照现实，解决现实中的重大问题吧！

现在我们已经进入一个伟大的新时代，伟大的新时代需要新时代的马克思主义历史学，新时代的马克思主义历史学要由新一代马克思主义历史学家来完成。新一代马克思主义历史学家要有超高型的历史哲学思维，多学科的知识结构，渊博的历史知识和获取知识的手段。这样，才能完成新时代赋予我们的创造马克思主义新史学的任务。吾老矣，虽不能大有作为，但愿作新史学的前驱，为振兴马克思主义历史学而努力。

原载《学术研究》1997年第4期

论"曙石器问题"争论的学术背景与中国猿人及其文化的性质问题

梁钊韬

裴文中先生和贾兰坡先生在《新建设》发表了关于曙石器问题和中国猿人文化问题的两篇文章，[1]以及 1961 年 9 月 22 日两位先生和吴汝康先生在《人民日报》发表对于这些问题的意见，综合起来，大概有如下几个问题：一、"曙石器问题"，二、人的系统从猿的系统分出来的时期问题，三、"木器时代"或"使用天然石块的时代"问题，四、中国猿人石器的性质问题，五、中国猿人的"骨器"问题。

我认为前三个问题，倘若对"曙石器问题"的实质有所认识便可予以说明；中国猿人的石器和"骨器"问题可以归纳在中国猿人文化的性质问题之内。

因此，我拟归纳为下列两个问题来探讨：一、西方 19 世纪末至 20 世纪初期对"曙石器问题"争论的学术背景及其实质，二、中国猿人及其文化的性质问题。

---

[1] 裴文中：《"曙石器"问题回顾——并论中国猿人文化的一些问题》，《新建设》1961 年 7 月号。（以下简称"裴先生文章"）。贾兰坡：《谈中国猿人石器的性质和曙石器问题——与裴文中先生商榷》，《新建设》1961 年 9 月号。（以下简称"贾先生文章"）

在第一个问题的论述里，我不同意裴先生对"曙石器问题"的看法。我认为这个争论不休的问题是西方进化论和反进化论（种族主义论）之争，我们今天不仅不应纠缠于这个争执之中，而且应和我们所讨论的"中国猿人文化的性质问题"区别开来。裴先生文章详细介绍了西方这个问题争论的经过。我认为对于深入澄清这些混乱还是有所帮助的，虽然它和我们今天所讨论的问题性质不同，但不免因为它的混乱而引起我们产生一些迷惑；故亦有分析批判的必要；因此，我试图从学术背景上来分析它的实质。在这一段的论述里，也要提到我对吴先生所说：人之前有"自然人"（或"前人"）的阶段和"人类使用天然石块、木头的阶段"，以及"人的系统从猿的系统分出来的时期是在第三纪的中新世或更早，大约在一二千万年以前"[1]等说法的怀疑。

在第二个问题的论述中，我不同意裴文中先生认为中国猿人及其文化是最原始的人类和文化的说法；在这一段里也提到贾先生认为中国猿人的"骨器"是骨器的看法并未足以说服人。

在党的"百花齐放，百家争鸣"的正确方针之下，把我的不成熟意见提出，请同志们批评指教。

一、"曙石器问题"争论的学术背景

"曙石器问题"是一个复杂而混乱的问题，并不只是区别人工与非人工打制的石器的考古学技术问题；它在学术领域上牵涉到西方19世纪末至20世纪初期民族学、人类学和考古学的理论问题；进化论和反

---

[1]《中国猿人是不是最原始的人类》，《人民日报》1961年9月22日第4版。

进化论（种族主义论）斗争的实质问题等。

为着进一步了解这个复杂的问题，我认为先从学术背景上揭其本末，从而探讨它的实质所在是必要的。以下我试图从 19 世纪中期达尔文学说开始，至 20 世纪上半世西方考古学、民族学和人类学的学术背景，分析西方学者对"曙石器问题"争论的派别及其在学术上和政治上的实质。

达尔文学说包括了"进化论"和"天择原理"，[1] 前者代表当时资产阶级进步分子反对"上帝造人"的封建束缚，具有无神论和自发唯物论的因素，他的进化论学说，帮助了唯物主义战胜唯心主义，并丰富了科学的内容；后者接受了反动的、为资本家剥削劳动人民作辩护的马尔萨斯人口过剩"理论"，主张种内生存斗争是自然选择的基本因素之一和生物界发展的重要规律；这是达尔文主义极为错误的部分，并产生了严重的有害后果。

达尔文的进化论学说，不仅在生物学上确证人从远古的猿猴进化而来的事实，并对社会科学产生了广泛的影响，如考古学家莫尔蒂列和民族学家摩尔根等人就是著名的进化论学者。

莫尔蒂列于 1869—1883 年间，发表了以进化论为基础的旧石器时代考古分期学说。[2] 他的贡献，苏联考古学家阿尔茨霍夫斯基、鲍利科夫斯基和奥克拉特尼科夫等予以相当推重，[3] 但也指出进化论考古学

---

[1] 达尔文：1859 年《物种起源》和 1871 年《人类起源及性的类择》。

[2] G. De Mortillet: Classification des âges de la pierre; Classification des diverses périodes de l'âge de la pierre. C. R. Congr. Inttern. d'Anthropol., d'Archéol. Préhist., VI Sess. Bruxelles, 1872, pp.432-444. 见：H. F. Osborn: *Men of the Old Stone Age*, p. 14。

[3] 《苏联大百科全书》考古学条，人民出版社 1954 年选译本，第 7 页；同书石器时代条，三联书店 1957 年选译本，第 1 页。

者的错误:"19 世纪资产阶级进化论者,在当时是进步学者,但他们的方法论是机械的。所以,他们把从猿到人的进化想象得是极其缓慢和逐步的。"[1] 莫尔蒂列也没有例外,在寻求人类最原始的文化进化阶段时,不可能体会到人类的出现和反映人类劳动的生产工具之间的关系;因而,1872 年在布鲁塞尔举行的国际人类学会议上,当一些学者争持"曙石器问题"时,莫尔蒂列竟作为一个最后拥护者赞成第三纪"曙石器"的存在;[2] 其后又提出了在旧石器时代之前还有一个更早的"曙石器时代"的说法。

莫尔蒂列不能排除考古学的假象,离开了人类起源问题来看待"曙石器问题",是没有根据的;也没有深刻地理解到这个问题的实质。试问只有原始的古猿存在,还没有人类(猿人)存在的第三纪中新世和渐新世的地层中,竟存在着"人工制作"的"曙石器",岂非暗示"上帝创造"的"人"已和古猿共存了吗?天主教神甫们故意加深进化论的错误,积极拥护第三纪中新世、渐新世甚而始新世"曙石器"存在的假设。

裴文中先生的文章提到,1935—1937 年间,他在法国研究的时候,已经认识到"欧洲一些人和一些天主教的僧侣是有意识地制造混乱,混淆视听,以便削弱第四纪人存在的证据,作'上帝造人'的说法被推翻的报复"[3];事实上僧侣们并没有同意进化论,恰恰相反,他们在破坏和反对进化论。这是 19 世纪中期,西方考古学界在"曙石器问

---

[1] 阿尔茨霍夫斯基:《考古学通论》,科学出版社 1956 年中译本,第 20 页。
[2] 见 G. G. MacCurdy: *Human Origins*, 1933, vol. I., p.86。
[3] 裴文中:《"曙石器"问题回顾——并论中国猿人文化的一些问题》,《新建设》1961 年 7 月号,第 18—19 页。

题"争论中所反映"神造说"和进化论斗争的实质。

达尔文主义进化论学说毕竟具有自发的唯物论因素,例如摩尔根的《古代社会》,尽管他对社会发展认为是由人类智慧和智力发展所决定,但是智力的发展,正如摩尔根所表明的,是由于获取生存资料领域内的发明与发现而发生的,他的这一个发现,使他自发地达到了唯物主义的结论。[1]

进化论考古学家如莫尔蒂列,也具有同样的唯物因素,尽管他对第三纪"曙石器"存在的认识错误,但作为人类历史最原始的阶段的"曙石器时代",仍属唯物的进化原则。古典进化论学者所搜集的材料及其一部分理论,仍有利于唯物的社会发展学说。[2] 当时在"曙石器问题"上加深进化论的错误,企图报复的神甫们,仍未能从根本上否认进化的原则;因而,当资本主义进入帝国主义阶段,资产阶级科学中出现了反进化论学说。反进化论学者,表面仍是达尔文主义者,但他们抛弃了达尔文进化论的一面,而偏重于"天择原理"一方面,并且加以夸大,以之为研究人类社会的基本原则。

19世纪末,麦克林南的《古代史研究》,认为在原始社会中,为求粮食与生存,不能没有斗争,因为女人的用处不大,所以往往被杀死,造成女人稀少,所以原始婚姻最早出于掠夺,由掠夺而产生族外

---

[1] 联共(布)中央马克思恩格斯列宁研究所:《家庭、私有制和国家的起源序言》,见恩格斯:《家庭、私有制和国家的起源》,人民出版社中译本1955年版,第2页。
[2] 参考斯·普·托尔斯托夫:《马克思和摩尔根——论马克思:"摩尔根'古代社会'一书摘要"》,《民族问题译丛》,1957年1月。斯·阿·托卡列夫:《恩格斯与现代民族学》,《民族问题译丛》,1957年2月。

婚。[1]麦克林南这种理论,[2]就是资产阶级"生存竞争"世界观的表现。麦克林南虽然好像仍是一个进化论者,然而,他的"进化理论",已经开始肢解人类社会进化的历史;他认为族外婚和族内婚是对立并存的部落,把不同发展阶段的社会制度,混淆在一起。所以,麦克林南的"进化论"已经成为庸俗的进化论。

庸俗进化论的特点之一,是把后期的事物有意向前推移,企图颠倒人类和社会进化发展的事实,并强调"生存竞争原理",堕落成为种族主义理论的一部分。庸俗进化论者,除了麦克林南等人对民族学作出歪曲外,在考古学也同样出现这种谬论,并支持了同派的民族学。

例如,由于中国猿人的躯干骨被发现少,美国人类学家魏敦瑞便武断认为:"中国猿人是食人的人——世界上第一个食人的人",[3]把"食人俗"移前至旧石器时代初期的猿人时代,暗示人类"生存竞争"是人类从来就有的。[4]又如,在我国周口店发现的山顶洞人有三个头颅骨,一个是男性,两个是女性。魏敦瑞亦以种族主义理论解释为"三个敌对的种族,因为有过战争,被牺牲的埋葬在一起。"[5]美国哈佛大学人类学教授胡顿,竟用显著的标题,编造山顶洞人娶了两个妻,第一个是美兰尼西亚人,第二个是埃斯基摩人;并说这是一夫多妻家庭的记录,他和其他一些民族学家一样,捏造"父权先于母权"和"父权和母权并行"

---

[1] J. F. Mac-Lennan, *Studies of Ancient History*, London, pp.109-120.
[2] 恩格斯曾给以严正的批判。参考恩格斯:《家庭、私有制和国家的起源》,1891年第四版《序言》,人民出版社中译本1955年版,第12—20页。
[3] 贾兰坡:《中国猿人》,龙门联合书局1951年版,第216—130页。
[4] 按恩格斯说,"食人之风"(Canibalism)似乎可能出现的时期,是相当于原始氏族公社发展期的旧石器时代晚期。参见《家庭、私有制和国家的起源》,人民出版社1955年版,第22页。
[5] 贾兰坡:《山顶洞人》,龙门联合书局1951年版,第45页。

的反历史的谬论。[1] 最近，我国人类学者吴新智和赵一清两同志，重新研究山顶洞人的种属问题，指出了魏敦瑞的错误，证明山顶洞人的三个头颅都属于蒙古利亚人种的祖先，揭露了这些资产阶级反对学者为着颠倒人类历史发展规律、宣扬种族主义而捏造证据的真相。[2]

在"曙石器问题"上，庸俗进化论者积极企图证明具有莫斯特期特征的石器存在于几千万年前的原始古猿的地层里，暗示进步的莫斯特文化（包括尼安得特人）已出现于当时，企图瓦解人类进化系统。他们之所以如此，裴文中先生指出："我个人认为以Capitan这样一个权威（他是法国第一位以史前考古学者的名义被选为科学院院士者）而在旧石器考古学上工作了那么久并有昭著的成绩，竟不能分别这些典型莫斯特尖状器和这些'石器'痕迹，是令人不可理解的"[3]；又在这句的注释中指出："有人推测，他与天主教教会有一定的关系"，"他为了得到法国科学院院士的头衔而不得不如此"；又指出：Reid-Moir "采集了大量的海浪所破的砾石被压的火石碎片或碎块，都当作了'石器'来描述，写成文章发表……由于政客Lankester予以支持，所以他得以一时显达"。[4] 这正好揭露了这种说法的人的实际政治背景，而其立论的实质何在可知了。

"曙石器问题"牵涉到人类的起源问题，现代庸俗进化论者如魏

---

[1] E. A. Hooton, *Up from the Ape*, 1946, New York, pp. 401-405，标题为："The Old Man of China Who Married an Eakimo and a Melanesian"。

[2] 吴新智：《山顶洞人的种族问题》，《古脊椎动物与古人类》1960年6月号，科学出版社。赵一清：《山顶洞人二女性种族属源问题的研究》，《古脊椎动物与古人类》1961年3月号，科学出版社。

[3] 裴文中：《"曙石器"问题回顾——并论中国猿人文化的一些问题》，《新建设》1961年7月号，第16页。

[4] 同上，第17页。

敦瑞，把人类的系统从猿的系统分出来的时期，假设在森林古猿以前，把人类的出现提早到一两千万年前的所谓"使用天然石块和木棒"的时代；这种人类学理论，和"劳动创造人"的真理相违背，无疑是和上述庸俗进化论考古学理论同出于一辙。

反进化论的另一派为"传播论—文化圈学派"，它们和庸俗进化不同之点为彻底否认进化事实，歪曲并夸大"文化传播"，把人类和文化的进化发展事实肢解为片断的现象，否认人类有统一的更古的文化存在，企图彻底推翻进化论。尽管庸俗进化论者颠倒人类历史的发展规律，为资产阶级利益服务，然而毕竟仍带有"进化"意义；因而，自20世纪初期以来，传播论者为着清除他们在"理论"上的障碍，曾标榜与庸俗进化论划分界线进行攻击。在"曙石器问题"的争论中，反映了这两派的长期纠纷，而其共同目的则一，都是反对古典进化论，企图间接袭击辩证唯物主义和历史唯物主义。"文化传播论—文化圈学派"是资产阶级文化学说中的一个庞大学派，其中流派复杂、变种殊多。

20世纪初期，随着帝国主义对殖民地民族的奴役，以往带有人类共同起源，文化统一发展和人类种族平等意义的古典进化论思想，不但不能满足殖民统治者的要求，还与之发生了极大矛盾，而那些反动的学者，便企图否认人类及其文化的统一发展原则，进而歪曲为人类种族及其历史发展不同起源的种族不平等说法。因而，20世纪产生的"文化圈学派"遂明显地反对进化论；这派领袖葛雷布奈[1]宣称：人类

---

[1] F. Graebner 在他所著 *Method der Ethnologie*(1911) 提出所谓"襄合原理"（Principle of Convergence）。参见 A. Goldenweiser, *History, Psychology and Culture*, 1933, London, p. 35。（西方文化传播论者，把局部的文化传播事实，当作是一切科学的中心问题提出，并以之作为人类历史的法则，与一般的研究历史文化的相互影响和传播事实者不同。故"文化传播论"不等于文化传播事实。）

历史并不是一部进化史,而是从不同中心,不同原因发生的许多文化特点及其相互作用的辏合体;由此不同中心交相传播而遍及各地。文化的年代学,只是文化互相传播的层次,把这些有如波浪式的、从各方面层积而成的现象予以分析,便能完成所谓文化史的重建;故人类的历史就是文化传播的历史,没有什么发展规律。由于资产阶级内部矛盾,在"传播论—文化圈学派"的氛围之内,也产生了若干流派;这些流派,在细节上虽各有其说,而其目的则一,这就是反对社会发展规律的客观存在;把人类的历史发展事实,割裂为不同起源,把不同发展阶段的事物混淆起来,武断为由于不同地区传播而来的辏合体和共存、并行的文化。

奥国神甫威廉·施密特为首的所谓"维也纳文化史学派"[1],把人类的经济、社会和精神文化的辩证关系,割裂为不同的固定地域的"文化",无论任何地区,任何时候(包括原始时代)都是固有的"文化";他们虽然不敢显明地反对历史唯物主义的生产力和生产关系,经济基础和上层建筑的辩证关系,而其实质,却企图对抗历史唯物主义。

反历史的传播论者及其一切流派,其最后目的是为殖民统治服务,因而同时也必然是种族主义的理论。这些人的谬论,只就他们对我国旧石器时代考古研究的例子,便足以说明。

在中国猿人发掘工作的初期,西欧正在展开"曙石器问题"的争论,当时中国猿人发现地点已发现了石器存在,但步达生把它当作是

---

[1] W. Schmidt, *The Cultural Historical Method of Ethnology*, 1939, New York。关于"文化传播论"和"奥国文化史学派"的理论和批判,可参考列文、托卡列夫:《新阶级的文化史学派》,见《资产阶级民族学批判译文集》,三联书店 1956 年版。(原文载《苏联民族学杂志》,1953 年第 4 期)

"曙石器"，予以抹煞；并宣布："在周口店堆积中，还没有任何性质的石器"[1]，否定了裴文中先生早已认定中国猿人地点有石器存在的看法。到了裴先生主持发掘工作时，即发表了中国猿人石器存在的正确言论，但遭受这班人的粗暴诋毁和讥讽。

1931年春，裴文中先生主持发掘鸽子一洞，发现了大批石器及燃烧过的骨片，动摇了步达生的武断。是年秋，法国考古学家步日耶随即来华"讨论"这个问题，在大量事实面前，也不得不承认这是石器；但步日耶仅在鉴别石器方面承认，而在理论解释方面，仍企图肢解为片断的现象，把中国猿人和他的文化割裂开来。

步日耶和步勒又把中国猿人体质发展不平衡的现象，故意曲解为中国猿人分别属于两种人的谬论，即进步的"真人"和原始的猿人，把中国猿人文化归于"真人"所创造；既肢解了猿人的体质特征，又割裂了猿人与其文化的关系。若照他们的说法，猿人可以和真人同时存在，那么还有什么人类进化的原则呢？

种族主义论人类学和考古学家，把人类学和考古学的珍贵发现，断送到反科学的"结论"中去，我国学者当时就对这些说法引起怀疑和反对，杨钟健说："此等解说，究无正确实据，可资证明。吾人已工作数年之久，采集材料，不为不多，而至今未发现所谓第二种人之遗迹；且中国猿人就构造上，已为与人近似之动物，其能用火，能造石器，并非不可能，而无须空中楼阁，臆想一第二种人，为之说明也。"[2]

以上只不过是得见其一斑，其实这些种族主义谬论就是步日耶完整

---

[1] 裴文中：《"曙石器"问题回顾——并论中国猿人文化的一些问题》，第18页。
[2] 杨钟健：《中国人类化石及新生代地质概论》，引见贾兰坡：《中国猿人》，第129页。

的、反动的多元论、种族主义传播论的考古学理论体系的一部分表现。

步日耶是20世纪上半世西欧种族主义论考古学领袖,他将欧洲旧石器时代初期的文化分为"手斧文化"和"石片文化"两个系统,企图把人类早期的历史肢解为不同的"文化",作为他的"种族文化更替"的根据。步日耶的理论体系的政治实质,《苏联大百科全书》给以严正的批判,并指出他的这种观点是和帝国主义的种族理论紧密联系的。[1]

人类文化是"独立发展"还是"传播",是资产阶级科学中进化论和传播论长期争论的问题;传播论的一切流派,把"传播"绝对化,并当作是一切科学的中心问题而提出,否定人类文化有独立发展的可能;有些人认为最古的人在新人时代还是存在,甚至认为近代的矮黑人是最古人类的代表者;同样也认为一切文化和社会制度,并无进化发展阶段的划分,旧石器时代各个文化期之间,只有传播关系而无历史继承关系;基于这样的观点,传播论者对于"曙石器问题"采取否定的态度,而认为没有比旧石器时代更早的文化存在。

各学派的起源和发展的历史表明,他们无非企图利用科学本身的材料去反对真正的科学,而"曙石器问题"的争执,只不过是长期以来西方资产阶级学术思想斗争的一个组成部分,因为他们分明了解到这个问题牵涉到人类及其文化起源的各方面重大问题,唯心与唯物观点分歧的问题;所以,资产阶级各学派都各尽其歪曲、捏造和破坏的能事,以至于争论不休;虽然其中有些学者,在科学上仍以严肃的态度,对"曙石器"进行研究,但是,单从区别是否人工制作以求解决

---

[1]《苏联大百科全书》考古学条,选译本第14页;同书石器时代条,选译本第1页。

问题，结果还是"谁没有说服谁"，这说明石器制作的实验方法不能单独担负说明这个问题的任务，而必须和人类学结合起来作综合性的研究，才能得出结论。我们应该肯定，旧石器时代之前还有一般人类历史存在，只举舍利期人类使用火的事实便足以说明；此外，在它之前还有爪哇猿人存在，贾兰坡先生从"劳动创造人"的观点出发，用人类学来判断爪哇猿人已有制造石器的能力[1]是完全正确的。我个人和许多同志一样，希望我国人类学家和石器时代考古学家进一步合作，进行综合性研究，以科学事实与伪科学进行斗争！

旧石器时代之前有"曙石器时代"（虽然我们不一定采用这个名称）存在是很有可能的，但可能早到什么时候，就必须根据科学事实。"曙石器时代"这个名称的毛病，在于上限问题，倘若结合人类化石的发现来估计它的最早年代是可能的，例如，根据南方古猿[2]能直立，双手解放出来，大拇指与其余四指相对等特征来考虑"曙石器时代"可能出现于第三纪末和第四纪初期是合理的。人类"第一把石制工具"的存在是肯定的，"曙石器文化"的发现是有希望的。

早在1839年至1846年间，法国学者布舍·德·波德发现了旧石

---

[1] 贾兰坡：《谈中国猿人石器的性质和曙石器问题——与裴文中先生商榷》，第24页。
[2] 南方古猿亚科之下，从前已知有两个属，一、南方古猿属，学名为Australopithecus，二、为傍人属，学名为Paranthropus；前者的学名后半部——pithecus，意为"猿"，即古猿；后者的学名后半部——anthropus，意为"人"。1959—1960年在东非坦噶尼喀的奥铎威峡谷发现的"东非人"，有些学者认为在别于以上二属，另定为一属，学名为Zinjanthropus（boisei）；学名的后半部也用——anthropus，其意亦为人。"东非人"发现在更新世早期的地层，据说同地层出现石器，但是否属"东非人"所有，目前还有不同意见。世界上凡有更早的人类或石器发现，西方学者便有"曙石器问题"的争论；这次发现，人们认为石器属于猿人的，不是属于"东非人"的；究竟如何还需以后的事实证明。参见吴新智：《非洲发现的"东非人"（Zinjanthropus）化石》，《古脊椎动物与古人类》，1961年6月，第2期。

的存在，给人类历史起源问题的研究，提供了实物资料，但波德的发现和著作，受到了当时死抱着宗教主义的、顽固守旧的科学家们的讥笑和公开敌视；与此相反，当时马克思和恩格斯予以重视，[1]说明马克思主义经典作家对于阐明人类早期历史真相每一新的事实和新的研究，都寄以同情，并斥责那些守旧思想和行为；这样的对待新的事物的态度是值得我们学习的。

关于最近在东非发现的"东非人"和我国山西芮城匼河石器的发现，[2]都值得我们重视；这些发现，虽仍存在问题，但应以科学的严肃态度，根据辩证唯物主义进行研究，或展开争论；至于中国猿人文化性质的讨论，更足以促进我国古人类学和考古学的进一步发展；我们的学术上的争论，是真真正正的为着追求真理，绝对不能等同于西方"曙石器问题"的争执，因此，必须严格地和它区别开来。

关于划分人和动物的界线问题，也是我们现在讨论的重大问题之一。裴文中、贾兰坡和吴汝康三位先生，最近在《人民日报》发表的意见，都一致认为划分人和动物的界线是劳动，可知专家们都是从辩证唯物主义和历史唯物主义的观点立场出发。既然劳动是划分"从猿到人"的界线，而劳动的开始在能制造和使用工具，因而在人类"第一把石制工具"出现的前后，只能划分为猿（古猿）与人（猿人）。倘若把界线划在所谓"生物人"（或"前人"）与"社会人"（或"真人"）之间，就不免使人含糊起来了。我认为这种提法不妥，因为有了人就

---

[1] 参见《1863年5月20日恩格斯致马克思的信》，《马克思恩格斯通讯集》中译本第三卷，第159页。
[2] 参见贾兰坡等：《山西芮城匼河旧石器时代初期文化遗址》，《考古》，中国科学院考古研究所编，科学出版社1961年版，第8期。

有了社会和有了语言，人之前只有猿（古猿），只有动物，并无所谓"生物人"或"前人"。也不可能有一个"人类使用天然石块木头的阶段"。至于"人的系统从猿的系统分出来的时期是在第三纪（在第四纪以前）的中新世或更早，大约在一两千万年以前"的看法，据我所知，有人认为这是魏敦瑞的错误说法，[1] 这是值得进一步研究的。对于这个看法，人们可能发生这样的疑问：从动物系统分出来的人类系统是否劳动创造的？"生物人"是否人？从猿转变到人的过程是否经过一个长期的逐渐进化的过渡阶段？人类的系统形成了一两千万年才能制造劳动工具，这种说法是否称得上"劳动创造人"的观点？由于吴先生在《人民日报》发表这方面的意见只有几句话，不知本来的用意何在。裴先生文章中关于这个问题的意见，[2] 我认为基本上是正确的。

二、中国猿人及其文化的性质问题

中国猿人第一个头盖骨发现在 23 米深和双角犀并列在一起的地层中。与中国猿人同地层出土的还有大量石器和用火的遗迹。中国猿人文化属于中国猿人所创造，我们已经没有人怀疑了。

我们讨论中国猿人文化的性质问题，不能脱离文化和人类化石的关系。为着说明这个问题，先来稍为提及中国猿人的体质特征是必要的。

---

[1] Mikhail Nesturkh, *The Origin of Man*, (Academy of Science of the C. S. S. R.) Foreign Languagse Publishing House, Moscow, 1959, p. 228. 原文有关部分节译如下："魏敦瑞曾认为南方古猿比之其他化石类人猿更为接近于中国猿人。以有关森林古猿而论，魏敦瑞的错误在于相信人类从化石类人猿的共同系统分离出来成为人类的系统在具有粗壮犬齿和有切割缘的前白齿的森林古猿发展之前。"

[2] 裴文中：《"曙石器"问题回顾——并论中国猿人文化的一些问题》，第 22—21 页。

中国猿人的体质具有与爪哇猿人相似或古人类所无的特征，但也具有较为接近于下一发展阶段的人类（尼安得特人）的特征。

杜波亚和赫尔切加（Hrdlicka）只就中国猿人的进步性方面认为属于尼安得特类型是片面的看法，其实中国猿人的全部形态学的特征，仍然接近于爪哇猿人，基本上属于猿人阶段。中国猿人的体质表明，它不是最早的猿人，在它之前，必定有更早更原始的人类存在。

中国猿人体质的原始性和进步性，在头部各部表现出来；在头和肢骨之间也表现出来。根据我国人类学著作所载的，关于爪哇猿人、中国猿人和尼安得特人头骨的比较数据，便可了解中国猿人头骨所具有的原始性和进步性。

	爪哇猿人	中国猿人	古人	中国猿人特征
眉间突度指数[1]	26.7	24.7 28.1 25.7 29.5 28.6	20.5（平均）	接近爪哇猿人
颅盖高指数[2]	33—37	35—41	33—43	接近古人
额角	48—55°	56—63°	50—70°	接近古人
头骨厚度（毫米）[3]	10	9.7	7.2	接近爪哇猿人
后枕角	62.5°	62.7°	67.0°	接近爪哇猿人
脑容量（立方厘米）	855	1043	1400	接近爪哇猿人

说明：1. 吴定良：《中国猿人眉间凸度的比较研究》，《古脊椎动物与古人类》第 2 卷，第 1 期，1960 年 3 月；2. 吴汝康：《广东曲江韶关马坝发现的早期古人类型人类化石》，《古脊椎动物与古人类》第 1 卷，第 4 期，1959 年 12 月；3. 贾兰坡：《骨骼人类学纲要》，商务印书馆 1954 年版。

就以上几点，表示中国猿人的头部特征基本上接近爪哇猿人，但已具有古人类型的特征。除此以外，当然还有其他的特点，但可不必详举，均已见于国内有关的著作。

中国猿人的下肢骨，除了它的内部结构仍保留有猿的特征外，已基本上具有现代人的形式，无疑已能直立行走。

中国猿人的肱骨（上臂骨）发现于23米深的地层里，石化很强。此外还发现了锁骨和月骨。这些上肢骨都具有现代人的性质，其进步的程度比下肢骨为甚。

总的来说，中国猿人的头骨具有各部分发展不平衡现象，而头部和肢骨特别是上肢骨之间，亦具有显著的原始性和进步性的特征。

种族主义论人类学家，把这些体质发展不平衡的现象，解释为不同种族，其实并非这样。

1959年底，吴汝康先生在由中国科学院主持的"中国猿人第一个头盖骨发现30周年纪念会"上提出《中国猿人体质发展的不平衡性及其对"劳动创造人类"理论的意义》[1]一文，解释了这个问题。吴先生指出：动物体的某些部分亦有明显的进步性和保留有古老的性质；这是进化过程中的一种普遍原则。吴先生进一步运用恩格斯的"从猿到人"的理论说明了中国猿人体质发展不平衡的意义，上肢就是恩格斯所说的手，最初是由于劳动，由于制造和使用工具，发展速度最快，所以最早向现代人的方向发展。

由此可知，中国猿人的头骨和肢骨（尤其上肢骨），以及头骨内部和肢骨内部各特征的发展不平衡，不能解释为没有内部联系的对立

---

[1]《古脊椎动物与古人类》第2卷，第1期，1960年3月。

现象和不同种族的原因；而其实质就是人类发展过程中有机体内部各部分因分工而引起的变化现象。由动物状态突变为人类的主要作用是劳动。

中国猿人体质发展不平衡现象是人类进化和发展的应有特征，这个特征正表现猿人由于劳动生产和社会发展，正在向下一阶段——古人的体质前进。

其次，我们谈中国猿人文化的性质问题。

芬兰赫尔辛基大学地质古生物研究所瓦萨里博士和柯登，用花粉和孢子分析方法研究中国猿人地层的年代。[1] 瓦萨里认为："根据花粉谱的指示，北京地区当时的气候比今天的气候要凉些。"柯登认为："这表示周口店冰期应该与欧洲某一个冰期相当而不是间冰期。"又根据卡尔克等在 1957 年对肿骨鹿的分析指出："周口店动物群可以和接近明德（爱尔斯特）冰期的末期或明德—里斯（荷尔斯太尼）间冰期的早期相比。"柯登又根据中国和欧洲古哺乳动物的替代过程的研究，认为："周口店时期会比爱尔斯特 II 期更早些。"又"根据爱万敦、柯的斯和克斯特勒等人 1958 年对氩—钾的分析，爱尔斯特冰期的年代约 360000 年，这个数字会是'北京人'时代最接近的数字"。这是对中国猿人地层年代研究的最新方法和最新的成果。

爱尔斯特冰期即通常所称的欧洲第二冰期，亦即明德冰期（欧洲有四个冰期：昆兹、明德、瑞斯、维母）。在旧石器时代考古学分期和地质学分期的对照中，舍利期和阿修尔期都处在明德冰期和瑞斯冰期之间，莫斯特期则出现于瑞斯冰期阶段。

---

[1] B. 柯登：《关于北京人时代的新证据》，《古脊椎动物与古人类》第 2 卷，第 2 期，1960 年 6 月。

综合以上芬兰科学家的研究成果，中国猿人及其文化的年代，相当于欧洲舍利期和阿修尔期之间。奥克拉德尼科夫把中国猿人放在爪哇猿人和下一阶段的古人（尼安得特人）二者之间，其地质年代为更新世中期，即第二冰期（明德）的末叶。[1]这一说和上述卡尔克（1957年）的意见一致。阿尔茨霍夫斯基把中国猿人文化放在曙石器时代，地质年代为第四纪更新世早期，[2]当系由于根据旧文献之误。[3]

中国猿人文化的性质，在全面看来，和中国猿人的体质相符，即处于旧石器时代初期与中期之间，但基本上仍属于旧石器时代初期的性质，现说明如下：

在中国猿人洞里所发现的石片，说明石器工具都是从洞外采集来的砾石石料而在岩洞内经人工制造者，其中有大量未加工的石英或石英岩片，制法粗糙；这一部分石器确难把它们分类或决定其实际用途，可以说具有原始性质，当然也包括了大部分的打下来未经使用的半成品。另一方面，从裴文中、贾兰坡两先生过去所发表的材料看，确难否认具有第二步加工、定型和分类等明显特征。例如：尖状器，保留有台面并多数在背面加工；砍伐器（手斧），作交互打击，加工精细或呈椭圆形；刮削器的边缘作第二步修整，具有直刃、凸刃、凹刃、三角形、矩形等适合于各种用途而数量最普遍等等；都不能否认它们具有明显的进步性，尤其不能认为是偶然的制品。

关于石器制法，裴先生和贾先生讨论得多了，现在从另一方面来

---

[1] 苏联科学院主编：《世界通史》，第1卷，三联书店中译本1959年版，第20—22页。
[2] 阿尔茨霍夫斯基：《考古学通论》，科学出版社中译本1956年版，第20—22页。
[3] 过去曾将中国猿人的地质年代（周口店期）列为更新世初期，其后于1948年在伦敦举行的世界地质学会议后，改为更新世中期。

谈其性质。

根据上述有关加工、定型和分类的显著特征，足以说明中国猿人使用石器并非最原始的石器，虽然目前还难于确定那一件石器可以和欧洲阿修尔期或莫斯特期的石器完全相似；然而，就这一文化特征的整体看，一些学者如叶菲明柯，认为中国猿人石器类似东英格利亚（Anglia）克拉克当所发现的阿修尔期工具；另一些学者如奥克拉德尼科夫，认为很接近于早期莫斯特期的技术[1]；贾兰坡先生早已指出中国猿人石器具有阿修尔期或莫斯特期的特征；这些比较方法，我认为仍是有效的。

从石器制法的实验中研究技术的发展，从而作为年代分期的标志之一，固然具有一定意义，可是在目前所讨论的中国猿人文化的性质问题，仍不可能单从这一方面求得解决；除了地质学年代为有力证据外，还需从其他方面来观察。例如：较固定的居住地的发现是舍利期文化所少见的，尤其是人类占住岩洞一点，很明显的是到了阿修尔期和莫斯特期才显著；那时利用岩洞或地洞作天然的住所普遍了；从中国猿人洞的深厚堆积，足以说明占住岩洞已经很久，住地相对的固定。

从舍利期文化的全面观察，当时采集兼打猎的经济还未表现出打猎在二者之中占有重要的地位，那时还是以猎取小动物为主；然而，到了阿修尔期，与相对固定居址出现的同时，打猎经济显得重要了，在中国猿人洞所发现的鹿骨占其他兽骨的 70%，说明打猎的主要对象不是那些小的动物而是巨大的并且难以猎取的鹿。打猎成为人类食物的主要来源，在莫斯特期更进一步明显，许多考古发现足以说明这一

---

[1] Mikhail Nesturkh, *The Origin of Man*, Moscow, 1959, p.232.

阶段的人类社会经济已踏上一个新阶段，即以猎取大动物为满足生活需要的经济，这一经济成为氏族萌芽的经济基础。

与打猎技术进步有关的，是吸吮动物的骨髓，这也是莫斯特期的普遍现象；这一现象在中国猿人洞明显地存在着。

更重要的一种特征，就是中国猿人已能充分利用火；虽然舍利期文化已发现了用火的痕迹，但充其量如第13地点相同，并未显著；到了阿修尔期文化则大量出现火灰的遗迹。中国猿人已经常使用火的事实，很好地证明了他的文化所具有进步性的意义。

生产技术的改进，经常用火，打猎技术的进步（猎取野鹿），吸吮动物骨髓，熟食和相对固定的居住地，都是彼此互相联系和互相制约的，每一方面的特质并非偶然的事物，而是社会发展的结果。

中国猿人的体质与中国猿人文化在人类社会发展过程中，显然也是有机地联系着。劳动经验的积累使生产力提高了，打猎经济的发展和用火来处理肉类，没有疑问，使得食物更容易消化；猎取来的兽肉成为新的食物财富；熟的肉类使机体产生转变是有利的。从这一点上，肉食成为中国猿人生存条件之一部分，从而使身体起变化是无可否认的了。恩格斯指出："肉类食物在差不多现成的状态下包含着为身体新陈代谢所必需的最重要的材料；它缩短了消化过程以及身体内其他植物性过程（即与植物生活现象相应的过程）所必需的时间，因此省下了更多的时间、更多的材料和更多的精力来过真正动物的生活。这在形成中的人离植物界愈远，他超出于动物界也就愈高。……除了吃植物还吃肉类的习惯大大帮助了增强正在形成中的人的体力和独立性。"恩格斯又指出："即火的使用……更加缩短了消化过程，因为它给口提供了可说是已经半消化的食物。"[1]

关于中国猿人的"骨器"问题,贾先生和裴先生前已就制作技术方面有所论辩。[2] 以我个人的看法,中国猿人的"骨器"不是骨器,即使在旧石器时代中期所发现的"骨器"也不能认为是真的骨器。因为,人类的工具与非工具的划分的严格界线在于是否有意识的"制造",不在于"使用";莫斯特期的"骨器"[3] 似乎有使用的痕迹,但无明显的制作痕迹,科学判断不能以孤立的和不明显的现象作为主要根据;倘若以"使用"过的一些痕迹为标准,说它是"器"(应该体会为工具),那么人们过去和现在随意拾些自然物来使用,也可以说是工具和在使用过程中碰上了一些痕迹,亦可以说成是有意识的加工吗?我认为这不能说是工具,只是偶然使用的某些物质。工具的意义,代表着反映历史上某一时期的生产力和社会经济的需要,倘若离开了"有意识制造"的原则,而漫无边际地认为凡是使用过的都是工具,那就失却了它作为衡量经济发展的历史意义。

中国猿人的"骨器"是否经人工加工的问题,以前有步日耶和德日进之争,现在有贾先生和裴先生之辩,长期以来"谁没有说服谁",这最低限度说明了"人工加工"的痕迹不明显,也没有提出其他旁证(如制作骨器的石器存在等)足以证明,因而不能判断它是骨器,充其量只能是中国猿人曾经偶然使用过的一些骨头。这个问题,倘若继续争持下去,未尝不好,但人们要问:在形成人以前的古猿或现代的类

---

[1] 恩格斯:《自然辩证法》,《劳动在从猿到人过程中的作用》,人民出版社1957年版,第142—143页。

[2] 贾兰坡:《关于中国猿人的骨器问题》,《考古学报》,科学出版社1959年版,第3期。裴文中:《关于中国猿人骨器问题的说明和意见》,《考古学报》1960年第2期。

[3] G. G. MacGurdy, *Human Origins*, 1933, Vo I.1, p.140, Fig.66.

人猿所偶然使用的天然石块是否人类的工具？因偶然使用而碰下了一块石片并留有疤痕，是否属于有意识的加工？这样争辩的方向，岂非是一条没有什么意义和不科学的道路吗？

骨器是随着人类渔猎经济的开始而明显被使用，它和以前偶然使用的骨头有了质的变化；石料不能制造鱼钩和鱼叉等渔猎工具，因而骨料的被利用在渔猎经济中才被提到重要的地位。业已被大量古证迹证明了的渔猎经济出现于旧石器时代晚期，及其适应这一经济形态需要的骨器的同时出现的事实，如果由于我们的认识确有客观事实根据，当然可以不受它的束缚，将骨器的出现提前；但是，目前考古发现给我们对骨器出现在旧石器时代初期的认识，还远不如对用火的充分，贾先生的证据还未足以说服人。[1]

中国猿人文化所表现的原始性和进步性，正说明了它的历史继承关系，反映正在从旧石器时代初期向旧石器时代中期的转变过程中；然而，新出现的旧石器时代中期的特征，还未完全代替它的前期特质，所以基本上仍属于旧石器时代前期的文化，或可以说，相当于阿修尔期。

中国猿人的体质及其文化的特征，二者是相互适应的，说明是人类及其文化发展过程中的产物。

中国猿人所以成为世界上人类学和考古学的最重要发现之一，就是由于它包含了各方面的遗存，全面地证实了"劳动创造人"，人和工具的关系，经济发展和人及其文化的关系的辩证唯物原理，和人类早

---

[1] 贾兰坡：《谈中国猿人石器的性质和曙石器问题——与裴文中先生商榷》，第22页。

期历史发展的客观规律。同时，亦只有在辩证唯物主义历史唯物主义的观点指导之下，才能发现它的重大意义。

总结我这篇文章的全文论点，我认为：1."曙石器问题"的争论，在西方是进化论和反进化论（种族主义论）所争论的一部分；在我国目前对中国猿人及其文化的性质问题讨论是属于学术上探讨，应该严格区别开来。2. 划分人和动物的界线是劳动，劳动开始于能制造和使用工具；有了人就有了社会和有了语言；人之前只有猿（古猿），只有动物，并无所谓"生物人"（或"前人"）。3. 中国猿人及其文化都不是最原始的人类和文化，在他之前一定有更原始的人类及其文化存在。4. 中国猿人及其文化的性质是相互适应的；中国猿人属于猿人阶段的较晚期，其文化属于旧石器时代初期的后一阶段。5. 石器制法的实验和鉴别只是考古学技术方法的一种，有一定的局限性，还须把人类化石和文化及其与社会发展的关系综合起来研究，才能决定其文化性质；决定文化性质的另一重要根据是地质学年代。

原载《学术研究》1962 年第 1 期

理学的历史意义

张岱年

理学亦称道学，是宋元明清时代占统治地位的哲学思想，创始于周敦颐、张载、程颢及程颐。北宋中期，张载讲学于关中，二程讲学于洛阳，都提出了自己的理论体系，产生了较大的影响。二程早年曾受学于周敦颐，后人追溯程学的来源，于是推崇周敦颐为理学的开创者。周、张、二程都以继承孔孟学说为己任。周敦颐论学云："圣人之道，入乎耳，存乎心，蕴之为德行，行之为事业。""道德高厚，教化无穷，实与天地参而四时同，其惟孔子乎！"张载自述为学要旨在于："为天地立心，为生民立命，为往圣继绝学，为万世开太平。"程颐述其兄程颢的学术云："知尽性至命必本于孝悌，穷神知化由通于礼乐；辨异端似是之非，开百代未明之惑。"这些论学之语，都揭示了理学的宗旨。理学一方面批判了释（佛教）老（道家）学说，一方面也反对汉唐训诂之学，而以《论语》、《周易》、《中庸》、《孟子》等古代儒家经典为依据，回答了释老所提出的问题，使儒学达到了更高的理论水平。

理学家吸取了佛学和道家的一些思想资料，但其基本精神是回到孔孟，为孔孟的伦理学说提供了本体论的基础。理学虽受到佛老的影响，而其根本宗旨与佛老不同。一些佞佛之士认为理学家是"阳儒阴释"，是不符合实际的。理学是以对于佛老的批判为基础的儒学，形成儒学的新形态。

《宋史》立"道学传"，但道学一词易与"道家之学"相混，仍以理学的名称为宜。理学受到尊崇之后，于是出现了一些言行不一致的假道学，于是理学为一些人所诟病。其实真正的理学家都是特重道德履践的，虽然未免迂阔而绝非诈伪。宋元明清时代，有些理学家出任地方官吏，也都是清官，这是明显的历史事实。

理学被明清最高统治者所利用，作为维护专制制度的工具，其实多数理学家并不赞同绝对王权。理学确实起了维护社会秩序的作用，于是有人认为理学是反动思潮，事实上理学是与当时社会的生产关系相适应的，当时并未产生新的生产关系，所以不能说理学是反动的。只有明代后期产生了资本主义生产关系的萌芽，理学才逐渐转为过时。

也有些论者认为理学是唯心主义的理论形态。这也不符合历史事实。理学之中，程（颐）朱（熹）学派宣扬唯理论，可以说是一种客观唯心主义，陆（九渊）、王（守仁）学派宣扬唯心论，可以说是一种主观唯心主义；但张载及其继承者王廷相、王夫之以"气"说明世界，乃是唯物主义哲学。应该承认，理学包括三派，其中唯物主义一派构成了近古时代的具有一定科学性的进步思想的传统。

理学在历史上曾起过重要作用，并且广泛流传到东亚地区，成为近古时代东亚地区占统治地位的思想体系，所以是值得着重研究的。理学的许多概念范畴更需要正确理解。董玉整同志联合十几位青年学者编写《中国理学大辞典》，对于理学的学派、人物、命题、概念、著作、典故、遗址等门类的词目都予以诠释，这是一项有重要意义的工作，对于中国传统文化的批判继承将有重大的帮助。董玉整同志征求我的意见，于是略述理学的历史意义作为序言。

本文系张岱年先生为《中国理学大辞典》所作的序言，《中国理学大辞典》共100万字，由董玉整先生担任主编，已于1995年12月由广东暨南大学出版社出版。这是迄今为止研究中国理学的第一部大型工具书。原载《学术研究》1996年第1期

释龟蛇

秦 牧

"风樯动,龟蛇静。"
"烟雨莽苍苍,龟蛇锁大江。"
"龟蛇捧持长江桥。"
……

由于长江上建了大桥,有关这事情的吟咏很多都提到了龟山和蛇山。龟蛇对峙,龟蛇被人并提,这事情本身究竟有没有什么涵义呢?

有的!这事情牵连到我们民族的古老文化。蕴藏着我们先民的憧憬和幻想,细想起来,这真是意味深长的一回事。

隔着滚滚的江水,一蛇一龟,两山对峙。它们被人这样称呼的历史已经异常久远,甚至不易稽考了。人们这样给它们命名,绝不是什么偶然的事。

因为在许许多多的其他的场合,龟蛇也总是联在一道的。在好些庙宇的前面,常常有龟蛇的石刻,一只雄壮的大石龟,背上驮着一条石蛇。南京的灵谷寺,佛山的祖庙,面前就都有这样的东西。特别是奉祀水神的北帝庙之类的庙宇，这样的石刻尤其平常。著名的佛山祖庙，正是水神的庙宇。

为什么龟和蛇总是被联在一道呢？难道仅仅是因为它们同属于爬行动物吗？古代的人们对于动物的分类学是不会像近代的人们这样有兴趣的，显然它的原因绝不在这儿。

有一种世俗的穿凿附会之说，讲雄龟不能交尾，雌龟和蛇配合，事前在自己四周撒了一泡尿，雄龟怒气冲冲要来干涉的时候，被这一条尿的阵线阻住，完全无法可施。这和"腐草为萤"、"羊跪乳"、"螟蛉有子，蜾蠃负之"等具有同样性质，都是由于人们对生物现象的缺乏了解而产生的传说，几百年来的确是有相当巨大的势力的。这就是"乌龟"一语所以被人认为是极端侮辱的骂人词语的原因。

然而龟蒙受这种不白之冤的历史绝不会很久，产生这传说的年代最早不会早于明代。在这之前，龟在中国历史上一直有着十分崇隆的地位。在古书里，它和龙、凤、麒麟一道被称为"四灵"。唯其是"灵"，它的甲板才成为殷商卜辞寄托的材料，殷商的历史也就大半写在它的甲板上。春秋时代，大将的将旗上有绣着乌龟的，汉代的王侯，印章上常常装饰着"龟纽"。龟的声势是这样的显赫，古代的天文学者把天上的星宿分为二十八宿，这二十八宿分隶于朱雀、青龙、白虎、玄武（乌龟）四方，其中乌龟就代表了北方的一方。北帝庙也可以说是龟神庙，北帝庙的神旗是黑底上绣七颗星（当年三元里抗英战争时用的指挥旗就是从北帝庙里取来的这样一面旗），七颗星表示北斗七星，也就是"玄武"一方所领的星宿。黑色就是代表乌龟的颜色。来源甚古的五行观念，把木火金水土的五行，来配东南西北中的五方，配青赤白黑黄的五色。乌龟代表北方，代表水，代表黑色，从北帝庙神旗的那个模样儿，可以想见，乌龟正是被古代人们当做水神一样地尊崇着的。

为什么说那个"雌龟偷蛇"的无稽之谈是到明代以后才流行起来的呢？因为一直到宋代，龟的崇隆地位始终未曾动摇，宋代的人们流行用乌龟壳来做帽子（苏东坡、陆放翁都戴过这种帽子），就很可以说明这一点。如果乌龟被人当做是耻辱的象征，还有谁愿意戴着顶龟壳帽子在市街上到处跑呢！

那个无稽之谈在明代以后流行起来，相当地影响了龟的地位，龟的形象开始从许多器具服饰上消失了，人们极少用龟字来做名字了，也渐渐忘记北帝庙和"龟神"的关系了。但尽管如此，由于它在历史上势力的巨大，它的余威仍然不小。卜卦的人常用个龟壳来占卜，正是龟被视为灵异的历史势力的遗留。而且，中国虽然已经极少人用个龟字来做名字，在日本，在朝鲜，保持当年中国的古风以龟字命名的却至今仍大有人在。

这就说明，龟蛇并称，龟蛇成为形影不离的石刻，龟蛇成为隔江对峙的山峰，和那个"雌龟偷蛇"的无稽之说完全无关。事实上在这个愚昧的传说流行起来以前，几千年间龟蛇的形象就已常被人放在一起。而且，如果水神庙前的龟蛇石刻，是和这个传说有关的话，岂不是大大"亵渎神明"了么？

龟蛇二物的如影随形，应该是另有理由存在。

这里得再来谈一谈蛇。龟在历史上地位这样崇隆，蛇又是怎样呢？

回答是：蛇的地位也一样高得很。在古代神话里，蛇就是龙，龙就是蛇，它们几乎是一而二，二而一的东西。用龙蛇二字来表示事物品格的极端悬殊，那是后来的事。在古老的神话时代，它们原都是被目为神物的。

闻一多先生的"伏羲考"、"端午考"、"龙凤"等文章,十分精辟地说明龙凤在生物界并不存在,而在中国的神话、民俗上却占有巨大地位的历史社会根源。据他的说法,龙和凤代表着我们古代民族中最基本的两个单元——夏民族和殷民族。龙是原始夏人的图腾,凤是原始殷人的图腾。因此夏民族的许多祖先传说都和龙有关(如"鲧死……化为黄龙,是用出禹")。殷民族的许多祖先传说都和凤有关(如"天命玄鸟,降而生商")。龙,这样一种披着麟甲,生着脚爪,头角峥嵘,翻卷飞腾的形象,是只存在于图腾中的一种虚拟合成的生物。龙的基调还是蛇,后来有一个以这种大蛇为图腾的团族兼并吸收了许多别的形形色色的团族,大蛇才接受了兽类的四脚、马的头鬣和尾、鹿的角、狗的爪、鱼的鳞和须……这就形成龙的模样儿了。以后龙的形象成为帝王以政治权力加以独占的祥瑞,于是这种在生物界中并不存在的东西渐渐变成家喻户晓了。

龙的基调既然是蛇,龙蛇关系的密切可想而知。龙字在金文中从"巳","巳"字就是古代的蛇字。夏族先民崇奉龙的图腾,他们的神话传说中实际上是龙蛇不分的。神话中的女娲和伏羲,都是人首蛇身。据闻一多的考证,夏族重要后裔之一的吴越,城门上也画上龙和蛇来趋吉避凶。从这些事例,可见在古代神话中,龙和蛇是一而二,二而一的。

闻一多的这些考证,对于我们理解"龟蛇"帮助很大。从这里我们可以知道,蛇和龟一样,在神话到处充斥的先民时代,它们是都被视作祥瑞的。

然而这还不能完全说明问题,可以成为祥瑞的东西多得很,麒麟、凤凰、白虎、丹鹤……不胜枚举。为什么龟蛇常常联在一起,而且在它们出现的地方,总是和水很有关系呢?例如龟山和蛇山,是隔着长江对峙的;龟蛇的石刻,是常常出现于水神庙前的。

这就不能不使人想起《山海经》、《拾异记》这一类神话古籍中,关于夏禹治水的传说了。

龟蛇对峙并立,和这些神话传说,关系是异常密切的。

照那些古代神话的讲法,大禹治水的时候,有一只大乌龟和一条龙跟随着他。大乌龟驮着天上神奇的"息壤",让大禹随时撒下来变成堤防和陆地。那条叫做"应龙"的龙用尾画地,开辟了江河。《拾异记》铺陈《山海经》的说法,叙述当时的情形是:"禹尽力沟洫,导川夷岳,黄龙曳尾于前,玄龟负青泥于后。"这一龟一龙,就是大禹治水时的好搭档。

照那一类神话古籍的讲法,这只大乌龟不仅帮助禹治水,以前献策给禹的父亲鲧去偷天廷的"息壤"来治水的也是它。帮助禹治水的不仅有这条"应龙",授他度量天地的玉简以治洪水的伏羲,就是一个人首蛇身的大神。而且大禹本人,在那些神话中也被说成是一条黄龙变成的。

不仅治水这一方面有龙(蛇)有龟,兴风作浪,造成洪水灾患的那一方也有蛇有龟。那个到处作乱后来被大禹征败的共工,在神话里也是人面蛇身,而且他的部属也都是蛇身。屈原的"天问"对古老的神话传说提出了一百七十多点的质疑。里面有好几处都问到了这些事情。"何以要使巨鳌在海里匍匐,鼎着五山使它们安稳,何以又让龙伯钓去巨鳌,使它在海上飘零?""应龙教夏禹疏通九河,它是怎样用尾巴画地?"(根据郭沫若译诗)从"天问"中的这些词语,可以想见这一类神话传说当时流传之广和对人们思想认识影响之深了。

在这些神话里面，蛇和龟，都是能够对水起决定作用的巨灵。真像是"风从虎、云从龙"似的，水，是由蛇和龟来操纵的。大禹因为得到了蛇和龟的帮助，因此才治得了洪水。

神话自然十分荒诞无稽，然而它产生的历史社会根源，却是十分现实的。这些神话是古代民族对于自己先民所崇奉的图腾，关于自己著名先人的传说，以及洪水、战争等等故事在长时期中杂糅粘合，错综变化而成的。

有一件事情很清楚，龟和蛇，一直被视为操纵洪水的灵物，加上了大禹治水神话的广泛传播，它们的地位更加显赫了。龟和蛇被相提并论，在《山海经》中并不止夏禹治水一处，那里面提到一些奇怪的民族，说他们用青蛇做装饰，接着又说："一曰：……各操一龟。"龟蛇在这儿是连在一起的。《山海经》里面也已经有了"蛇巫之山"和"龟山"这类的地方名称。龟蛇也是连在一起的。

讲到这儿，我想：对于龟山蛇山隔江对峙，水神庙前常有龟蛇石刻这一类事，可以作这样的臆断了：它是和我们民族的古老神话传说密切关联的。鱼在水里游动，人们是视作寻常的，然而龟蛇在水里游动的姿态却着实使人赞叹。人们的拜物情绪不由得油然而生。这两样东西的出现，是人们希望用它们来制伏洪水的象征。由于它们常常联在一起，才刺激了明代以后那些想"格物"但自然知识又十分浅陋的人们制造了"雌龟偷蛇"那样荒诞不经的传说。

我们可以想象：在古老的年代，有人来到长江岸上，那时武昌、汉阳隔江对峙的两座山峰还没有名字。这些人要来给它们命名。他们看着惊涛拍岸的长江，俯瞰着它的滚滚流水，回忆着它的可怖洪峰。

他们就想，让这两座山叫做蛇山和龟山吧！让它们像传说中的龟蛇一样，来制伏洪水吧。经他们这样一命名，生活在那种神话气氛中的群众莫不称善，于是世代相传，古老的名字就一直叫到现在了。

至于水神庙前有那样的龟蛇石刻，那正像基督教之有十字架，佛教之有"浮屠"一样，都是"题中应有之义"，是用不着解释的了。

现在的长江，像毛主席所吟咏的："一桥飞架南北，天堑变通途。"这东方第一大桥就架在蛇山龟山上面，真是妙极美极。长江南北联系起来了，古代人的朦胧的愿望由这一代人的手把它完成了。这一代人正在大踏步创造着比神话更瑰丽的奇迹！

原载《学术研究》1958年第2期

中山君礜考略

饶宗颐

河北省平山县战国中山王墓出土礜鼎（共 470 字）、礜壶（451 字）、盗壶（204 字）诸器，长篇铭辞，铿锵可诵，为近年考古学一大收获，诸家著文讨论[1]。惟中山君礜究为何人，犹有待于抉发。礜字不见于字书，或疑是错字[2]；或云古玺有长礜、和礜[3]凡二见。

出土三器，铭辞皆言及燕王哙及子之事。一则曰：

昔者郾（燕）君子徻（哙），睿（叡）弅夫粐（悟），䢼（长）为人宗。闬鈲（于）天下之勿（物）矣，犹䙡（迷）惑于子之，而迉（亡）其邦，为天下戮，而皇（况）才（在）于乎（少）君乎？（鼎铭）

再则曰：

---

[1] 参见《故宫博物院刊》1、2；《文物》1979 年第 1 期，《考古学报》1979 年第 2 期。
[2] 于豪亮说。
[3] 罗福颐说。

戴（择）郾（燕）吉金鈛（铸）为彝壶……以鄉乡上帝，以祀先王。……諆（诋）郾之讹，以憝嗣王。……僴（遹）眘（遭）郾君子噲（哙），不顨（顾）大宜（义），不匽（友）诸侯，而臣宗豻（易或孛）立（位），以内䎽（绝）邵公之业，乏其先王之祭祀。……寡人非之。賈曰：为人臣而汳（反）臣其宗，不羊（祥）莫大焉……舦忎（愿）从在大夫……以诛不顺。……郾旇（故）君子迮、新君子之，不用曹（礼）宜，不顨逆忎（顺），旇（故）邦迕身死，曾亡鼠（一）夫之栽（救）。……（方壶铭）

三则曰：

　　……鎽（逢）郾亡道敭（易）上，子之大辟不宜（义），汳（反）臣其宗。……佳司马賈……逹师征郾，大启邦洰（宇）……（舒螯壶铭）

　　称其臣主孛位，力诋燕之错误，警告其嗣王，言之谆谆。鼍所以叮咛再四者，必有缘由。

　　考燕王哙及子之让国在周慎靓王五年（前316年），又二载赧王元年，子之遂南面行王者事，故王哙年老不听政，反而为臣。三年国大乱，将军市被与太子平谋攻子之。(《燕世家》、《燕策》)齐宣王[1]因乘机伐燕，大胜之，燕将市被战死，燕君哙死之，子之亦亡。中山君鼍之伐燕，乃出相邦司马賈之谋，此事史书不载，赖舒螯壶铭知之。是

---

[1] 《史记》作湣王，此据《孟子》。

时孟子适在齐，故有"子哙不得与人燕，子之不得受燕于子哙"之评语。(《公孙丑下》)

各书所记让位之谋，或云出之鹿毛寿，或云出之潘寿，兹比较《战国策·燕策》、《史记》、《韩非子》三书异同如下：

《燕策》	《史记·燕世家》	《韩非子·外储》	
鹿毛寿谓燕王曰……不如以国让子之。……燕王因举国属子之。	鹿毛寿谓燕王不如以国让相子之。	潘寿谓燕王曰：王不如以国让子之。	按此三条皆同。
或曰禹授益而以启为吏，及老而以启为不足天下，传之益也。启与支党攻益而夺之天下。	或曰禹荐益已而以启人为吏，及老而以启人为不足任乎天下，传之于益。已而启与支党攻益夺之。	一曰潘寿，阚者，燕使人聘之。潘寿见燕王曰，臣恐子之之如益也。	按史公全袭《国策》，只称或曰，韩非则以为语出潘寿。

此一席话，可检原书勘校，兹不具录。观其意似向燕王哙说明让位必导致大乱，引夏世启与益相争之事为鉴，故云"今王欲传子之，而吏无非太子之人者，是名传之而实令太子自取之也"(《韩非子》)。观后来太子平果与将军市被共谋而攻子之，足见说者实有先见之明。

寿为何人，向来无考。《外储右下》谓：

一曰潘寿，阚者，燕使人聘之。

宋乾道钞本、明韩子迁本、明正统道藏本皆同作"阚者"。(赵用贤本及凌瀛初本作"隐者"，疑出臆改。)《燕策》"鹿毛寿"一名，同于今

本《史记》,然古本《史记》则异是。刘宋时裴骃集解引徐广云:

> 一作"厝毛",又曰甘陵县本名"厝"。[1]

司马贞索隐云:

> 《春秋后语》亦作厝毛寿。

甘陵县本未详,晋孔衍之《春秋后语》亦作"厝",[2] 是晋宋之间凡有三本字皆作厝,而不作鹿,故厝字当较鹿为可据。甘陵本只作"厝"。

余疑厝即中山二器之䂮也。鲍彪本《国策补》元吴师道引徐广"厝"下有音昔二字。厝与䂮皆音昔,中山器字多作繁体,从䂮昔声,与厝可以假借。

考燕王哙三年,子之始相燕,盖苏代为齐使于燕,尝激王哙厚任用子之,子之因遗赂苏代百金。向时史家咸谓厝毛寿之说燕王以国让与子之,出自苏代之所使[3],是时中山必已复国[4]。中山王䂮所铸钟首记"隹十三年",据谓即赧王四年(前311年),赵武灵王之十五年[5],燕王哙之三年,即中山王䂮之六年也。中山复国,虽自称王,以本身蕞尔小国,不为人所齿,羞与为伍,当日有"犀首立五王而中山后持"

---

[1] 南宋绍兴杭州刻本,文学古籍刊行社印本第6册。
[2] 敦煌写卷《春秋后语》有数卷,惜有赵无燕。
[3] 如泷川资言《史记会注考证》。
[4] 参见《六国纪年》。
[5] 见罗福颐文。

之说[1]。厝如即礜，当时必尝说燕，与子哙论让位子之事，其人必周旋于燕齐之间。齐之攻燕，彼亦遣师征燕，启其疆宇，其后终为齐燕所共灭。[2]

韩非所以称潘寿为隐者，《说文》，"隐，望也"，字与瞰同。《诗·大雅》："瞰如虓虎。"厝先为说客至燕，后见燕势衰，又合齐以攻燕，此事赖中山墓所出新资料得以证明。是其人非隐者而何？韩非之言，得自传闻，亦有足信者也。

《春秋后语》及《史记》古本之厝毛寿，《史》、《策》作鹿毛寿，鲍彪云："鹿盖钜鹿，寿之所居。窃疑毛寿或潘寿应为灵寿之讹，灵寿者中山之都城。"《史记·赵世家》：赵献侯十年，中山武公初立。索隐引（系）《世本》云：

中山武公居顾。桓公徙灵寿，为赵武灵王所灭。

据秦嘉谟辑本，此条盖出于《居篇》。中山武公初立在赵献侯十年（前414年）。礜壶所记尚有皇祖文、武、趄祖、成考诸代，武即中山武公，趄祖即徙居灵寿之桓公[3]，中山王墓玉器有"桓子"二字，时尚称子，自桓以降，中山定居于灵寿。《乐毅传》称乐羊葬于灵寿。《汉书·地理志》，"常山郡有灵寿，中山桓公所都"。平山之发掘，正证明其地即古之灵寿。[4] 燕人齐人初不承认中山为王，故称中山礜为厝

---

[1] 见《国策·中山策》。
[2] 事在周赧王二十年燕昭王十八年齐湣王十九年，见《史记·六国年表》。
[3] 参见薛惠引中山国王世系。
[4] 《文物》1979年第1期，第33页。

灵寿，后讹为厝毛寿，更形讹为鹿毛寿。

罍所铸之钟彝，所以郑重言及燕哙及子之之事，以为子孙鉴戒者，因彼尝充说客，与燕哙论让国子之，其事易生争端，必如夏启之与益，嗣后果验，故念念不忘其事，至泐之钟铭，以警后人，其事洵非偶然者。

中山鼎铭引古谚语"寡人闻之：蔑其汤于人，宁汤于渊。昔者郾君子儈"云云，《大戴礼记》书武王践阼："武王为戒书其盥盘之铭曰：与其溺于人也宁溺于渊。"罗福颐以汤为没字之省。《御览》引此以为随武子士会之语，然韩非《内储》说下六征云：

> 势重者，人主之渊也；君者势重之鱼也。鱼失于渊而不可复得也。人主失其势重于臣，而不可复收也。古之人难正言，故讬之于鱼。

此解《老子》"鱼不可脱于渊"之义。鼎铭引宁没于渊下，即接述燕哙让国事，正讥其失重势于臣，王哙所以失败，韩非之说亦可互参也。

燕王哙让国事，战国以来，似有毁与誉两种不同之说。《淮南子·人间训》："徐偃王为义而灭，燕子哙行仁而亡。"此正誉之为行仁也。吾人读《庄子》之《让王篇》，列举事例，惟未言及燕哙。可想见战国之顷，颇流行此种让国之思想，燕哙即实践此一理论而招致失败者。有如斯巴达王阿基斯四世（Agis IV，公元前245—前241年）因实行犬儒学派 Antisthenes 思想而牺牲[1]，行仁而亡，东西可相辉映，中山

---

[1] 见希腊史家普鲁塔克（PluTaque）撰《阿基斯传》。

王嚳铭，虽极力反对王哙与子之，然于王哙为人则称其能"闲天下之物"，毁中仍带誉焉。

附：

中山王嚳鼎铭"智天若否"及毛公鼎"虩虩许许上下若否"解——相反义联绵词之古成语举例

中山王嚳鼎第廿六七行有云"智（知）天若否，仑（论）其惠，眚（省）其行，亡不愻（顺）道，考㞢（度）隹型（刑）"。按"若否"成语已见于《毛公鼎》，铭云："王曰父厝，今余隹肇巠（经）先王命，命女辥（乂）我邦我家，内外憃于小大政，嚊（粤，俠也辅也，《左传》'以夹辅周室'）朕立（位）。虩虩许许，上下若否，雩（越）四方死毋童。"若，顺也；否，则反是。"若否"一词，诗书常见。《盘庚下》"若否罔有弗钦"，《诗·烝民》"邦国若否，仲山甫明之"。郑笺："若，顺也，顺否犹臧否，谓善恶也。"释文"否音鄙，恶也""若否"盖为相反义之联绵字。"虩虩"连词，两见于《易·履九四爻辞》"履虎尾虩虩"。《震卦》辞："震来虩虩"，《子夏传》云"恐惧貌"。马、郑、王皆同。《说文》虎部虩字引《易·履》亦训恐惧，从虎覤声，许叀切。《广雅·释训》："虩虩，惧也。"虩虩，《吕氏春秋》引《易》作"愬愬"，《公羊·宣六年传》："灵公望见赵盾，愬而再拜。"何休注："愬者惊貌，知其欲谏，欲以敬拒之。"故虩虩有戒慎恐惧之义，所以敬其事也。东周钟铭《宗夷镈》云"虞虞成唐，又敢（有嚴）在帝所"。《晋公𥂴》云："虩虩在（上）。"其单言虩者则曰"虩事"，如《秦公毁》云："保龏（业）厥秦，虩事緒（蠻）夏。"宝鸡新出土《秦公钟》云"憲公不冢（墜）于上，邵合皇天，以虩事䜌方。"（《文物》1978，11）夕惕从事谓之虩事，敬惧之至也。

虩虩重言见于《易》，"许许"语则未之闻，余谓即《庄子》之"顼顼"也。《天地篇》述子贡见汉阴丈人之后，"卑陬（愧惧）失色，顼顼然不自得，行三十里而后愈"。（顼顼亦作旭旭），《说文》页部"顼，头顼顼，谨貌，从页玉声，许玉切"。顼音许玉切，《毛公鼎》作许许，正与顼顼同音。《风俗通》引《书大传》训，"顼"云信也，愨也。《白虎通·号篇》解颛顼云"顼者正也"。西周《大克鼎》"顼于上下，亡敄得屯（纯）"。"顼于上下"犹言"谨于上下"，顼顼为谨貌而虩为惊貌。虩虩许隙切，顼许玉切，互为双声，言虩虩顼顼于上下臧否之务，即敬事而信。西周以敬为宝训，故谆谆诰诫如此！"亡敄"者，敄即瞀，《书·康诰》"瞀不畏死罔弗憝"。《说文》："瞀，冒也，引《周书》此语。"（《孟子》引《康诰》作"闵不畏死"）伪孔传："瞀，强也，自强为恶而不畏死。"得屯犹言得"纯"，纯谓之备，"不偹则神生不定"（《庄子·天地篇》），得纯则无冒而无违矣，惟顼顼然谨于上下者能之，此克鼎之彝训也。

顼于上下，叮咛言之则曰"虩虩许许，上下若否"。许、否二字，篇中协韵。上下一成语《尚书》屡见。《尧典》云："格于上下。"《君奭》云："大弗克恭上下。"大者减钟："其登于上下口口，闻于四旁"（即四方）皆其例。《洛诰》云："惟公德明，光于上下，勤施于四方。"德明者明德之倒言，《秦公钟》："冀受德明，以康奠协朕国"是也。

原载《学术研究》1980年第2期

桂林石刻《元祐党籍》

陈乐素

1982年我写过《流放岭南的元祐党人》一文，论述北宋绍圣、元符以及崇宁年间，先后被作为"元祐奸党"流放岭南的一些历史人物，他们历尽艰苦流离的情景，以及他们在贬所生活中传播了中原文化，对促进岭南文化的发展，起了一定的积极作用。本文则继前作，略述"元祐党籍"和几个《元祐党籍碑》的历史发展，桂林石刻《元祐党籍》的历史价值，并及与它互为补充的融水《元祐党籍碑》。

一、"元祐党人"之称

元祐党这一党名，不是自称的，而是被强加的。北宋元丰八年（1085年）三月，神宗死后，哲宗继位，是年方十岁的孩子，由太皇太后高氏，他的祖母，垂帘同听政，实际掌握政权。她首先起用反对王安石的司马光，罢掉保甲、方田、保马、免役等新法；第二年，元祐元年（1086年），又罢掉宰相蔡确和知枢密院事章惇；任命司马光为宰相。同年，王安石、司马光相继死后，太皇太后任用一些正派的人如吕大防、刘挚、范祖禹等,和有名学者如苏轼、程颐等。但苏轼和程颐之间不久就发生派系之争,随即扩大成以程颐为首的洛党,苏轼为首的蜀党,刘挚为首的朔党,互相排挤;还有被罢了的蔡确、章惇等派在暗中活动。这就形成复杂而不稳定的政治局势。元祐四年(1089年),有人上奏:蔡确被贬,作诗"讥仙朝廷,上及君亲"。于是再贬到岭南的新州(今新兴县)。当时有人认为过重。太皇太后说:"山可移,此州不可移!"事后,范纯仁对吕大防说:"此路荆棘七八十年矣,奈何开之?吾侪正恐不免耳。"(语见杨仲良《通鉴长编纪事本末》卷一〇七。以下简称《本末》)范纯仁的意思是说,仁宗乾兴元年(1022年)寇准被贬雷州,丁谓被贬崖州以后,距离当时已七八十年,没有再贬岭南的,此路已经长满荆棘,不宜再开。元祐八年九月,太皇太后高氏死,哲宗十八岁亲政。他与祖母的感情不好,一些人就利用这一点,借恢复神宗时期的法制为名,畏就是这种主张的人。哲宗采纳了,当年就恢复章惇和吕惠卿等主张新法的人的官。形势于是大变。第二年,基于曾布的建议,改元祐九年为绍圣元年(1094年),明白表示绍继神宗时期的法制,正式任命章惇为宰相。这样一来,在人事方面,章惇便大肆报复,假借哲宗的命令,夺司马光、吕公著等赠谥,贬吕大防、刘挚、苏辙、梁焘等官,安置范祖禹、赵彦若、黄庭坚等于永、澧、黔等州;三年,远窜范祖禹于岭南的贺州(广西贺县),刘安世于英州(广东英德)。四年二月,更进一步,流吕大防、刘挚、苏辙、梁焘于岭南的循(广东龙川)、新、雷、化州,并贬范纯仁、刘奉世、韩维等三十多人的官。三月,章惇使中书舍人蹇序辰上疏:"朝廷前日正司马光等奸恶,明其罪罚,以告中外;唯变乱典刑,改变法度,讪讟宗庙,睥睨两宫,交通近习,分布死党，考言观事，实状具明，而包藏邪心，踪迹诡秘，相去八年之间，已有不可备究。至其章疏文字，行遣案牍，又散在有司，莫能会见，若不乘时取索编类，恐岁久沦失，或邪党交构，有藏匿弃毁之弊。欲望圣慈特赐指挥，选官将贬责奸臣，所言所行事状，并取会编类，人为一本，分置三省、枢密院，以示天下后世之大戒。"（《本末》卷一〇二）章惇、蹇序辰等把司马光等说成罪大恶极，诬蔑他们许多罪状，要把他们的所言所行，编类成专案，一人一本，存藏于三省和枢密院两个最高政府机关，示天下后世，使他们永远不得翻身。这种做法，在我国封建社会的历史上是罕见的。第二年，元符元年（1098年），章惇、蔡卞等人还要求哲宗把他的祖母作为罪魁祸首，追贬为庶人；未被这个孙子采纳。

元符三年，哲宗死了，弟弟佶立，为徽宗，十九岁，由他母亲向太后同听政，实权在太后手里，她不同意过去哲宗的主张，于是政治形势又一变。首先，徽宗之立，章惇声明反对。这当然招致向太后的不满，初立的徽宗当然更不满。于是很快就遭到陈瓘、龚夬的抨击。《宋史·龚夬传》："时章惇、蔡卞用事（当时章惇还是宰相，蔡卞是尚书左丞），夬首论其恶。大略以为昔日丁谓当国号为恣睢，然不过陷一寇准而已。及至于惇，而故老、元辅、侍从、台省之臣，凡天下之所谓贤者，一日之间，布满岭海；自有宋以来，未之闻也。当是时，惇之威势，震于海内；盖其立造不根之言，文致悖逆之罪，俾朽骨衔冤于地下，子孙禁锢于炎荒，忠臣义士，愤闷而不敢言，海内之人得以归怨于先帝。其罪如此，尚何俟而不正典刑？下事上不忠，怀奸深理，凡惇所为，皆卞发之，为力居多。望采之至公，昭示谴黜！"于是章、蔡并遭罢免，韩忠彦、曾布当正副宰相。据《宋史·曾布传》："时议以元祐、绍圣，均为有失，欲以大公至正，消释朋党。明年，乃改元'建中靖国'，邪正杂用。"建中靖国元年（1101年），贬章惇为雷州司户参军；谏官江公望、陈瓘亦遭罢免。但皇太后刚死了不久，新的情况又出现。就是蔡京上台，当了翰林侍读学士承旨，很快成为徽宗皇帝的亲信。在蔡京的建议下，恢复了他弟弟蔡卞和蹇序辰等官。第二年，年号"崇宁"，表示尊崇熙宁时代的政治制度，实质上借以排挤打击"元祐党人"。于是不特韩忠彦被罢免，连主张"消释朋党"的曾布亦被罢。当年七月，蔡京当上了宰相，形势发生了更大的变化。九月，第一次出现了党人碑。

二、宫城内端礼门的党人碑

崇宁元年（1102年）九月，第一个党人碑竖立在宫城内的端礼门。端礼门为文德殿的南门，而文德殿是文武官每日赴朝常参的正衙殿（据李攸《宋朝事实》卷十二）。这就是说，端礼门是文武官常参必经之门，碑树立在那里，文武百官可以看到。

事情是这样的：九月之前的五月，"臣僚上言：神考在位十九年，所作法度，皆本先王。元祐党臣秉政，紊乱殆尽，朋奸罔上，更唱迭和，气焰熏炙，不可向迩者，皆神考之罪人也。绍圣追复，虽已窜逐，陛下即位，仁德涵养，使之自新，党类实繁，所在连结。内外相应，寖以滋曼，为害弥甚。今皆坐享荣名，显职厚禄，分居要路，疑若昔未尝有罪者，非所以正名也"。又说"今奸党姓名具在，文案甚明；罪有轻重，情有浅深，使有司条析，区别行遣，使各当其罪，数日可毕"（《本末》卷一二一）。八月，"臣僚上言：伏见前日诋讪先朝，动摇法度，罪不容诛之人，比者追贬而显黜之，皆板镂所陈章疏，且颁降手诏，著所以罪之之由，俾中外洞知本末；此真与众弃之之美意也。臣愚，尚以谓陛下践祚之始，渊默不言，尝开献书之路，而以书献者，有布衣取甲科，或加秩一等，或解武弁，而寄寺、监、丞、簿之禄。天下之士，不知彼所论列为何等语。欲望出其所上封事，布之四方。果其言有补国是，则至公之议，帖然自厌；脱或志在觊望，侥幸名器，无忠嘉一定之论，有奸佞两可之语，附下罔上，累先烈而害初政，则于此时，岂可置而不问？"（《本末》卷一二三）他们不但建议要确定党人之罪，还要求追查元符三年上书人中反对绍圣措施的一些人。于是九月己未（十三日），徽宗下诏，把上书人分正、邪各三等，其中邪等，即反对绍圣措施的定为邪上尤甚的三十九人，邪上的四十一人，邪中的一百五十人，邪下的三百一十二人（据《本末》卷一二三）。这样，原定为"党人"的以外，又增加五百多人要定罪。最后，公布列入元祐党籍的计一百二十人，其余未列入籍内。《宋史·徽宗纪》崇宁元年九月己亥（十七日）"籍元祐及元符末宰相文彦博等、侍从苏轼等、余官秦观等、内臣张士良等、武臣王献可等，凡百有二十人，御书端礼门"。这就是皇帝亲笔也就是皇帝亲定的第一个元祐党人碑。一百二十人的名单，详见《本末》卷一二一。

三、各地监司长吏厅的党人碑

崇宁元年竖立在端礼门的党人碑，只有在汴京的文武官或曾到汴京的文武官能看到。蔡京认为这样，知道的人不多，要扩大范围。于是崇宁二年九月，又有"臣僚上言：近出府界，陈州人士有以端礼门石刻元祐奸党姓名问臣者。其姓名朝廷虽尝行下,至于御笔刻石,则未尽知也。欲乞特降睿旨,具列奸党,以御书刻石端礼门姓名,下外路州军,于监司长吏厅,立石刊记,以示万世!"(《本末》卷一二一)皇帝答应了这个要求。于是汴京之外,崇宁二年,地方上的监司长吏厅也各有党人碑。所谓监司,是监察州郡的长官,他们的驻地称厅;有提举司、转运司、提刑司等。崇宁二年的党人碑与元年端礼门的党人碑内容有不同。它分为元祐奸党,曾任宰臣(八人),曾任执政官(十六人),曾任待制以上官(三十五人),余官(三十九人),而没有武臣、内臣。端礼门碑共一百二十人,这里就只有九十八人(名单见《本末》卷一二八)。崇宁二年以来,各地监司长吏厅竖立了一共多少个党人碑,史无记载。

四、崇宁三年的党人碑

崇宁元年,京城有碑,崇宁二年,地方也有碑,人数有异,主要是后者没有武臣和内臣。但到崇宁三年六月,又下诏"重定元祐、元符党人及上书邪等合为一籍,通三百九人,刻石朝堂"(《宋史·徽宗纪》)。这主要是增加了上书邪等中的一部分人,列入党籍。值得注意的是,在当年二月间,先有诏:"王圭、章惇别为一籍,如元祐党。"(《徽宗纪》)为什么这样做呢?据《本末》卷一二一载,崇宁二年四月,就有臣僚上言:"故宰相王圭,遭遇神宗,擢在政府凡十六年,其所蒙被恩泽,无与伦比。逮神宗违豫,至于大渐,是宜早建储君,以定人心,而乃迟疑顾望,语及同列,谓'自他家事,外庭不当管';又密召高士充,欲成其奸谋。"这就是王圭的罪名。这件事,朱熹说得简单明白。他说:"蔡京诬王圭有不欲立哲宗之意;章惇则以不欲立徽宗之故,故入奸党,皆为'为臣不忠'。"(《朱子语类》卷一三〇)其实章惇原是打击报复元祐党人最主要的人物,在徽宗说来,他应是有功的,但因为他反对立徽宗为帝,这就当然不能容忍,因此用王圭来陪衬,都定为不忠之臣,最后把他贬死(王圭在元丰八年即1085年已死)。在蔡京来说,也是去一大敌。

崇宁三年党人碑的竖立,据《本末》卷一二二载:"六月壬戌(二十一日),蔡京奏'奉诏,令臣书元祐奸党姓名。恭惟皇帝嗣位之五年,旌别淑慝,明信赏罚,黜元祐害政之臣,靡有佚罚,乃命有司夷考罪状,第其首恶与其附丽者以闻。得三百九人。皇帝书而刊之石,置于文德殿之东壁,永为万世臣子之戒。又诏臣京书之,将以颁之天下。臣窃惟陛下仁圣英武,遵制定功,彰善瘅恶,以昭先烈。臣敢不对扬休命,仰承陛下孝悌继述之志!谨书元祐奸党姓名,仍连元书本进呈'。"这样看来,三百九人的姓名及其罪状,徽宗先已写了,立石文德殿东壁,然后又命蔡京书写,颁之天下。此时京城便有两个碑,各地监司长吏厅有碑,蔡京书的更广泛地到处竖立起来。这种做法——让各地人都知道,皇帝把司马光、文彦博、苏轼等人定为奸党,难免引起舆论的不满。

由于舆论不满,皇帝与宰相都不好收场。到了崇宁四年(1105年)九月,他们就借名九鼎铸成的大庆,大赦天下,"诏元祐奸党,久责遐裔,用示至仁,稍从内徙,应岭南移荆湖,荆湖移江淮,江淮移近地!"(《本末》卷一二四)接着,五年正月,又借名星变,"诏毁元祐党人碑"(《宋史·徽宗纪》)。又诏:"朝堂石刻,已令除毁,如外地有奸党石刻,亦令除毁。"(《本末》卷一二四)这样含含糊糊地把他们这一罪恶算作了结。其后果造成政治极度萎靡，人才极度缺乏。在这种情况下，徽宗还更纵容蔡京、王黼、童贯等人，继续把国家财政、经济破坏到濒于绝境，而对人民的压榨无有止境。农民于是纷纷接着方腊之后，到处起来反抗，而终于在金军乘机大举南侵下，招致北宋的覆灭。

五、南宋还有党人碑

按照徽宗的毁碑命令，应该说，到了南宋就不再有党人碑的存在了；事实不然，还有党人碑的发展史。

建炎南渡，高宗勉强建立了南宋政权。百事草创，人才大缺，人心不定。新政之一，就是褒赠元祐党人。如绍兴元年（1131年），连续追复陆佃资政殿学士，赠程颐、龚夬直龙图等官。当年十月乙丑（二日）诏："本朝自章惇、蔡京首建元祐之党，至崇宁、宣和间，委任一相，则天下人材，不归蔡京则归王黼之门。恭闻太上内禅之日，已自悔为奸臣蒙蔽，乃属其大臣，令辅渊圣，尽用司马光政事。逮朕嗣位以来，遵用太上玉音，追复元祐臣僚官职，俄又录用其子孙，亦欲破朋党之论也。"同月丁卯（四日），"吏部言：'元祐党籍及元符上书三等邪人，渡江，籍记各已散失，欲令逐家子孙，各录告敕于照自陈。'从之"。（《建炎以来系年要录》卷四八。以下简称《要录》）据当时吏部的话，就不但党人碑已无存，而且各种有关籍记、档案，也都已散失，只好凭党人的子孙家藏的告敕来决定真假了。后来直秘阁黄策奉命变卖蔡京的家产，才获得蔡京所写的党人碑文和国子监所刊印的党籍上书人姓名册，送吏部（据《要录》卷四八，绍兴元年十月丁卯条)。蔡京写的是崇宁三年的党人碑文,至此,政府才开始掌握了凭证,据以"推恩"。但在推恩中又发生了"推恩泛滥"的弊病。据绍兴四年(1134年)张纲所上的《论党籍之家推恩泛滥札子》:"臣考之党籍,见于石刻者三百余人,前后推恩已多,而来者不止,递相援引,无有限极;或白身不试,辄命以官;或先次注授,不问资格;一门之中,既及其子若孙,又复旁连弟侄。由是上则多泛滥之宠,下则启侥幸之门。不可不为限制。"(《华阳集》卷十五)这充分暴露了封建社会那种宗亲的依赖性。同年,张纲建议:"看详党籍人姓名,见于碑刻者共有二本:一本计九十八人,一本计三百九人。内九十八人者,是崇宁初年所定,多得其真,其后蔡京再将上书人及将己所不喜者作附丽人添入党籍,冗杂泛滥,增至三百九人。看详九十八人内,除王圭一名不合在籍,自余九十七人多是名德之人。所有三百九人,豁除九十七人,更有侍从官上官均、岑象求及余官江公望、范柔中、邓考甫、孙谔等六人,其名德亦显然可见外,有二百余人,虽石刻具存,然其姓名有不显者,及当时议论是非,为年岁深远,别无文字考究,难以雷同开具。"(《华阳集》卷十八《看详元祐党人状》)张纲所依据的是崇宁二年和三年的两个党人碑,认为其中只有一百三人(九十七人加六人)的子孙可以"陈乞恩例次数"。后来虽不免仍有若干数外的人的子孙陈乞,但毕竟有所限制了。这是绍兴初年的大致情况。后来一些党人子孙不是去"陈乞推恩",而是采取重刻党人碑的办法,以为宗族光宠。如王明清在光宗绍熙年间所撰的《挥麈后录》卷一所载:"近日扬州重刻《元祐党人碑》,以苏迥为苏过。"这就是重刻的一例。这里有一个值得注意的问题:元祐党人碑,既然崇宁五年已经明令要全部除毁,徽宗又曾自悔为奸臣蒙蔽,如今重立党人碑,岂不是重又公开揭露徽宗皇帝的过失吗？这应怎样解释呢？有一点：宋皇室的皇位继承，自从太宗继他哥哥太祖皇位以后，一直到南宋初期的高宗，继位的都是太宗这一支。太祖的儿子德昭在太宗时被逼自杀，德芳早死。直到高宗无子，才不得已以秦王德芳的后裔——孝宗继皇位。孝宗有志恢复，对非太祖宗支的徽宗招致北宋之亡，是不满意的，对太宗之继承皇位也不会是满意的。这就是李焘作《续资治通鉴长编》敢于公然有"斧声烛影"的历史疑案的记载。另一方面，高宗时代，既然有再三褒赠追复党人官职及推恩其子孙之举，而所根据的就是以党人碑为主，那么，后来一些人不避冒犯徽宗的嫌疑而重新树立党人碑，作为专罪蔡京而表彰自己的祖宗，那就不足为奇了。

在南宋时期，究竟重新立党人碑的有多少？无从查考。上述光宗时期扬州有碑之外，还有一些，如《景定严州续志》卷六所载，淳安县有《元祐党籍碑》，县尉司马迷刊于县学。但都不存了。现存的有广西桂林龙隐岩摩崖石刻《元祐党籍》，并有拓本，又广西融水苗族自治县有《元祐党籍碑》，十年动乱中已毁，但还有拓本。

六、龙隐岩摩崖石刻《元祐党籍》

桂林龙隐岩摩崖石刻《元祐党籍》，刻于南宋庆元四年（1198年），距今已七百八十多年。这片石刻，高170厘米，宽137厘米，题额八分书，正文行楷，稍有剥蚀，我所藏拓本，全文清晰。内容：开始有："皇帝嗣位之五年"至"仰承陛下孝悌继述之志"一段，全文与上述蔡京崇宁三年六月壬戌上奏同，接下为"司空尚书左仆射兼门下侍郎臣蔡京谨书"。另行："元祐奸党。"接下列举文臣曾任宰臣执政官司马光、文彦博等二十七人姓名；曾任待制以上官苏轼、刘安世等四十九人姓名；余官秦观、黄庭坚等一百七十七人姓名；武臣张庚、李备等二十五人姓名；内臣梁惟简、陈衍等二十九人姓名；为臣不忠，曾任宰臣章惇（惇字缺末笔）。全数三百零八人，缺王圭一人姓名。姓名之后，有饶祖尧一跋，文如下：

> 世之是非，未有久失其当者。所谓公论，天地并存，月日并明，亘亿万年，矛盾驰互，此脉终不可乱；欲势力变置之，有是哉？元祐党议，徽宗固随感悟，高宗亦继昭雪。观国史，谓实录，及诸公家传等书，大氐有考。庆元戊午，备末掾（指通判）桂林，始获识左孟梁公之曾孙府钤辖律。爱其有前辈风度，相与光昵；暇日从容及籍中名氏，因谓欲刻诸石，使垂传。夫前此一时之屈，而后此万世之伸，其所得孰多？然惟是焉，计浅之为丈夫耳，非所施于昔贤。特碑苟无恙，彼小人者，有所瞒惠；其污蔑君子，本以利己，浮说定罪恶，反易位而至于我，生遗家祸，死贻鬼诛。盖至严其邪心，要必少浚明。斯举也，似不无补。岁九月旦，吉川饶祖尧跋。

镌于龙隐岩　刊者王俊

这里要说明几点：一、这是翻刻《元祐党籍碑》在磨崖石上的，所以只题"元祐党籍"，不称其为碑。二、《本末》卷一二二明载"为臣不忠，曾任宰臣王圭、章惇"，而龙隐岩石刻没有王圭。按朱彝尊《桂林府石刻〈元祐党籍〉跋》末云："王圭、章惇姓名漫滤者，为瀑水所泐也。"（《曝书亭集》卷五一）这是可能的。现存石刻上，章惇的姓名在"为臣不忠,曾任宰臣"八字之下,而不是另行,而且笔迹显然不同,明明是后来所加的。三、石刻中姓名,误万俟正为莫俟正,误龚夬为龚史。看来不是蔡京原来写错,而是翻刻时之错。饶祖尧的跋,写得不那么通畅。大意是他的下属梁律商得他的同意,刻石表彰君子,暴露小人;而梁律是梁焘的曾孙,梁焘是以元祐中曾任尚书左丞,名列党籍中。梁律要刻石表彰的君子,自然包括他曾祖父在内。

问题是翻刻时间在庆元四年,这正是党禁最严的一年,为什么毫无顾忌?

《宋史·韩侂胄传》:"孝宗崩,光宗以疾不能执丧,中外汹汹。(知枢密院事)赵汝愚议定策立皇子嘉王。时宪圣太后(高宗后)居慈福宫。而侂胄雅善慈福内侍张宗尹。汝愚乃使侂胄介宗尹,以其议密启太后。侂胄两至宫门,不获命,彷徨欲退,遇重华宫提举阙礼,问故,入白宪圣,宪圣可其议。礼以告侂胄。侂胄驰白汝愚。翌日,宪圣太后即丧次,垂帘,宰臣传旨,命嘉王即皇帝位。宁宗既立,侂胄欲推定策恩。汝愚曰:吾宗臣也,汝外戚也,何可以言功?"宁宗之立,赵汝愚、韩侂胄两人并有"定策"功,因而发生权力之争。韩侂胄是太皇太后(高宗后)妹的儿子,又是功臣韩琦的后人,又是皇后韩氏的叔父,以外戚便于出入宫禁;而赵汝愚是以宗室居相位(宁宗立后为右丞相),位高势危。绍熙五年(1194年)七月,宁宗初即位时,赵汝愚原是枢密使,八月,首荐朱熹入经筵,即大遭韩侂胄之忌。双方斗争的结果,很快就在庆元元年(1195年)二月,即任相才七个月,赵汝愚便被罢免,不到一年,贬死衡州。朱熹在经筵才三个月,亦罢。未几,便有伪学之案,即借伪学之名,排斥同情赵汝愚、朱熹的人。庆元三年十二月丁酉(二十九日)"诏省部籍伪学姓名"(《宋史·宁宗纪》）。籍记的形式，类似元祐党籍：宰执，赵汝愚等四人；待制以上，朱熹等十三人；余官，刘光祖等三十一人；武臣，皇甫斌等三人；士人，杨宏中等八人。共五十九人。庆元四年（1198年），严伪学之禁。六年，朱熹死。至嘉泰二年（1202年），才弛党禁，追复赵汝愚、朱熹等官。韩侂胄借禁伪学，排除异己，使个人得以专断，他的做法颇似章惇、蔡京借元祐奸党之罪，打击诬陷，谋尽去异己。

韩侂胄的所为，既然与章、蔡类似，特别是蔡京之设置党籍，本不会容许梁律重刻"元祐党籍"上石，免犯步蔡京后尘的恶名，但事实上龙隐岩的《元祐党籍》正在党禁最严之庆元四年，这应该怎样解释呢？要么韩侂胄不以设置"元祐党籍"为错误，而且"伪学党籍"之设，正是模仿"元祐党籍"形式；要么朝廷派系之争激烈，无暇顾及地方所为。这样分析是否妥当，有待高明研究。

元祐党籍中人，不尽是"元祐党人"，而且有正是攻击"元祐党"的人。例如黄履，《东都事略》本传说他"初附蔡确谋定策事，复附章惇排击元祐之臣。时议嫉之"。张商英，《宋史》本传说他"积憾元祐大臣不用己，极力攻之"。杨畏，《宋史》本传："天下目为'杨三变'，谓其进于元丰，显于元祐，迁于绍圣也。"又如《系年要录》卷六七：绍兴三年（1133年）八月甲午（十二日）条："帝谓大臣曰：'元祐党人固皆贤，然其中亦有不贤者乎？'徐俯曰：'若真元祐党人，岂不贤？但蔡京辈，凡己之所恶，欲终身废之者，必名之元祐之党，是以其中不免有小人。'帝曰：'若黄策是也。'俯曰：'其中亦有议论前后反复，奸恶猥琐，窜名其间，如杨畏、朱师复数人耳'。"像这样的一些人，是少数；大部分人才是受到迫害，其中不少还被贬窜岭南烟瘴之地，或多年之后，才得北还，或竟死于当地。他们的遭遇虽惨，但他们大都能在患难过程中把中原文化传播岭南，对岭南的经济、文化起一定的促进作用。我在《流放岭南的元祐党人》一文中论述了他们的具体情况。

元祐党人的被迫害，不止是他本人，不止是生者，他们的子孙不得入国门，不得入仕籍，或者也遭窜徙。典型的如刻石龙隐岩的梁律一家就是一例。

《宋史·梁焘传》："绍圣元年（1094年）知郓州。朋党论起。以司马光党，黜知鄂州。三年，再贬少府监，分司南京。明年，三贬雷州别驾，化州（广东化州）安置。三年（作三年误，据《本末》卷一〇二，为绍圣四年）卒，年六十四。徙其子于昭州（广西平乐）。徽宗立，始得归。"梁焘之死，《本末》卷一〇二有这样的记载："绍圣四年十二月癸未（三日），鼎州团练使新州（广东新兴）安置刘挚卒。先是，梁焘先卒于化州（原注：十一月二十七日），后七日，挚亦卒于新州。众皆疑两人不得其死。"朱熹也曾叙及此事。他说："刘莘老（挚）死亦不明。今其行状似云：'死后，以木匣取其首'；或云'服毒'，或云'取首级'，皆无可考。国史此事，是先君修正，云：'刘挚、梁焘相继死岭表，天下至今哀之。'"（《朱子语类》卷一三〇）像这样遭际，在封建社会里，他家的子孙，把"元祐党籍"重新刻石，公之于世，以纪念他们的先人，是不难理解的。

七、融水县的《元祐党籍碑》

桂林摩崖石刻《元祐党籍》可以刻于庆元党禁最严的时候，到嘉泰二年（1202年）先后追复赵汝愚、朱熹的官，党禁解除，那么，嘉定四年（1211年）又有翻刻《元祐党籍碑》的出现，就更不足为奇了。

嘉定四年重刻的《元祐党籍碑》，竖立在广西融水（今融水苗族自治县），经过七百多年，到"文化大革命"期间被毁掉，幸拓本还存。我所见影拓本，文尚清晰，很少剥蚀。原碑高二百厘米，宽一〇二厘米。全部正书。额题"元祐党籍碑"五字。碑式分三截：

上截："皇帝嗣位之五年"至"蔡京谨书"，文与桂林石刻《元祐党籍》同。

中截：文臣曾任宰臣执政官，曾任待制以上官，姓名和次序与桂林石刻同；但余官，姓名数同而次序有异，其中冯百药误为"洪百药"；内臣缺王化臣一人；为臣不忠，曾任宰臣，则有王圭、章惇；惇字避讳缺末笔。

下截为沈晫识语：右，元祐党籍，蔡氏当国实为之。徽庙遄悟，乃召党人出籍。高宗中兴，复加褒赠，乃录其子若孙。公道愈明，节义凛凛；所谓诎于一时，而信于万世矣。其行实大概，则有国史在，有公议在。余官第六十三人乃晫之曾大父也。后复官，终提点杭州集真观，赠正奉大夫。晫幸讬名节后，敬以家藏碑本镌诸玉融之真仙岩，以为臣子之劝云。嘉定辛未（四年）八月既望，朝奉郎权知融州军州事兼管内劝农事古雪沈晫谨识。

沈晫的曾祖父为沈千，《宋史》无传。据《本末》卷一二三，是属于元符上书被列为"邪上"的人之一。沈晫以融州知州的身份重立此碑，目的与梁律同。值得注意的是，用桂林石刻、沈晫此碑和《本末》所载，三者对比，各有同异，可知各有所本，同源而异流。北宋崇宁间，各地立碑未必多，但毁碑之前，拓本与传抄本当不在少数，各据所本重刻，这是很自然的。

结语

上述龙隐岩石刻《元祐党籍》及其前后所发展的历史情况，反映了北宋后期政治上派系的激烈斗争，而章惇、蔡京之流，利用势位，打击报复，排挤异己，摧残人才，无所不用其极，加上政治昏庸的徽宗，纵任蔡京、童贯等人，把国家政治经济破坏到不可收拾的地步，招致国破和他们自己的灭亡。党人后裔，在南宋的政治环境下（皇室宗支太祖一系居位），得以重刻党人碑，不避冒犯已故的徽宗皇帝而表彰自己的先人，暴露当时当权者的恶政。但也有不少人乘机借重祖先之名以侥幸取利，表现了宗法社会的常性。我们今天能够有龙隐岩石刻这方历史文物作实证，并有沈刻相互对比；应该说，它们对研究宋史是可贵的有价值的资料。

原载《学术研究》1983年第6期

浅议司隶校尉初设之谜

朱绍侯

《汉书》卷十九下《百官公卿表》对司隶校尉设置的时间，设置的原因，司隶校尉的职掌等项记载的简单明确，论说不应该有什么疑问，其实认真考究起来，是一团难以消解的迷雾。下面就先引《汉书·百官公卿表》的有关原文，考察一下它的谜在哪里？然后再试图解开。

司隶校尉，周官（师古曰：以掌徒隶而巡察，故云司隶），武帝征和四年初置，持节从中都官徒千二百人（师古曰：中都官，京师诸官也），捕巫蛊，督大奸猾，后罢其兵，察三辅、三河、弘农。元帝初元四年去节，成帝延元四年省，绥和二年哀帝复置，但为司隶，冠进贤冠，属大司空，比司直……秩皆二千石。

从以上一段文字中，可以归纳出以下三个问题：
一、司隶校尉是根据周代的司隶而设置的官职。按《周礼·秋官》司隶的职务是："掌五隶之法，辨其物而掌其政令，帅其民而搏盗贼，役国中之辱事。"所谓五隶，即指罪隶、蛮隶、闽隶、夷隶、貉隶。在五隶中除罪隶是周人徒隶外，其他四隶都是少数民族徒隶，可以概称为胡隶。所谓"辨其物"，即指辨别五隶的衣服及其所携带的兵器。周司隶的主要职务是帅五隶捕盗贼，并从事官府中卑辱之役。问题是汉代的司隶校尉的职务，与周代的司隶有哪些异同？

二、司隶校尉的设置时间是征和四年，设置的目的是"捕巫蛊，督大奸猾"。持节则表明司隶校尉是皇帝钦派的使臣，手下还掌握一千二百多徒隶。问题是征和四年是否有巫蛊案件？如果没有，司隶校尉设置的目的岂不落空？随之而来的司隶校尉设置的时间也就有了疑问。

三、司隶校尉在捕巫蛊之后，一度罢除兵权，改为督察三辅、三河、弘农的监察官，元帝时收去了司隶校尉作为皇帝钦命使臣的节，权势又一次降低，成帝时一度废除司隶校尉，哀帝时虽恢复司隶，但除去了校尉的头衔，并由皇帝的钦差变为司徒的下属，其地位与丞相司直相同，官秩为二千石。问题是司隶校尉的职务、地位在汉代为什么有这么大的变化，值得深入探讨。

在以上的三个问题中，关于第三个问题笔者将在另一篇文章中加以论述，本文仅就一二两个疑难问题作一番探讨。

关于司隶校尉设置的时间，《汉书·百官公卿表》说在征和四年，但查遍《汉书》其他《纪》、《传》、《志》、《表》却找不到一点实证。《史记》全书根本就没有提到司隶校尉或司隶这一官职。《汉书》最早见于记载的司隶校尉是在始元元年（前 86 年），《百官公卿表》于该年记载曰："司隶校尉洛阳李仲季主为廷尉。"始元元年距征和四年只晚三年，在这一年李仲并不是初任司隶校尉，而是由司隶校尉转任廷尉，这说明李仲在征和四年有可能是司隶校尉，据此，于征和四年初设司隶校尉说好像已找到了根据，但是，另一个疑问并没有解决，《百官公卿表》说武帝征和四年初置司隶校尉的目的是为了"捕巫蛊，督大奸猾"，而在《汉书·武帝纪》、《汉书·江充传》及与阳石公主巫蛊之狱、戾太子巫蛊之变有关人物的《传》中，都证实巫蛊事件是发生在征和二年，而不是在征和四年。如《汉书·武帝纪》明确记载："征和二年春正月，丞相贺下狱死。……诸邑公主，阳石公主皆坐巫蛊死。"又说征和二年"秋七月，按道侯韩说说使者江充等掘蛊太子宫，壬午太子与皇后谋斩充，以节发兵，与丞相刘屈氂大战长安，死者数万人。庚寅太子亡，皇后自杀……八月辛亥太子自杀于湖"。《武帝纪》清楚说明，阳石公主与戾太子的两起巫蛊事件，在征和二年已全部结束，因此在征和四年查不到巫蛊事件，是毫不足怪的，也是符合历史实际的。

如果说初置司隶校尉目的是为了"捕巫蛊，督大奸猾"，那么巫蛊事件是发生在征和二年，司隶校尉就应该初置于征和二年，但奇怪的是在两起巫蛊事件中，却看不到司隶校尉的活动，而最活跃的人物则是使者江充，由此我们就悟出了一个信息：司隶校尉有可能是由绣衣直指使者演化来的，第一任司隶校尉有可能就是使者江充。下面就想谈一谈绣衣直指使者演化为司隶校尉的蛛丝马迹。

绣衣直指使者或称绣衣御史、绣衣直指，或简称使者。据《汉书·百官公卿表》记载："侍御史有绣衣直指，出讨奸猾，治大狱，武帝所制，不常置。"服虔对"直指"有个解释："指事而行，无阿私也。"师古对"绣衣"也有个说明："以绣者，尊崇之也。"据此可知绣衣直指使者是武帝为"出讨奸猾，治大狱"临时设置的权力很大、地位尊崇的督察官，其职责与司隶校尉非常近似。

首先探讨一下武帝是在什么时候初置绣衣直指使者的。据《汉书》卷七一《隽不疑传》记载："武帝末，郡国盗贼群起，暴胜之为直指使者，衣绣衣持斧，逐捕盗贼，督课郡国，东至海以军兴诛不从命者，威镇州郡。"《汉书》卷六六《王䜣传》也有类似的记载："武帝末，军旅数发，郡国盗贼群起，绣衣御史暴胜之，使持斧逐捕盗贼，以军兴从事，诛二千石以下……专生杀之柄，威镇郡国。"《汉书》卷六《武帝纪》对此记载的简明而具体："天汉二年五月，泰山、琅琊群盗徐勃等，阻山攻城，道路不通，遣直指使者暴胜之等，衣绣衣杖斧，分部逐捕，刺史、郡守、二千石以下皆伏诛。"从以上记载中可以知道，在天汉二年泰山、琅琊等地以徐勃为首的农民起义之后，武帝派遣直指使者（绣衣御史）暴胜之杖斧分抄镇压农民起义军，并处死许多激起农民起义而又镇压不力的郡守和刺史。

那么天汉二年（前99年）是不是直指使者最早设置的年代呢？不是。据《汉书》卷二四《食货志》记载："直指夏兰之属始出，而大农颜异诛矣。"查大农令颜异之诛，是御史大夫张汤在元狩六年（前117年）指使直指夏兰陷害的，这里说"直指夏兰之属始出"，应该是指直指使者最早的设置年代，据此推算，元狩六年是直指使者开始的年代，其任务是纠察百官。从以上所介绍的直指使者所作所为来看，我们可以得出以下认识：直指使者是武帝根据政治需要而临时派遣的钦使。其职务上察中央大臣，下察地方郡守、刺史、拥有生杀之权，这与司隶校尉"督察奸枉"，[1]"以督察公卿以下为职"，是"天子奉使命大夫"[2]的职责和地位非常相似。

---

[1] 《后汉书》卷六〇《蔡邕传》。
[2] 《玉海》卷一百二十《官制》。

汉代具有督察百官职责的还有丞相司直和御史中丞，怎么知道司隶校尉是由直指使者转化演变来的呢？这是因为丞相司直是丞相属下的督察官，御史中丞是御史大夫属下的督察官，不具有天子特使的地位，也无生杀之权，只有直指使者才具有与司隶校尉相同的天子特使的身份和督察百官、握有生杀之权。况且在司隶校尉设置之后，丞相司直、御史中丞的官职仍然存在，只有直指使者在司隶校尉设置之后，就销声匿迹，不再出现，因此直指使者演化为司隶校尉是可能的，更主要的是可以从江充曾任直指使者、使者及其在巫蛊事件的作用中找到这一演化的可靠线索。

据《汉书·百官公卿表》记载："太始三年直指使者江充迁水衡都尉，五年为太子所杀。"这说明在太始三年（前94年）前江充曾任直指使者，到太始三年就转为水衡都尉，但所谓"五年为太子所杀"则记载有误，按太子杀江充是在征和二年（前91年），而不是在太始五年（太始无五年），也不是相隔五年，实际只隔三年，更不是在水衡都尉任上，对此《汉书》卷四五《江充传》记载的比较清楚，为了说明问题，现将《江充传》中记载有关江充任直指使者直到被太子所杀的全部过程摘录于下：

> 太始三年江充"拜为直指绣衣使者，督三辅盗贼，禁察逾侈。贵戚近臣多奢僭，充皆举劾，奏请没入车马，令身待北军击匈奴，奏可。充即移书光禄勋、中黄门逮名近臣、侍中诸诣北军者，移劾门尉，禁止无令得出入宫殿。于是贵戚子弟惶恐，皆见上叩头求哀，愿得入钱赎罪。上许之，令各以秩次输钱北军，凡数千万。上以充忠直奉法不阿，所言中意。充出，逢馆陶公主行驰道中。

> 充呵问之，公主曰：有太后诏。充曰：独公主得行，车骑皆不得，
> 尽劾没入官。后充从上甘泉，逢太子家史乘车马行驰道中，充以
> 属吏，太子闻之，使人谢充曰：非爱车马，诚不愿令上闻之，以
> 教敕无素者，唯江君宽之。充不听，遂白奏。上曰：人臣当如是
> 矣。大见信用，威镇京师。迁为水衡都尉"。

上文记载的是江充从任直指使者到迁水衡都尉的一段事。从这段记载来看，江充任直指使者时，不仅可以督察贵戚近臣，而且敢于举劾公主、太子，与司隶校尉的职责何其相似乃尔。直指使者"威震京师"，也正与司隶校尉的权威相似。

江充在任水衡都尉后，因袒护宗族亲友，坐法免官。征和二年，诸邑公主、阳石公主巫蛊案发，江充又被任为使者，[1] 在处理阳石公主巫蛊案后，江充因怕太子日后报复，遂将巫蛊冤案引向太子。《汉书·江充传》详细记载了江充治理太子巫蛊事件及其被杀的经过情形：

> 后上幸甘泉疾病，充见上年老，恐晏驾后为太子所诛，因是
> 为奸。奏言：上疾，祟在巫蛊。充将胡巫掘地求偶人，捕蛊及夜
> 祠视鬼，污染令有处（师古曰：捕夜祠及视鬼之人，而充遣巫污
> 染地上为祠祭之处，以诬其人也），辄收捕验治，烧铁钳灼强服
> 之。民转相诬以巫蛊，吏辄劾以大逆无道，坐而死者前后数万人。

---

[1]《汉书》卷六《武帝纪》：征和二年闰正月，"诸邑公主，阳石公主皆坐巫蛊死，夏行幸甘泉宫，秋七月，按道侯韩说说使者江充等，掘蛊太子宫"。查江充罢免水衡都尉后，未见有复官的记载，但在阳石公主巫蛊之狱后，韩说就称江充为使者，说明江充在治理阳石巫蛊之狱时，就已经是使者。

是时上春秋高，疑左右皆为蛊祝诅。有与亡莫敢讼其冤者。充既知上意，因言宫中有蛊气，先治后宫希幸夫人以次及皇后。遂掘蛊于太子宫，得桐木人，太子不能自明，收充自临斩之。

从以上记载的情况看，戾太子的巫蛊事件，完全是由江充一手制造的大冤案，由于本文目的不是探讨巫蛊冤案，故存而不论，我们的目的是要从巫蛊事件中，寻找出司隶校尉设置的线索。

据前引《汉书·百官公卿表》记载，司隶校尉是"武帝征和四年初置"，其任务是"捕巫蛊，督大奸猾"。前已说明，据《汉书·武帝纪》，阳石公主、戾太子巫蛊事件均发生在征和二年，而征和四年则根本没有巫蛊事件，说明《百官公卿表》的记载，在时间上有误，而在征和二年的两起巫蛊事件中，无论是《汉书·武帝纪》以及与两起巫蛊事件有关的人物《传》中，如《公孙贺传》、《刘屈氂传》、《江充传》、《戾太子传》等，都没有提到司隶校尉的活动，所提到的最活跃的人物就是使者江充，而江充的活动又确有"督三辅盗贼，禁察逾侈"，"治巫蛊"，"收捕验治"等内容，因此，不能不使人怀疑，《百官公卿表》中提到的司隶校尉治巫蛊事，实际就是使者江充治巫蛊。从身份和职务上分析两者也有共同之处，直指使者、使者和司隶校尉都是皇帝临时派遣的钦命使臣，都有督察百官，捕巫蛊，治大奸猾及生杀之权。

《北堂书钞·设官部》关于设置司隶校尉的一段记载，对于我们探讨司隶校尉即直指使者，或由直指使者演化而来的设想，有所补益，现将原文摘录于下：

征和中，阳石，子（公）孙敬声之狱。乃依《周礼》置司隶校尉，持节都督大奸猾事，复置其司，令憕领京师、三辅、三河，弘农者。

按征和年号共有四年，征和中实指征和二年，而征和二年也确实发生了阳石公主、公孙敬声的巫蛊之狱，这一记载也正与《汉书·武帝纪》、《江充传》的记载吻合。据此可以断定，司隶校尉初置于征和二年。《北堂书钞》成书虽晚于《汉书》，但它所记载的司隶校尉的初置年代却是完全正确的，因为它除与《汉书·百官公卿表》所记不合外，在《汉书·武帝纪》和其他各传中可以找到充分根据。而在治理征和二年巫蛊之狱中，除江充之外，则找不到第二个具有如此权力的人物。因此，我认为治理巫蛊之狱的司隶校尉，就是使者江充。当时因司隶校尉乃是临时、初设之职，而未引起史官的注意（司马迁在《史记》中未提司隶校尉就是明证），故仍称使者，而司隶校尉也正是武帝临时派遣的使者，两者并不矛盾。

前文引《周礼·秋官》提到周代司隶的职务时，曾说"掌五隶之法……役国中之辱事"，在五隶中，前已解释过，有四隶是少数民族，他们除捕盗捉贼之外，还要承担卑贱的杂役。汉代初置司隶校尉时，大概也把"役国中之辱事"这个职务继承下来了。《玉海·汉制考》引《周礼》注透露了这方面的信息："司隶，注：给劳辱之役，汉始置司隶，亦使将徒治沟渠之役，后稍尊之，使主官府及近郡。"《玉海》卷一二六《官制·司隶校尉》也有与此类似的记载，只是又加引师古注曰："以掌徒隶而巡察，故曰司隶。"《玉海》所记反映了武帝初置司隶校尉时的情况，以此为线索，再参照壶关三老上书为太子申冤的言论，接替江充职务，但是，这位新任司隶校尉是谁？不得而知，据笔者推断有可能就是《汉书·百官公卿表》中所记载的于始元元年由司隶校尉转为廷尉的洛阳李仲。李仲既然是始元元年以前的司隶校尉，他就有可能是接替江充的第一任司隶校尉。

在本文即将结束的时候，我想概括总结一下笔者对司隶校尉初置之谜的认识：司隶校尉是由绣衣直指使者演化来的，初置司隶校尉的年代是征和二年，而不是征和四年，设置的目的是为治理阳石公主及戾太子的巫蛊之案，在镇压戾太子巫蛊之变后，第一任司隶校尉很可能是洛阳李仲。司隶校尉初设时，继承了周代司隶"役国中之辱事"的传统，后来由于得到皇帝的宠信，才得以举劾百官，巡察州郡，并握有生杀之权。

原载《学术研究》1994 年第 1 期

从中也可以找出江充曾任司隶校尉的蛛丝马迹。为了说明问题，现将《汉书·戾太子传》中所记有关壶关三老茂的申诉词摘录于下：

> 江充布衣之人，间阎之隶臣耳（师古曰：隶，贱也），陛下显而用之，衔至尊之命，以迫蹴皇太子，造饰奸诈，群邪错谬，是以亲戚之路，隔塞而不通，太子进则不上见，退则困于乱臣，独冤结而亡告，不忍忿忿之心，起而杀充，恐惧逋逃，子盗父兵以救难，自以为无邪心。

上引文字不解自明，我们所关注的是壶关三老茂称江充为"间阎之隶臣"这句话，据笔者理解，所谓"隶臣"即"司隶之臣"，颜师古对"隶"字的解释为"贱也"，贱就贱在率领徒隶"给劳辱之役"，亦即"使将徒治道沟渠之役"，后来由于武帝"显而用之"，才得以"衔至尊之命"，发动迫害太子的巫蛊冤狱，值得注意的是，在制造巫蛊冤狱中，江充"将胡巫掘地求偶人"。前已说明司隶校尉所统率的徒隶中有胡隶，江充所用的"胡巫"当是从胡隶中挑选出来的。由于胡隶与司隶校尉有统属关系，所以江充用胡巫制造巫蛊冤案，就可以为所欲为了，这就从另一个侧面找出了江充曾任司隶校尉的线索。

江充在制造巫蛊事件中，被太子捕获杀死，武帝大怒，由甘泉返回长安驻在建章宫，下诏"发三辅近县兵，部中二千石以下，丞相兼将"[1]，以镇压太子叛乱。在武帝调动三辅近县兵及中二千石官吏，由丞相刘屈氂挂帅的大规模军事行动中，有可能再任命一位司隶校尉以

---

[1]《汉书》卷六六《刘屈氂传》。

二十世纪初孙中山和资产阶级改良派的斗争

陈锡祺

一

1900年伟大的义和团反帝爱国运动在帝国主义和清朝反动统治者共同镇压下失败了,中国人民身上被加上了一副更为沉重的枷锁。但义和团的英勇斗争,却打乱了帝国主义的侵略步骤。当时,帝国主义列强不敢再明目张胆地并吞或瓜分中国,而是改采"以华制华"的阴谋狡计,进一步扶植反动的清朝政府充当他们奴役中国人民的工具。清朝政府为了保持和巩固它的垂危统治,不惜实行"量中华之物力,结与国之欢心"的卖国政策,死心塌地充当帝国主义的走狗。从此,中国人民的两大敌人,更紧密地勾结在一起,共同压迫人民大众。因此,中国人民的斗争锋芒,不仅继续指向外国帝国主义,而且更直接更集中地指向已经成为帝国主义忠顺走狗的清朝统治者。从义和团运动的失败到辛亥革命前的十年间,中国人民反对半殖民地半封建统治的斗争,正如列宁所指出的,"就象喷泉一样地汹涌起来了"[1]。

---

[1] 列宁:《亚洲的觉醒》,载《列宁、斯大林论中国》,人民出版社1953年版,第39页。

面对这样的形势,在如何对待人民的敌人的问题上,中国资产阶级改良派和革命派产生了严重的分歧。曾经领导过维新运动的康有为,不仅不和人民一起,反对帝国主义和封建主义,相反地,却为虎作伥,千方百计地为清朝反动统治辩护。他的门徒梁启超则以貌似激烈的言论攻击清朝统治集团中少数顽固派,以"名为保皇,实则革命"的谎言,欺骗群众,挖革命派的墙脚。革命派面临这样的抉择:是听由改良派进行反动宣传,鱼目混珠,迷惑舆论,破坏革命,遏抑革命的发展呢,还是高举中国革命民主派的旗帜,和改良派展开坚决的斗争,促进民主革命的发展?孙中山不愧为伟大的革命先行者,他选择了后者,坚决地站在革命民主派的立场,和改良派展开了不调和的斗争。

孙中山和改良派的斗争,可以分为两个时期:从义和团运动失败到同盟会成立,孙中山作为资产阶级革命派的主将,亲自出马和改良派论战的时期;同盟会成立以后,孙中山和改良派的斗争进入了一个新的时期,即组织、领导同盟会成员与改良派集体大论战时期。关于后一时期的论战,学术界论述已多,本文拟着重阐发20世纪初同盟会成立前,孙中山与改良派的斗争,借以说明真正的革命者,不仅要反对明显的敌人,而且要反对为敌张目破坏革命的改良主义者,才能促进革命的发展。

二

1900年义和团运动的失败,给予中国人民以最深刻的刺激。辛丑条约以后,清朝政府媚外卖国的反动本质,更加彻底地暴露在中国人民的面前,中国人民深深懂得,民族的灾难不是减轻了,而是空前地加深了。清朝政府企图用实行"新政"来麻痹人民,但加捐、加税的搜刮政策,日益加速广大农民群众的贫困化。中小工商业者在帝国主义和封建势力的夹攻下,他们的生存也日益受到威胁。各种迹象都表明国内阶级矛盾的特别尖锐性。农民抗捐、抗税、反教的斗争,几乎遍及全国;大小规模的武装起义,层出不穷。他们的口号,已由"扶清灭洋"、"顺清灭洋"、发展为"扫清灭洋"、"反清灭洋"和"灭清、剿洋、兴汉"。各阶层人民反对帝国主义控制中国路矿权利的斗争,从1903年起,也逐渐在各地开展起来。中国人民反帝反封建的斗争更加高涨了。

义和团运动以后,由于帝国主义侵略的刺激和清朝政府为了拉拢资产阶级采取了一些让步的措施,中国的民族工业有了较大的发展。然而真正获得利益的则是和帝国主义、封建主义有密切联系的资产阶级上层分子。他们大半由洋行买办、封建官僚、大地主、大商人转化而来。他们有较大的经济力量和较高的社会地位,在清政府推行"新政"时期,他们所投资的企业获得了较大的发展。他们对于帝国主义的侵略和清朝政府的腐朽统治,虽也有所不满,但面对高涨的革命形势,深惧一旦革命爆发,不仅清朝统治要完蛋,他们的既得利益也将付之流水,因此,他们害怕革命、害怕群众。作为他们政治上的代表的改良主义者,特别是以康、梁为首的改良派,当国内阶级矛盾上升的时刻,就宁愿站在维护清朝封建统治的立场,公开反对革命。

至于民族资产阶级中下层,也即是资产阶级化的中小工商业者,他们的社会经济地位比较卑微,在帝国主义与封建势力的夹攻之下,朝不保夕,因而迫切要求获得民主权利,保障他们的经济发展。当时涌现出来的有着革命倾向的资产阶级小资产阶级知识分子,便是这一派的政治代表。他们接受了资产阶级的新式教育,受过西方资产阶级早期民主、平等、自由思想的影响,在民族危机日深,社会动荡不安的刺激下,受到农民群众革命斗争的鼓舞,投身爱国运动的行列。不料爱国也受到清朝政府的镇压和迫害,于是一批激进的知识分子,逐渐摆脱了康、梁的影响,走上了民主革命的道路。他们组成了许多爱国小团体,出版了许多鼓吹革命排满的书报,形成了气势磅礴的革命热潮。到了这个时候,中国的资产阶级已明显地分裂为革命派和改良派。革命派主张推翻清朝统治,建立民主共和国,改良派则寄希望于清朝政府维新立宪,坚决反对革命,于是两军对垒,革命与改良成了不可避免的两条路线的斗争。

1902年7月,改良派头子康有为发表了他的《与南北美洲华侨辨革命书》,猛烈攻击革命派,对"革命者开口必攻满洲",认为是"大怪不可解之事"。觍颜无耻地吹捧清朝的统治为"古今至仁之政",是"唐虞至明之所无,大地各国所未有",反对清政府即是"自生内乱"。[1] 康有为这种公开为清政府辩护的反革命言论,立刻遭到革命派的反击,章炳麟在《苏报》上发表的《驳康有为论革命书》,尤为脍炙人口。此外邹容的《革命军》,陈天华的《猛回头》、《警世钟》,都起了打击改良派,鼓舞群众革命热情的作用,不愧为革命派最激进的先锋。但他们对改良派的本质缺乏认识,对改良派反革命言论的危害性估计不足。章炳麟虽以激烈的词句驳斥了康有为为清朝统治辩护的谬论,却幻想康有为能"跃然祗悔,奋发朝气"[2],转变成一个革命者。

---

[1] 康有为:《与南北美洲华侨辨革命书》,载《辛亥革命前十年间时论选集》第1卷上册,三联书店1960年版,第210—217页。
[2] 《中国哲学史资料选辑》近代之部下,中华书局1961年版,第438页。

陈天华在他所写的小册子中，虽敢于反对"洋人的朝廷"的清朝政府，敢于反对中国人民最凶恶的敌人外国帝国主义，然而在日俄战争期间，因受改良派的拉拢，却私谒梁启超，多次和他通信，1905年1月，竟向留学界发出《要求救亡意见书》，主张"专依赖政府对外与对内之政策"，并宣布将北上陈情于清政府，后经黄兴、宋教仁的干涉，才打消此意。[1]

孙中山在前一时期，对改良派的反动本质虽也缺乏认识，上过改良派的当，但到20世纪初，由于革命形势的发展，群众爱国运动的推动和改良派反动面目的大暴露，他对改良派的危害性，和改良派展开斗争的严重意义，比之同时的革命者，有着较为深刻的认识，认为不彻底打倒改良派，铲除它在群众中的影响，革命事业就会遭到挫折。所以从1903年起，孙中山即集中精力和改良派展开尖锐的斗争，在檀香山、美洲两地，打击了改良派的气焰，恢复了革命派在檀香山的阵地，扩大了革命派在美洲华侨中的影响，促进了革命的发展。

三

1903年7月，孙中山从南洋回到日本。这时留学界爱国热情高涨，抗俄、拒法运动与《苏报》案接踵而起。广西的农民起义，声势愈来愈浩大，云南也发生了人民抗法反清的起义。爱国知识分子由于清朝政府的迫害和群众革命斗争的鼓舞，纷纷向孙中山靠拢，强烈地要求革命。孙中山一面帮助留日学生组织青山军事学校，确立"驱除鞑虏、

---

[1] 《宋渔父日记》，载《建国月刊》第9卷，第5期，第5页。

恢复中华、建立民国、平均地权"四大革命宗旨，一面在《江苏》上发表《支那保全分割合论》，对帝国主义扶植清朝政府瓜分中国的野心，提出警告。他指出清朝政府虐民卖国，"无可保全之理"，而具有反抗外国侵略者的光荣革命传统的中国人民，也绝不能容忍帝国主义的瓜分，因此"以民情而论"，也绝"无可分割之理"。文章不仅指斥了帝国主义扶植清政府奴役中国人民的妄想，也批驳了改良派对清朝政府实行"新政"的吹捧。[1]

10月，孙中山到了檀香山，兴中会的阵地几乎完全为保皇党所占夺，原来的骨干分子已经成为保皇党的"得力之人"[2]，甚至孙中山的胞兄也当了保皇会分会的总理[3]。孙中山发表演说，保皇党的报纸也立刻加以攻击，改良派的气焰极为嚣张。

面对改良派的挑战，孙中山没有退让，没有妥协，没有因为自己处于少数地位而有所畏缩，不敢斗争，而是立刻改组《隆记报》，亲自执笔撰文，和保皇党的《新中国报》积极战斗。孙中山当时的文章，现在保存的，虽只有《敬告同乡书》和《驳保皇报》两篇，但也可以看出，孙中山此时已开始以鲜明的革命民主派的立场和资产阶级改良派的保皇党展开尖锐的斗争的情况。

改良派的惯技是打着"爱国"的旗子，在"团结御侮"的幌子下，要求人民"满汉不分，君民同体"，企图借此消灭革命，永保清朝的反动统治。康有为在前一年即提出"国人今日之所当忧者，不在内讧而在抗外也，欲抗外而自保，则必当举国人之全力，聚精会神而注于是，

---

[1] 《辛亥革命前十年间时论选集》第1卷下册，第597—602页。
[2] 《梁任公先生年谱长编》第2册，第214页。
[3] 同上，第223页。

或可免也"[1]。把革命说是"内讧","内讧"就是"分裂",就要引起列强的干涉与瓜分。檀香山《新中国报》秉承康、梁的意旨,大肆宣传"中国之瓜分,在于旦夕,外人窥伺,乘间即发"[2],好像他们才是真正的爱国者。

改良派在19世纪末的民族危机中,领导维新变法运动,起过一定的进步作用,被称为爱国志士。其实就在那个时候,他们的救亡运动也不只是救中国之亡,更根本的是要救清朝封建王朝之亡,救地主资产阶级之亡。戊戌变法失败以后,特别是义和团反帝爱国运动以后,他们即组织保皇会,公开与革命派对立。他们已由一个带有进步色彩的政治集团堕落为反动的政治派别。然而,由于他们有过领导维新运动的历史,又口口声声讲"爱国"、"救亡"、"团结"、"御侮",改良派在广大知识青年和华侨当中,仍有其欺骗作用;特别是梁启超放出"名为保皇实则革命"的烟幕,在不甚了解国内情况的华侨中,更产生了很大的蒙骗作用。

论战开始,孙中山首先指出:由维新堕落到保皇的改良派不仅革命是虚伪的,爱国也是虚伪的,因为爱国不是一个空洞的名词,而是有其实际内容的,即是爱的是什么国的问题。改良派既然标榜保皇,则其所爱之国,显然不是人民的"中华国",而是虐民卖国的清朝政府。改良派以保皇为爱国之政策,保异族而奴中华,不只不是爱国,实实在在是害国。[3] 孙中山虽不能正确认识国家的阶级性,强调清朝政府为异族统治,带有浓厚的种族主义色彩,但却有力地揭穿改良派

---

[1] 《辛亥革命前十年间时论选集》第1卷上册,第210—217页。
[2] 胡汉民编:《总理全集》第1集,民智书局1930年版,第1219页。
[3] 同上,第1018—1019页。

所爱的不过是帝国主义的走狗，人民的公敌，这就动摇了改良派欺骗群众维护清朝政府的立足点。

改良派的另一法宝，就是以"外国窥伺瓜分"为借口，危言耸听地宣传革命即将引起列强的窥伺瓜分，中国人民将"永为奴隶"。他们认为，为了避免帝国主义的干涉，只能拥护清朝政府实行"新政"。孙中山指出外国帝国主义之所以敢于对中国进行窥伺瓜分，正由于清朝政府的腐朽无能，清朝政府不仅"签约押款以割我卖我也，且为外人平靖地方，然后送之"[1]。也就是说清朝政府不仅投降帝国主义，出卖国家主权，而且欺压人民的爱国运动，然后拱手以土地权利奉送外人。由于清朝政府甘心充当帝国主义的鹰犬，帝国主义对中国的侵略，才能有予取予携的便利。孙中山断言要避免帝国主义的瓜分，"非先倒满洲政府，则无挽救之法"。中国的一线生机，全在唤起人民，"发奋为雄，大举革命"，改良派动辄"恐逢人之怒"，害怕外人窥伺瓜分，如果自己不发奋图强，用革命的手段，推翻卖国的清朝统治，建立民主政府，纵"日日向外人叩头，日日向外人乞怜"，也不能停止外人的侵略。孙中山指出："最不逢人之怒，莫过于今日之清帝后"，"日日宴会俄国公使及其夫人矣"。然而，结果如何？侵占清朝发祥之地的不正是沙皇俄国吗？改良派自己不革命，反以革命就会引起帝国主义的窥伺瓜分来威吓人民，不许别人革命。孙中山质问改良派"是诚何心哉？！"[2]

当时，孙中山对帝国主义的侵略本质虽缺乏认识，把帝国主义对中国的窥伺瓜分，完全归之于清朝政府的投降卖国；但孙中山指出：

---

[1] 胡汉民编：《总理全集》第1集，第1219页。
[2] 同上，第1020页。

中国的生机，全靠人民的觉醒，发奋为雄，大举革命，不能因为有帝国主义的干涉就不革命。帝国主义永远也不会因为你天天叩头、乞怜，就发慈悲不进行侵略。

在论战中，孙中山还驳斥了改良派对中国人民的污蔑。改良派站在剥削阶级的立场，诬蔑中国人民民智卑下，无自由民权之性质，只能由君主立宪过渡到民主共和。孙中山断言：中国人民不仅禀有民权之性质，而且禀有自由之性质，一旦革命成功，当选择最进步的民主立宪。[1]

孙中山对中国人民自古即禀有自由、民权之性质的解释虽是错误的，但高度估计了中国人民的智慧和能力，认为英、美资产阶级可以做到的事，中国人一定也能做到，而且可以后来居上。因而在以后的几次演说中，指出中国将要出现一个大跃进的局面，不但驳斥了改良派的反动观点，还在很大程度上鼓舞了群众的革命热情和革命前途必然光明的信心。

孙中山认为改良派对革命的最大危害，不在于康有为的公开反对革命，而在于梁启超的假革命之名，行反革命之实。在此以前，梁启超采用两面派的手法，骗取孙中山的信任；又用这种手法欺骗檀香山和美洲的华侨。他在檀香山对兴中会会员宣称，他的保皇会，名为保皇，实则革命。在美洲干脆"自称其保皇党为革命党"，骗取了华侨百余万金钱。[2] 他还在《新民丛报》上发表文章，指斥当道，抨击"新政"，高唱"大变革"、"大破坏"，似乎他也是一个反对清朝政府的革命者。他的朋友黄遵宪还为此写信警告他不要玩火。许多知识青年落

---

[1] 胡汉民编：《总理全集》第 1 集，第 1020 页。
[2] 黄季陆主编：《总理全集》下，成都近芬书屋 1944 年版，第 22—23 页。

入了他的圈套,抢读他的《新民丛报》。他们不知道梁启超耍弄手法,争取舆论的同情,和革命派争夺群众,是企图阻挠革命的发展,达到维护清朝统治的目的,满足其个人的政治野心。梁启超这种阴谋如果不予揭穿,将给革命带来更大的损害。于是孙中山就革命派与改良派的根本分歧,发表了在革命史上有着划时代意义的《敬告同乡书》一文,斩钉截铁地和改良派划清界限。

孙中山在文章中指出:"革命与保皇,理不相容,势不两立……决分两途,如黑白之不能混淆,东西之不能易位。革命者,志在扑满而兴汉,保皇者,志在扶满而臣清,事理相反,背道而驰,互相水火。"[1] 孙中山已经认识到如何对待人民的敌人,是区别革命派与改良派的一个重要标志,"扑满"与"扶满"是不能妥协的两条道路的斗争。要革命就不能不揭穿梁启超一派假革命真保皇的阴谋,就不能不和改良派进行坚决的斗争。孙中山在 1904 年初写给黄宗仰的信说:"弟刻在檀岛与保皇党大战……非将此毒铲除,断不能做事。"[2] 他不但自己挺身而出,带头与改良派展开舌战、笔战,还写信给在日本的同志,要求他们"遥作声援","竭力大击保皇毒焰于各地"[3]。孙中山认为梁启超破坏革命的阴谋比康有为更为狡毒,不铲除它的影响,革命即无法推进。为此,他还作了自我检讨说:"弟等同志向来专志于兴师一事,未暇谋及海外之运动,遂使保皇纵横如此,亦咎有不能辞也。"[4] 决心集中力量和改良派斗争到底。从对改良派抱有幻想到进而

---

[1] 《孙中山选集》上卷,人民出版社 1956 年版,第 52—53 页。
[2] 黄季陆主编:《总理全集》下,第 22—23 页。
[3] 同上。
[4] 同上。

与改良派划清界限,彻底决裂,这是孙中山在思想认识上的一大进步,这个进步也是从失败的教训总结出来的。

1904年3月,孙中山从檀香山去美洲。这时,日俄战事已经在中国境内爆发,英国侵略军在三个月前侵入西藏。清政府加派大军镇压广西起义军,民族矛盾与阶级矛盾急剧上升。改良派对革命派的破坏,更加不择手段。孙中山到美洲之日,保皇党竟运动美国关吏将他拘囚在木屋中。改良派勾结外力阻碍革命的阴谋,并未能挫挠孙中山同他们斗争的决心。他在木屋被释出以后,即旅行美国各埠,一路不停地和梁启超的保皇党进行大战。他在旧金山翻印邹容的《革命军》一万多册,作为宣传材料,又改组《大同报》和改良派报纸进行论战。甚至在为致公堂草拟新章时,也不放弃和改良派作斗争。在新章中,孙中山直指改良派为汉奸满奴,"丧心病狂,罪大恶极",罪不容诛,主张"先清内奸,而后除异种"。如果说义和团运动以前,孙中山还没有在思想感情上和改良派划清界限,则这个时候,孙中山确已认识到革命与保皇不能并存,要以革命的手段推翻清朝政府,就不能不和改良派决裂,和他们的反动谬论进行不调和的斗争。孙中山在美洲几乎无日不和改良派战斗。7月间,他给黄宗仰的信说:"弟近在苦战之中,以图扫灭在美国之保党,已到过五六处,俱称得手……大约三四个月后,当可成功。"[1] 可见当时斗争的激烈和孙中山战胜改良派的信心。一个真正忠于革命的革命者,必然不能容忍改良派对革命的歪曲和破坏,必然不能回避和改良派的斗争。1903年到1904年之间,孙中山就是这样以全副精力与改良派"大战"、"苦战"的。

---

[1] 黄季陆主编:《总理全集》下,第22—23页。

四

1904年以后，随着民族危机的深化，革命群众反帝反封建的斗争，日趋剧烈，广西农民起义进入高潮。四川连续发生罢工罢市的斗争，各地人民的反教斗争，此仆彼起。广东、湖南、湖北三省人民开展了要求收回粤汉路权的斗争，中国人民已在觉醒之中。由急进的知识分子组成的革命小团体，如湖南的华兴会、湖北的科学补习所，江苏、浙江的光复会，也在这一年相继成立。华兴会还策划规模巨大的武装起义。总之，群众的革命激情，沸腾起来了。

孙中山在美国已经看出"全国革命时机现已成熟"，清朝统治者"正迅速走向死亡"，帝国主义和改良派想援助这个摇摇欲坠的腐朽政权，注定要失败。"中国现今正处在一次伟大的民族运动的前夕，只要星星之火，就能在政治上造成燎原之势"，"满清政府的垮台，只是一个时间问题而已"[1]。面对这种革命形势，改良派简直是心惊神恐。过去梁启超为了欺骗群众，争取舆论的同情，提倡所谓"破坏主义"，这时看到革命已成为"舆论的最高潮"，人民的最强音，立刻撕下假面具，公开向革命挑战，连续发表许多文章，诬蔑中国人民没有享受民主自由的资格，没有创建资产阶级共和国的能力，革命绝不会成功。即令成功，也必然是"原野厌肉，川谷阗血，全国糜烂，靡有孑遗"。历史上"所积累以得之文明"也将"与之俱亡"。何况"中国每当国内革命时代，即外族势力侵入之时代也"。也就是说，中国革命必将引起帝国主义的干涉瓜分。因此，他骂孙中山所领导的革命派为"亡中

---

[1]《孙中山选集》上卷，第61—63页。

国之罪人","黄帝子孙之公敌"[1]。改良派为了进一步向革命派进攻，1904年3月曾在香港召开大会，改良派康梁系的头子几乎都到齐了。会议的内容，表面虽说"专以商会为事"，实际则是商讨如何进一步帮助清朝政府应付高涨的革命形势。会后，梁启超秘密到上海筹办《时报》。在《上海时报缘起》一文中，改良派公开表示要为清朝将倾之大厦谋"所以匡救之应付之之方策，以献替我有司"[2]。改良派对革命派的反扑，证明革命形势确在向上发展，以梁启超为首的改良派敌视人民、仇恨革命的反动面目，终于彻底大暴露。这就是1905年以后，革命派在思想战线上把斗争的主要矛头指向梁启超所主办的《新民丛报》的原因。

1904年秋冬间，孙中山在美国纽约发表《中国问题之真解决》一文，直接否认清朝政府为中国政府，指出：希望"由满洲人来将国家加以改革，那是绝对不可能的，因为改革意味着给他们以损害，实现改革，那他们就会被中国人民所吞没，就会损失他们现在所享受的各种特权"[3]。孙中山已经看出清朝政府的"爱权"如命，绝不肯轻易放弃他们的特权，因此，中国问题之真解决，只有用革命的暴力，彻底推翻清朝政府，代之"以一个新的、开明的、进步的政府"[4]。这些话虽然是对美国人民讲的，实际也是对正在为清政府出谋献策作垂死挣扎的改良派讲的。

对于改良派的革命将招致帝国主义干涉，中国将遭到亡国灭种的危

---

[1] 梁启超：《中国历史上革命之研究》，载《辛亥革命前十年间时论选集》第一卷下册，第803—812页。
[2] 《梁任公先生年谱长编初稿》第3册，第322—323页。
[3] 《孙中山选集》上卷，第61—63页。
[4] 同上。

言恐吓,孙中山由于中国民族资产阶级软弱性的局限,未能作出最有力的反击。但孙中山终究是一个伟大的革命家,在 1904 年与 1905 年之间,他在一定程度上已经看出人民是有力量的,一旦革命成功,不但不怕帝国主义,帝国主义还要怕我们。他以抵制美约为例说:现在中国与美国禁拘的风潮起,不独美国人心惶恐,"欧西各国亦莫不震惊"。他又说:"此不过我国民之小举动耳,各国则震动若是,倘有什么大举动则各国还了得吗?"[1] 从这里可以看出孙中山的民族自信心,而这种信心,正是群众反帝爱国运动所发挥的强大威力鼓舞起来的。

同盟会成立后,梁启超更与清朝政府的大官僚紧密勾结在一起,出洋考察宪政的五大臣的几十万字的考察报告,以及奏请立宪、请定国是的奏稿等,都是梁启超起草的。此外还和两江总督端方、法部尚书戴鸿慈"频以书札往还",勾勾搭搭。[2] 改良派事实上已经成为清朝政府反动统治的幕后参谋人物。孙中山于同盟会成立之日,即决定创办《民报》与改良派的《新民丛报》展开论战。这时,孙中山不仅是一个战斗员,而且是一个指挥作战的统帅。他的三民主义思想,成了论战的指导思想。他不但撰写创刊号的序言,还口授大意,令别人执笔,发表了许多驳斥改良派的重要文章[3]。在和改良派的斗争中,孙中山始终站在第一线。革命派在他的领导下,击败了改良派,占领思想阵地,夺取了思想领导权。1907 年 5 月,改良派发出哀鸣说:"数年以来,革命论盛行于国中……其旗帜益鲜明,其壁垒益森严,其势力益磅礴而郁积,下至贩夫走卒,莫不口谈革命而身行破坏。……革

---

[1] 《国父全书》,第 364 页。
[2] 《梁任公先生年谱长编初稿》第 3 册,第 341 页。
[3] 参见《胡汉民自传》,载《革命文献》第 3 辑,第 16—77 页。

命党指政府为集权,詈立宪为卖国,而人士之怀疑不决者,不敢党与立宪,遂致革命党者,公然为事实上之进行,立宪党者,不过为名义上之鼓吹。气为所慑,而口为所箝。"[1] 事实证明,革命派在孙中山领导下与改良派的斗争取得了很大的胜利。

五

20世纪初孙中山与改良派的斗争,主要是揭穿以梁启超为首的改良派伪装革命与破坏革命的阴谋,偏于就事论事,就题发挥,还未能对改良派进行全面的系统的批驳。特别是在要不要革命的问题上,孙中山虽作了肯定的回答,但只强调了"反满"的一面,即强调反对这个腐朽无能和丧权辱国,带来深重的民族灾难的满清政府,而没有直接提出反对帝国主义的口号。在反对清朝政府的问题上,过分强调满汉种族的界限,显露了浓厚的种族主义色彩,模糊了阶级界限,不利于团结与动员国内各族人民共同起来反对作为帝国主义忠顺走狗的清朝政府。对改良派提出革命将引起"内乱"的问题,孙中山没有作出正面解答。孙中山不认识人民群众是历史的主人,中国革命必须依靠农民群众这支主力军。因而,也就不能很好地回答改良派再三提出的革命必将招致外国干涉的问题,只是天真地说:推翻了清朝政府,"列国方钦我敬我之不暇,尚何有窥伺瓜分之事哉"?[2] 这说明孙中山当时对帝国主义就是侵略的本质还缺乏认识,这样的论点,当然不能驳倒改良派。这些问题,不仅在这个时期没有能对改良派作出有力的反

---

[1] 与之:《论中国现在之党派及将来之政党》,载《新民丛报》,第92期。
[2] 孙中山:《驳保皇报》,载胡汉民编:《总理全集》第1集,第1019页。

击，在后来《民报》与《新民丛报》大论战时期也未能作出很好的回答，这与孙中山本身思想的局限性是分不开的。

20世纪初，同盟会成立前孙中山和改良派的斗争，虽存在着以上最根本的缺点和弱点，然而，这一场斗争仍有其重要意义。

首先，1905年以前孙中山和改良派的斗争，事实上是中国资产阶级革命派和资产阶级改良派斗争的前奏和初战阶段，经过这一场论战，确定了资产阶级民主革命派与改良派的分裂。从此，以孙中山为首的革命派基本上能从思想上与改良派划清思想界限，有利于民主革命的进行。

第二，这场论战，有力地揭穿了改良派，特别是梁启超用伪装革命来破坏革命的阴谋，使他维护清朝政府反对革命的反动面目原形毕露，不得不撕破假面具，公开反对革命，这就使群众较易识别改良派的反动面目，直接进行斗争。

第三，这场论战，在华侨和留学界中发生了很大的影响。檀香山兴中会的阵地被夺回来了，美洲的华侨中革命派的影响扩大了，许多知识青年也逐步摆脱了康、梁等改良派的影响，汇集到孙中山的旗帜之下，壮大了革命派的阵容，为同盟会的成立准备了一定的群众基础。

第四，这场论战，虽只是革命派与改良派的初战，批驳还不够深透；然而，孙中山却从这里吸取了教训，积累了经验，因而在同盟会成立以后的大论战中进一步打击了改良派，推动了资产阶级民主革命运动的发展，促进了近代中国的第三次革命高涨，爆发了具有伟大历史意义的辛亥革命，推翻了帝国主义的走狗清朝政府，结束了两千多年来的封建帝制。

原载《学术研究》1965年第4—5期

论中国近代社会的畸形发展

李时岳

一

长期以来，我国史学界流连于一种无法证实的假设，即中国封建社会内的商品经济的发展，已经孕育着资本主义的萌芽，如果没有外国资本主义的影响，中国也将缓慢地发展到资本主义社会。为了论证中国封建社会内资本主义萌芽的存在，学者们千辛万苦，搜集爬梳，取得了丰硕的成果。但流风所向，也不免有断章取义、附会引申的现象。古代文献中凡有"雇"、"佣"字样的，便被搜寻出来指为资产阶级的雇佣关系；手工业生产领域中稍具规模的，便认为其中存在着资本主义的萌芽，甚至有人根据广州疍船不下七八千，每船十余人，"皆以脂粉为生计"的记载，断定这些疍船上，"普通脂粉手工业作坊是相当发展的"，"这里存在着资本主义因素是毫无疑问的"。[1]把"以脂粉为生计"误解为制造胭脂花粉，从而在卖笑生涯的娼妓群中找到了

---

[1]《中国封建社会手工业中的资本主义萌芽》，见《中国资本主义萌芽问题讨论集》。

"资本主义因素"。这里，我丝毫无意用这些例子来菲薄学者们多年辛勤的劳绩。绝大多数关于"资本主义萌芽"的研究是严肃认真的，也是富有见地的。它的重要意义在于揭示中国封建社会内工商业所达到的高度水平。这种高度发达的工商业，到了近代，一方面限制了外国资本主义入侵后对中国社会经济的破坏程度，另一方面又支持了和外国资本主义相抗衡的本国资本主义的产生。因此，这项研究十分重要，不仅不是多余的，而且还嫌不足，问题在于研究的导向是借以论证中国独立走上资本主义道路的可能性，就难免夸大其词，乃至望文生义。既不考虑中国封建社会内的商品经济是建立在小生产基础上的，只是自然经济的补充；也不考虑中国的工商业是在封建王朝控制之下的，是王朝的摇钱树；更不考虑整个社会环境和政治环境。似乎有了发达的工商业，资本主义社会就呼之欲出了。其实，"苗而不秀"的现象是比比皆是的，即使证明了"资本主义萌芽"的存在，也不能证明中国封建社会能够独立地发展为资本主义社会。

从世界历史的轨迹看，资本主义社会首先出现于欧洲，并不是偶然的。早在中世纪以前，欧洲已经有着以商业利益为本位的希腊城邦和跟"权"联在一起、国家是建立在公民权利基础之上的罗马法传统。发展到了中世纪，许多地区于是出现了通过赎买取得自治权利的城市，从而出现了"市民阶级"。只有在这些城市自治体内才孕育着真正的资本主义萌芽，因为它内部虽然保留着封建式身份限制的行会制度，但已经摆脱了外部封建势力的羁绊而具有独立的地位和自主的权利。产业革命彻底摧毁了行会制度，资本主义迅猛发展并显示出巨大的优越性。而产业革命之所以率先从英国开始，则是因为在那里，依靠市民阶级的支持，建立了有力量保护自己利益的民族国家，而这个国家又是以保护商业利益为国策的。一种新的社会制度总是在条件最为适宜的地方诞生,然后以其优越性向四周扩散其影响。资本主义更是如此。它一经显示其优越性,便迅速成为世界潮流,不仅越过国界,而且越过洲际,顺之者昌,逆之者亡。从英国开始的产业革命,在条件大体相同的地方如法国、德国,立即闻风而动,自然效法;在条件不大相同的地方如俄国、日本,也都随后跟上,主动仿效;在条件很不相同而又不能自行仿效的地方如印度、印尼,则落了个被强制"改造"的命运。

反观中国,尽管有素称发达的商业和手工业,但"商"的社会地位始终处于"四民"之末,他们的商业利益不仅得不到法律的保障,而且被视为破坏社会安定的因素,经济遭到毁灭性的打击。"重农抑商"是历代王朝的国策。中国的"法"是和"刑"连在一起,而不是和"权"连在一起的,中国也就不可能出现通过赎买而摆脱封建羁绊的"城市自治体",不可能出现独立的"市民阶级"。在"普天之下,莫非王土;率土之滨,莫非王臣"的中国,在城市是封建统治中心的中国,在国家视工商业发展为社会隐患的中国,"资本主义萌芽"萌而又衰,衰而复萌,前途难卜,其发展又岂止是"缓慢"而已。

严峻的事实是,世界并不能等待中国"缓慢"地独立发展。151年前,鸦片战争爆发了。虽然英国进行的是保护贩毒权利的不义之战,清朝政府则是站在道德的立场进行自卫,但"落后挨打",封建主义的龙旗抵挡不住资本主义的坚船利炮,清朝统治者只得卑怯乞和。割地、赔款之外,还给予侵略者协定关税、领事裁判等特权,并打开长期封闭的国门。随后,其他资本主义强国蜂拥而上,发动了一次又一次侵略战争,清朝政府被迫签订了一个又一个不平等的条约,国家主权的丧失越来越多，国门越开越大，清朝统治者越来越屈从于外国的压力，于是，独立的中国一步步地变成为半殖民地。中国社会独立发展的进程无可挽回地被帝国主义利剑斩断了。

在汉族历史上，曾有过多次的异族入侵。但野蛮的异族最后都被汉族文明所同化，从而融合为中华民族。外国资本主义的入侵则不同。因为资本主义优于封建主义，外国入侵者不被中国传统的封建文明所同化，而且执行着"西方资产阶级按照自己的面貌改造世界"的任务，使得中国在半殖民地化的同时，又发生着另一转变，即由封建社会转变为半封建社会。关于半殖民地化的过程及其血迹斑斑的图画，已有详尽的论述，描绘得相当清晰。而关于半封建化的过程及其意义，论述就比较笼统、模糊，见解还不尽一致。这里，我们就来对后一过程进行剖析。

二

历史转入近代，中国社会的演变往往被单纯地描绘为向下滑动，不断没落的悲惨过程，即所谓"向半殖民地半封建社会沉沦"。1981年和1984年，我曾两度提出异议，指出从独立国变为半殖民地是向下沉沦，而从封建变为半封建社会则是向上发展。[1] 后来，为回答"半殖民地和半封建不可分割"的质问，我强调半殖民地指国家地位，丧失了国家主权，自然是沉沦；半封建指社会形态，产生了资本主义，所

---

[1] 《近代中国社会的演化和辛亥革命》，载《吉林大学学报》1981年第5期；《中国近代史主要线索及其标志之我见》，载《历史研究》1984年第2期。

以是进步。[1] 当时，为了避免触动民族主义这根敏感的神经，我把半殖民地的含义严格限于政治范围，而在解释半封建时，又完全回避了外国资本主义，从而留下了不能令人满意的疑窦。

马克思说过，在科学的门口，正像在地狱的门口一样，必须抛弃一切的疑惧，祛除一切怯懦的念头。实际上，近代中国社会的转型是和外国资本主义的影响分不开的。

首先，外国资本主义的存在及其发展，是中国社会半封建化的重要因素之一。随着国门被打开，外国资本主义迅速进入中国并不断扩展，成为近代中国社会经济中举足轻重的成分。作为半封建另一半的资本主义，首先就是外国资本主义，它不仅先于中国资本主义而产生，而且优于中国资本主义而存在。外国资本主义支配着通商口岸和进出口贸易，控制着轮船、铁路等现代交通，经营各种工矿企业，开设银行，垄断了中国的金融和财政，直到20世纪30年代上半期都没有大的变化。

那么，这种现象是不是半殖民地的经济表现呢？有人就曾伤感地惊呼，这正是"历史的沉沦"的佐证。不过，伤感并不能代替科学。在资本主义向全世界进军的过程中，工矿企业中外资占相当比重乃至占绝对优势的现象，并不是中国所独有，作为纯经济现象，并不值得大惊小怪。据统计，俄国"到1914年，90%的采矿业、近100%的煤油业、40%的冶金业、50%的化学工业、甚至28%的纺织业的所有权都归外国"。[2] 意大利也有类似的情况。这是"不成熟"经济的一个标志，它表明当时的俄国（以及意大利等）对外国的技术和资金的依赖，

---

[1] 《关于"半殖民地半封建"的几点思考》，载《历史研究》1988年第1期。
[2] 保罗·肯尼迪：《大国的兴衰》，求是出版社1988年版，第284页。

但从来没有人认为俄国曾是"沉沦"为殖民地或半殖民地。如果外资占一定比重就是殖民地、半殖民地经济，那么怎么理解许多独立后的发展中国家却大力招徕外资并不惜提供优惠条件呢？

其次，外国资本主义打破了中国社会经济发展的停滞状态。外国资本主义的经济活动不外乎进出口贸易和直接经营工矿企业，它有力地冲击了中国封建社会经济的平衡，给外国资本家带来了巨大的利润，但对中国也并非完全无益。这里，通常出现的问题在于哪方利大、哪方利小，外国资本家凭借侵略特权往往攫取了利益中的巨大份额，但获利较小并不等于有害。那种对一方有利则必然对另一方有害的传统观念，并不能得到事实的支持。外商拓宽了中国产品的海外市场，促进外销商品生产的增长，并推动农业的商品化和专业化。丝、茶出口的猛增肯定有助于产区人均收入的提高。进口方面除鸦片外，其他商品都有增加商品净量、开拓商品市场、促进商品经济发展的积极作用。消费品的进口或替代了低级用品，或补充了供应的不足，对手工业生产的打击实际上是机器生产的前奏，生产资料的进口不仅推动了手工制造到机器生产的变革，而且推动了相关其他产业的发展。外资企业除提供机器生产、科学管理、合理经营的样板外，还承担了许多社会基础设施的兴建，改善了资本主义经营的外部经济环境，并给劳动者增添了新的就业机会，外资和侨汇还使中国的国际收支并未因外贸的长期逆差而发生严重问题。铁路是外国投资的一个重要部门。外国在中国投资修筑铁路，自然是为各自的利益服务，并从中捞到了很大的好处，但不能否认铁路修建在客观上的社会效益。法国在云南省东部修筑了一条滇越铁路。英国计划在云南省西部修筑一条滇缅铁路而没有实现。结果，滇东地区经济、文化的发展迅速超越了滇西。在外国资本主义的影响下，近代中国的社会发展形成了这样的格局：通商口岸是经济、文化最发达的资本主义城市；在它的辐射线内形成了一个半资本主义半封建的地带，传统的经济、文化被迫调整以适应资本主义中心城市的需要，连传统的农业也发生着某些变化，例如，地主对农民的剥削虽然仍是超经济的封建剥削，但随着经济作物的发展、定额租和货币地租的流行，农民对地主的人身依附关系日益淡化；辐射圈外则仍然滞留在封建桎梏里，而那些外国资本主义影响所不及的内地和山区，便成为最贫穷、最落后的地区。这种格局，至今仍留下了不可磨灭的印记。

最后，也是最为重要的，外国资本主义促进了中国本国资本主义的发展。它值得我们进行专题的分析。

三

中国资本主义是在外国资本主义的刺激下发展起来的，这一点，没有人表示疑问。怎样"刺激"的呢？不外乎政治和经济的影响，为抵御外侮而兴办军事工业，完全出于政治动机，它是对帝国主义军事侵略的反应，洋务派兴办的规模巨大的兵工厂、造船厂等，都属于这一类。那些为堵塞漏卮、挽回利权而兴办的民用企业，虽然着眼于经济，但也带有很强的政治性。这些工矿企业都直接从国外引进机器、技术，一般由国家经营或国家监督、私人承包，即所谓"官办"或"官督商办"，基本上和封建社会内的资本主义萌芽无关。完全出于经济原因的，范围广泛，涉及许多行业，情况各异，发展起来的时间也先后不一，但大体上都有相同的经历。王翔《中国传统丝织业走向近代化的历史过程》提供了很有意义的范例。[1]

苏浙丝织业素负盛名,产品畅销海内外,但数百年间,生产工具一直使用明代定型的旧式木机,一直是乡村农民的家庭副业生产和城镇手工业者的小商品生产,所谓"资本主义萌芽"只是由商人发放原料给机工代织的"放料收绸"而已。鸦片战争后,由于丝绸生产的传统技艺和特殊要求,资本主义国家一时难以用机器生产完全取而代之,中国的丝绸产品仍然畅销海内外,但生产工具仍在原地踏步,经营方式也不过是战前早已出现的"放料收绸"得以扩展而已,并没有质的变化。中国的大气候虽然起了变化,但丝织业的小气候没有变化,丝织业的生产方式也就踏步不前,因为它还没有遇到外国资本主义的挑战。但挑战终于还是到来了。19 世纪中期,法国首先推出了提花丝织机,"可由机械进行精巧的纹织"。日本急起直追,从法国引进后立即仿制推广并加以改进。到 19 世纪末 20 世纪初,电力机取代了手拉机,实现了丝绸生产的机械化。于是,价廉物美的洋绸不仅把中国丝绸迅速排挤出国际市场,而且打进了中国的国内市场,大受欢迎。传统的中国丝绸业顿起恐慌,销路骤衰,赔亏频传,乃至停业破产。为了挽回颓势,起死复生,1912 年,苏州、杭州商人首先从日本引进手拉提花丝织机,变手工操作为半机械化生产。1915 年,上海商人又从日本引进电力机,创办了国内第一家电力丝绸厂,实现了丝织的机械化。随着新式电力织机的推广应用,对丝织原料提出了新的要求,开始抛弃沿用了数千年的土丝,改用在韧力、条份、色泽等方面优于土丝的厂丝。于是,农家土丝迅速衰落,机器缫丝大发展,从缫丝到丝织,

---

[1] 载《中国经济史研究》1989 年第 3 期。

实现了全行业的资本主义化。

丝织业的资本主义化过程给我们许多启迪：（一）在资本主义化的过程，有手工业破产的辛酸，有机织业创业的激情，而这些辛酸和激情，都是和外国资本主义的影响分不开的。我们没有必要为手工业的破产而过于伤感，因为没有手工业的破产就没有电力机的推广。鸦片战争后五六十年，丝织业仍在落后的传统轨道上徘徊，可见"猛击一掌"的必要。（二）资本主义化不是原先资本主义萌芽"缓慢"发展的结果，而是在外国资本主义的打击下，可说是"一夜之间"嫁接成功的。嫁接也是一种移植的方式。这一点，具有一定的普遍性。例如，中国的轮船运输业、棉纺织业等均是如此。这就表明，不是什么"如果没有外国资本主义的影响，中国也将缓慢地发展到资本主义社会"，而是由于外国资本主义的影响，中国才发生了资本主义。"如果"云云，姑且不论其理论前提"五种社会经济形态说"是否具有"放之四海而皆准"的普遍意义，就思维方式说，也是一种封闭式的思维方式。它奉"独立发展"为圭臬，"缓慢"则在所不计。岂不知世界不能等待，过于"缓慢"就会丧失"独立发展"的可能。在世界上的事物已经联成一气的时代，这种思维方式显然是不足取的。（三）外国资本主义对中国资本主义发生发展的促进作用是多方面的，并不限于通常所说的造成了商品和劳动力的市场。其实，商品经济，中国古已有之，劳动力在中国更从不缺乏。至关重要的是技术及其装备，作为资本主义文明之结晶的生产技术、机器设备。资本主义文明在冲破中世纪的黑暗中诞生，在资产阶级和无产阶级的对抗中发展，是全人类的共同财富。技术及装备的转移正是帝国主义充当"历史的不自觉的工具"的核心，它最终将在全世界形成埋葬帝国主义的物质力量。

中国丝织业资本主义化后，从业的资本家们立即感受到洋绸的压迫，显示出外国资本主义阻碍中国资本主义发展的一面。资本主义经营的特点之一在于不断扩大再生产。发展是生存的条件。中国资本主义发生以后，便不能不谋求发展，为争取生存条件而斗争。丝织厂商刚呱呱坠地便积极参与了"裁厘加税"运动，要求废除封建性的厘金制度和增加海关税率，以取得和外国资本主义竞争的平等地位。促进和阻碍是外国资本主义利剑的两面。在中国资本主义从无到有的发生期，促进作用十分突出；当中国资本主义要求发展的时候，阻碍作用就日益严重地显示出来，这一点，又是和承受者的主体认识分不开的。这就是中国资产阶级诞生以后民族主义呼声越来越强烈的经济原因。

四

我们从外国资本主义和中国本国资本主义两个方面及其结合点上展示了中国社会转向近代时所发生的变化。仅就工矿企业而言，外资、中外合资和中国资本开设的各种企业，在整个国民经济中所占的比重虽然不大，但这些企业都是优于封建经济的资本主义经济，而且具有不断增长的势头。虽然，这种变化，可以毫不迟疑地认定，不是"沉沦"而是发展。不过，应当指出，它是一种畸形的发展。

第一，这种发展是在半殖民地条件下取得的，为了这种发展，中国人付出了太大的代价。几乎世界上所有的资本主义强国都出兵打过中国，战争中的烧杀掳掠，战后的割地赔款，政治上、经济上、文化上乃至军事上的种种侵略特权，外国侵略者横行于神州大地，官府低头、百姓受辱，所有这一切，极大地损害了中国的国家权益，伤害了中国人的民族感情。半殖民地的屈辱地位是一切有爱国心的中国人所不堪忍受的。

第二，这种发展是以外国资本主义为先导的，是西方资产阶级为了掠夺和奴役，按照自己的面貌改造世界的一部分，在"改造"的过程中必然伴随着屈辱和灾难。它在促进中外物资交流和中国商品经济发展的同时，又使中国经济成为外国的附庸，成为洋货倾销的市场和供应原料的产地，并吞噬了进出口贸易增长的大部分利益。它在改善中国交通的运输、促进地方繁荣的同时，又让外国人通过控制交通命脉进而控制经济权益乃至政治权力。它在引进机器和技术、提高社会生产力的同时，又给外国资本家取得比他们在本国投资远为优厚的利润，并排挤和压迫中国的同行。外国资本主义既破坏了中国社会停滞状态的平衡，又使中国向殖民地地位倾斜，它的导向所依据的是西方国家的利益，而不是中国的资源需要，因而往往背离中国社会经济健康、合理发展的轨道。

第三，中国本国的资本主义发展起来了，它本应是抗衡帝国主义、矫正畸形发展的力量，但面临着种种难以克服的困难，帝国主义勒索的巨额战争赔款、进出口贸易中长期的逆差和外国在华企业回汇的大量利润，使中国社会在一端积累了过多的贫困，另一端却难以积累起足够的资本，中国资产阶级往往显得后劲不足。外国资本主义不仅拥有雄厚的资金、高超的技术，而且拥有种种特权，使中国资本主义没有办法和它竞争。而且，中国资本主义还受到封建势力的困扰、盘剥和压迫，帝国主义者又往往勾结中国反动派，扼杀中国的革新事业。中国资产阶级要为自己打开一条顺畅的、独立发展的道路是十分艰难的，甚至是不可能的。

这就是畸形发展所带来的凌辱、苦难和问题。畸形的发展也是一种发展。不承认中国近代社会在外国资本影响下的发展是不对的。马克思在《不列颠在印度的统治》一文中，尚且承认英国对印度公社的破坏是"社会革命"，我们又何必讳言外国资本主义在中国充当"历史的不自觉的工具"的客观作用呢？但看不到这种发展的畸形也是不对的，它将导致用玫瑰色去粉饰帝国主义的侵略罪行。

回顾中国近代社会发展的历程，需要冷静地看到哪些是阻挡中国人阔步前进的荆棘，哪些是为了发展而不得不和泪咽下的苦酒；需要清醒地看到半殖民地的条件下，中国的"改造"哪些已经完成，哪些尚在进行，哪些需要矫正，哪些还有待于着手。我们要善于接受苦难历程所留下的遗产。

原载《学术研究》1991年第1期

关于中国农学史的若干问题

李根蟠

最近我参加了先后由范楚玉和董恺忱任主编的《中国农学史》的写作，对其中的若干问题进行了一些思考，现整理出来向诸位专家请教。

一、中国古代有农学

最近学术界在讨论中国传统社会有没有科学。有的学者认为中国传统文化中只有技术而无科学。具体到农业领域，这种观点的逻辑结论是：中国古代只有建立在直观经验基础上的农业技术，无所谓农业科学。这种观点是否符合实际呢？

诚然，中国古代农业是以技术的发达为其特色的。这些农业技术的确是建立在直观经验的基础上的，但它没有停止在具体的操作上，而是概括出一些原理原则，作为具体技术的统帅；它也没有局限于直观经验，而是以某种富于哲理性的理论贯彻于其中，作为整个技术的指导思想，从而形成完整的知识体系。例如，早在先秦时期，《吕氏春秋·任地》就指出:"凡耕之大方:力者欲柔,柔者欲力;息者欲劳,劳者欲息;棘者欲肥,肥者欲棘;急者欲缓,缓者欲急;湿者欲燥,燥者欲湿。"这已不是具体的操作技术,而是统率技术的原则、原理了。同篇还提出:"地可使肥,又可使棘。"这更是超越了技术而属于学理的范畴了。当《氾胜之书》在"耕之大方"的基础上提出"和土"的概念,陈旉《农书》在土壤肥力可变论的基础上提出"地力常新壮"的命题时,其属于学理的性质就更加明显了。尤其值得指出的是,这些理论、原理、原则不是散在的,而是以"天地人"的"三才"理论为核心而形成体系。它们在相当程度上反映了作为自然再生产和经济再生产统一过程的农业之本质,其正确性被几千年的农业实践所反复证明。因而,说中国古代农业只有技术而无科学是不正确的;我国古代虽然没有建立在科学实验基础上的近代形态的农业科学,但已经形成了独具特色、自成体系的传统农业科学。

我们这样说,并非全盘否定"中国传统文化中只有技术而无科学"的观点。这种观点包含了深刻的思想和合理的成分;其失误只在于不恰当地用现代科学的标准来衡量古代的事物。事实上,中国传统农学的确在很大程度上粘着于技术,并缺乏应有的精确性。因此,绝不能把中国传统农学等同于现代意义上的"科学"。

同时,又有人把中国古代农学和当时的农业技术完全等同起来,认为两者实际上并无区别,这也是不正确的。传统的农业科学和农业技术是紧密相连的,但两者毕竟不能画等号。技术是具体的操作方法与技能,科学则是指导这种操作的原理和知识体系,并且是经过了总结并多见于文字记载的。有农业就有相应的农业技术,它已经有了近万年的历史,而农业科学知识体系即传统农学的形成距今还不到三千年。

二、中国传统农学体系和中国农学史的体系

20世纪50年代中国农业遗产研究室编写的《中国农学史》，是以骨干农书为纲分章编写的。农书是我国传统农学的主要载体。我国卷帙浩繁、内容丰富、流传久远的农书，是我们发掘和研究中国传统农学的主要依据，撰写中国农学史当然离不开农书。按照骨干农书编写农学史有其合理和方便之处，但现在看来这种写法已难以反映中国农学史的全貌及其体系的内在特征。

80年代梁家勉先生主编的《中国农业科学技术史稿》，是以农业生产的要素和部门为纲分章编写的。这种写法适合农业技术史的特点，也有其合理和方便之处。但如果我们蹈袭这种编写方法，就很可能与该书雷同重复，而不能反映作为农学史区别于农业科学技术史的特点。

那么，新编的《中国农学史》的体系究竟应该如何安排？

要想合理安排中国农学史的体系，首先要研究中国传统农学体系自身的特点。

从中国传统农学的内容看，它大体可以归纳为以下三个方面：

1. 精耕细作农业技术体系中的原理、原则；2. 作为农业科学的基础学科（如土壤学、农业气象学、农业生物学等）的理论和知识；3. 以"三才"理论为核心的农学思想或农学理论。这三个方面是相互联系的，其中"三才"理论是它的灵魂和总纲。"三才"是中国传统哲学的一种宇宙模式，它把天、地、人看成是宇宙组成的三大要素，这三大要素的功能和本质，人们习惯用天时、地利（或地宜）、人力（或人和）这种通俗的语言来表述，并作为一种分析框架应用到各个领域。它是中国长期农业实践经验的结晶，首先是精耕细作技术体系的

理论概括，并反过来成为精耕细作农业技术的指导思想。农业生产离不开"天"（气候、季节等）、"地"（土壤、地形等）、"稼"（农业生物）、"人"（从事农业生产的主体，包括人的劳动和经营等）等因素，中国传统农学正是通过长期的农业实践，在逐步加深对上述诸因素认识的过程中建立和发展起来的。对"天"的认识逐渐积累和发展了农时学和农业气象学的知识和理论，对"地"的认识逐渐积累和发展了农业土壤学的知识和理论（如"土宜论"、"土脉论"），对"稼"的认识逐渐积累和发展了农业生物学的知识和理论。这些构成了中国传统农学的基础学科，各种农业技术的原理原则大都可以归属到这些学科之中；而"三才"理论则是对"天"、"地"、"人"、"稼"等因素及其关系的总体认识。可见，抓住"三才"理论这个"纲"，中国传统农学体系的特点和内在关系就比较清楚了。

根据以上认识，这次编写的《中国农学史》按长时段分编以后，每编基本包括三个部分：一是该时期农学发展的历史背景（因为农学的发展离不开当时的社会经济、政治、文化等条件）；二是该时期农书的介绍；三是该时期农学的发展。第三部分以"三才"理论为纲，基本上按"天"（对农时的认识和农业气象知识等）、"地"（土壤学和土地利用等）、"稼"（农业生物学理论知识及相关技术等）、农学思想等次序安排章节，庶几能够更好地反映中国传统农学体系自身的特点及其内在的逻辑。

三、中国传统农学形成与发展的主要线索

从农业起源到春秋以前是农业科学知识积累和传统农学的酝酿时

期。这一时期的后期已经出现了精耕细作农业技术的萌芽，但日益丰富的农业技术还没有获得全面的总结。春秋战国是中国传统农学的形成时期。其主要标志和特点：一是农家、农书和有关农学文献的出现；二是精耕细作技术体系有了一个雏形；三是作为传统农学基础的传统土壤学、农业气象学等基本建立起来；四是以"三才"理论为核心的农学思想已经形成。

秦汉魏晋南北朝是中国传统农学臻于成熟的时期。它的主要特点和标志：一是北方旱农精耕细作技术体系的形成；二是以《齐民要术》为代表的一批传统农学经典的出现。本时期传统农学比前代进步之处在于：1.它是建立在牛耕技术的基础之上的；2.它是建立在农业生产全方位发展的基础之上的；3.除农时学和土壤学外，农业生物学知识与技术有了长足进步，提高农业生物自身的生产能力与改善农业环境条件被放在同等重要的地位；4.农学指导思想的深化和具体化。

隋唐宋元是中国传统农学向广度和深度扩展的时期。其标志和特点，一是南方泽农精耕细作技术体系的形成和南北农业技术的交流融汇；二是作为上述农业技术体系总结的陈旉《农书》、《农桑辑要》、王祯《农书》等重要农学著作和一大批专谱、专科农书的出现。本时期农业技术和农学的发展是与南方农业的发展和全国经济重心的南移分不开的。南方精耕农业具有比北方旱作农业更高的土地利用率，不但创造了多种充分利用水土资源的形式，而且多熟种植制度也已初步建立；各种农业技术是围绕着这个中心发展起来的。作为这种农业实践的总结，本时期农学思想也有重大的发展。

明清是中国传统农学继续发展但其局限性已经逐渐暴露的时期；也是中西农学开始相互交汇的时期。前者主要标志是农书创作的空前繁荣和以《农政全书》、《补农书》、《农说》、《知本提纲·农则篇》等为代表的各类农书的大量涌现。这些农书反映了传统农艺的进一步精细化而向多劳集约的方向发展，在某些领域和某些方面也有新经验的总结；它还反映了精耕细作的农艺和农学知识向更广阔的地区推广，并在许多地方获得适应该地区不同的自然和社会条件的具体表现形式。本时期的农学在继续扩展和细化的同时，也提出了进一步予以综合的要求，并出现从理论上总结传统农学的著作，从而使传统农学更加条理化和系统化。但由于当时进行这种总结所能使用的理论武器仍然是传统的笼统而模糊的阴阳五行思想，缺乏实验的科学手段和在这个基础上建立起来的精确的理论，传统农学的进一步发展受到了极大的局限，并在世界范围内逐渐相对落伍。与此同时，中西农学交汇的漫长过程也在这个时期开始了。

四、"三才"与"气"论

以某种富于哲理性的思想作为统帅，是中国传统农学的一个显著特点，其核心是"三才"理论。[1] "三才"理论是讲"天"、"地"、"人"、"稼"等因素及其相互关系的。这些因素不是相互孤立的，而是统一的，其统一的基础是"气"。

"气"是中国古代哲学中一个非常重要的概念，它主要是指一种流动着的、可以有各种不同表现形态的精微物质。"三才"理论的形成本身就有赖于"气"的概念的介入。甲骨文中的"天"字是大脑袋的人

---

[1] "三才"理论虽然是在农业实践中形成的，但在它形成以后，被推演到各个领域中，发生了许多变异；我们这里所讲的是传统农学中的"三才"理论。

形,意指人头顶上的苍天。在当时宗教神学观念的支配下,天被认为是有意志的人格神"帝"的处所,所以"天"又成为"帝"的代称。甲骨文中的"时",从"日"从"止"(足形之下加一横),用现在的话来说,就是太阳的运行的意思,是一种唯物的观念。但商代和西周初年,人们并没有把"天"和"时"联系起来。到了春秋时期,甚至可以追溯到西周末年,人们开始把"气"视为"天"的本质,把"时"视为"气"运行的秩序,从而逐渐形成"天时"的观念;同时,人们又提出"地气"的概念,把土地看成是有气脉的活的机体,形成了所谓"土脉论"。这样就把"天"和"地"物质化,为"三才"理论提供了重要基础;加上当时在铁农具推广以后的农业实践中,人们对自身在利用和改造自然中的地位和作用有了进一步的认识,于是形成了"人"与天地并列的"三才"理论。

  古人认为天和地统一在"气"之上,地气的运动受天气的影响;大地上动植物的生长和人类的活动都要受到它们的制约,农业活动必须依循天气和地气的这种变化来行事。这种观念在《礼记·月令》和《氾胜之书》等著作中已表现得十分清楚,而且一直延续至后世。元代王祯说:"风行地上,各有方位,土性所宜,各随气化,所以远近彼此之间,风土各有别也。"就是对"天"和"地"在"气"基础上的统一的理解。万物生长也是由于禀受了天地之"气"。陈旉说:"万物因时受气,因气发生。"就是对天地和万物在"气"的基础上的统一的理解。不但如此,在古人看来,人和天地万物都是由于"气"的流动和转化所形成的不同形态。例如清人杨屾认为人和天地万物都由"五行之气"组成,人以动植物为食,就是吸收利用其中的五行之气,而人类的排泄物和废弃物仍然包含了没有利用完的五行之气,它们返回土壤，又可以供农作物生长发育之用。这种"余气相培"论，正是对人和天地万物在"气"的基础上的统一的理解。它是对农业生态系统物质循环和能量转化的一种朴素的表达方式，反映了人们对农业生物、自然环境和人类之间关系认识的深化。由此看来，在我国传统农学中，"三才"和"气"论是统一的、不可分割的；或者说，"三才"理论是建立在"气"一元论的基础之上的。

以"三才"理论为核心的中国传统农学虽然立足于"气"论，但在很长时期内并没有在此基础上进一步形成完整的理论体系，而只是停留在一般地以阴阳之气解释时令变化的范围内，没有运用"气"论对农业生产的过程作出系统的说明。直到明清时期才出现这方面的尝试。

"气"是中国传统哲学思想中的一个"魔物"，它与中国传统农学的关系非常密切，而过去我们对这个问题的研究是很不够的。

五、中国传统农学的优点及其生命力

中国传统农学最突出的特点和优点是作为它的指导思想的"三才"理论中所包含的有机统一的自然观。

"三才"理论是对农业生产中农作物（或农业生物）（稼）与自然环境（天和地）和人类劳动（人）之间关系的一种概括，它把农业生产看作稼、天、地、人诸因素组成的整体，在相当程度上反映了作为自然再生产和经济再生产统一的农业之本质。它所包含的整体观、联系观、动态观，贯穿于我国传统农学和农艺的各个方面。例如，人们对天时的掌握不是采取单一的手段，而是综合运用多种手段，形成一个指时的体系。保留了夏代历法内容的《夏小正》，已列出每月的物候、星象、气象和农事，这就把天上的日月星辰，地上的草木鸟兽和人间的生产活动，以季节变化为轴，联结起来，具备后世"三才"理论整体观的雏形。这种情况后来又有所发展，形成为一种传统。传统指时系统以二十四节气和物候的结合为重要特色。二十四节气的制定以标准时体系为核心，并考虑了多方面的因素。而物候指时本身即以对天上、地下、人间万事万物相互联系的认识为前提。中国传统土壤学的显著特点，是从整个生态系统中去考察土壤及其变化，把土壤看成是与天上的"阴阳"变幻、地上的草木荣枯相互联系的活的机体。"土宜论"和"土脉论"正是这种土壤学理论的精粹。中国传统生物学这一特点也至为明显：它把生物体视为由各个相互联系的部分组成的整体，注意由表及里、由此及彼、抑此促彼的观察与利用；它把生物群落视为由同类或不同类的生物组成的相互联系的整体，注意它们之间的群体结构、彼此关系和物质循环，并运用于农业生产中；它把生物与其周围环境视为相互联系的整体，注意生物与气候土壤的关系，后者导致生物学与土壤学的交融，以至形成极有特色的风土论和生态地植物学。

在"三才"理论体系中，"人"与"天"、"地"并列，既非大自然（"天"、"地"）的奴隶，又非大自然的主宰，他是以自然过程的参与者的身份出现的。因此，人和自然不是对抗的关系，而是协调的关系。传统农学中很有特色的保护和合理利用自然资源思想的产生与此有关。农业生物的生长离不开自然环境，更离不开作为农业生产主导者的人，但人在农业生产中作用的发挥必须建立在尊重自然界客观规律的基础上。农业生物在自然环境中生长，有其客观规律性，人类可以干预这一过程，使它符合自己的目标，但不能凌驾于自然之上，违反客观规律。因此，中国传统农业总是强调因时、因地、因物制宜，即所谓"三宜"，把这看作是一切农业举措必须遵守的原则。但人们在客观规律面前不是无能为力的，人们认识了客观规律，就有了农业生产的主动权，不但可以趋利避害，而且可以"制天命而用之"。(《荀子》语)如前所述，中国传统农学认为农业的环境条件不是固定不变的，农业生物的特性及其与周围环境的关系也不是固定不变的，这就展示了人们在农业生产领域内充分发挥其主观能动性的广阔空间。土壤环境的改造，优良品种的选育，都与这种思想的指导有关。即使人们无法左右的"天时"，人们也不是完全消极被动的。

总之，以"三才"理论为核心的中国传统农学，比较注意农业生产的总体，比较注意适应和利用农业生态系统中的农业生物、自然环境等各种因素之间的相互依存和相互制约，比较符合农业的本性，也因而能比较充分地发挥人在农业生产中的能动作用，使人和自然的关系比较协调。这是中国传统农学的突出优点。在它的指导下，形成了精耕细作的优良传统，创造了发达的、稳定的、富于生命力的传统农业，为中华文明的繁荣和几千年的持续不断提供了物质基础。

六、中国传统农学的不足及其近代落伍的原因

但中国传统农学的不足也是明显的。它重综合而轻分析，重关系而轻本体，重实用而轻机理，重外部表现而轻内部结构。在农业气象学方面，虽然很早就形成了综合的指时系统，善于观察自然现象之间的相互联系，以把握气候的实际变化，但始终未能对各种气象因素及其变化作定量分析。在农业土壤学方面，虽然很早对各种土壤作出细

致的分类，揭示了不同土壤与不同植物、动物之间的依存关系，创造了改造和培肥土壤的光辉理论和有效方法，但始终没有对土壤本身的成分和结构作深入的理化分析。在农业生物学方面，虽然很早就对各种农业生物的形态、性状作出细致的观察和分类，尤善掌握农业生物与环境条件之间、各种农业生物之间、同一物种外部形态与内部性状之间的关系，并巧妙利用以提高农业生物自身生产能力，但始终未能深入农业生物内部探索其组织结构和生命过程的奥秘。它往往采用内涵丰富但却模糊的哲理性名词表达事物的整体状态及其动态变化，缺乏可以计量研究的手段和精确的概念。

早在先秦时期，中国已经有关于土壤学、地植物学等的专门著作（如《尚书·禹贡》、《管子·地员》等），但秦汉以后向实用技术发展，有关基础学科的专门著作反而没有了。像《齐民要术》这样光辉的农学著作，的确包含了丰富的农业土壤学和农业生物学知识，但都是附着在各种实用技术应用的说解中，这些知识是分散的，缺乏系统化，更没有在理论上加以概括、总结和提高。毋庸讳言，秦汉以后的中国传统农学，确实是过分地粘着于实用技术，独立于实用技术之外的以单纯"求知"为目的的科学探索，则相当地缺乏。甚至那种哲理性的农学理论，在很长时期内也只是以"语录"的方式表现出来，虽然它的精神被贯彻到各方面实际技术之中，但这种理论本身并没有进行过系统的总结。总的说来，基础学科和以求知为目的的探索落后于生产技术的发展，理论落后于实践的发展。基础学科和基础理论发展的这种滞后，后来成为我国农业科学进一步发展，尤其是传统农学向现代农学转变的严重障碍。

我国传统农学的发展也经历过"合—分—合"的过程。如先秦的

《吕氏春秋·辩土》诸篇是综合性的作物栽培概论,秦汉以后出现了专业性农书,综合性农书也包含了作物栽培和动物饲养的分论,这也是从合到分的过程。但这种"分",是按生产对象和生产项目的细分,而不是对各种生产因素的深入分析;这种"分",仍然没有摆脱对实用技术的粘着,在思维方式和研究手段上并没有创新。到了明清时期,传统农学的发展要求在理论上加以总结和提高,这时出现了像明代马一龙《农说》和清代杨屾《知本提纲·农则》这样的农学理论著作。这两部著作虽然对传统的"三才"理论作了进一步的阐述,提出了一些有价值的观点,并使传统农业技术的原则原理更加条理化和系统化。但从马一龙到杨屾,他们所能运用的理论武器仍然是传统的阴阳五行说。面对着复杂的农业生态系统和丰富多彩的农业技术,这种抽象的、只反映宇宙事物间某些共性的阴阳学说显得无能为力。当马一龙用它解释具体生产技术时,有时难免以偏赅全,削足适履,甚至用主观臆想代替客观事实,因而不能说马一龙和杨屾用阴阳五行学说阐述农业生产原理取得了完全的成功。

欧洲中世纪的农业技术是远远落后于我国的;他们的思维方式虽拙于综合而长于分析,但他们有希腊、罗马时期遗留下来的为求知而独立探索的传统。相当于明末清初的十七八世纪的欧洲,在农业技术上虽然仍然落后于我国,但在农业实用技术之外已出现了重大的突破。当时已发明了光学显微镜,并用它发现了细胞,观察研究了植物的授精过程,揭示了生物生命过程的奥秘,从而酝酿着生物学和农学的飞跃发展。而同时期的中国农学却没有出现新的理论和研究手段。与西欧同时期相比,中国传统农学的基础学科,尤其是生物学显然是落伍了。我国传统农学落后于西方,也正是从这里开始的。

七、现代化与中国农学史研究

20世纪70年代末80年代初，在关于中国农业现代化道路的讨论中，如何对待中国的传统农业和传统农业科学技术，成为人们关注的一个重要问题。中国农业精耕细作的优良传统在农业现代化中还有没有地位，一时成了问题。在这次讨论中，绝大多数农史研究者都对此作了肯定的回答。80年代中期，党中央明确指出，在农业现代化的过程中，学习和引进国外的先进农业科学技术必须与我国精耕细作的优良传统相结合。在中央这一方针制定的过程中，农史工作者的研究和论辩是起了作用的。

事情其实是很明白的。农业科学技术是不同地区、不同民族的人民根据不同的自然和社会条件在世代传承中创造出来的，包含了该民族对当地自然条件和社会条件的深刻理解，具有明显的地区性，是不可轻易地被抛弃或割断的。在我国人多地少、耕地后备资源严重不足的情况下，依靠精耕细作，努力提高单位面积产量仍然是唯一正确的选择。扩大一点说，世界人口总是不断增加，而耕地却不可能无限地开垦，所以从总体看，世界农业必然是要走集约经营、精耕细作、提高单产的道路的。上文说过，中国历史上长期农业实践中所形成的"三才"理论及其所体现的有机统一的自然观，是比较符合作为自然再生产和社会再生产统一的农业的本质的，因而也在相当程度上符合农业发展的方向，在今后我国农业和农业科学的发展中，它仍然会保有旺盛的生命力。因此，传统农业科学技术是需要加以改造的，这种改造包括它的物质基础和它自身的缺陷；但传统农业科学技术中合理的有生命力的成分则是应该继承和发扬的。

随着形势的发展，农业和农史工作者所面临的问题，已经不是在农业现代化过程中要不要继承传统农业科学技术的优良传统，而是在农业现代化中如何保存传统农业科学技术中有价值的东西。现代化的浪潮、全球经济一体化的浪潮汹涌澎湃，传统文化受到了严重的冲击。许多传统的东西，或者迅速消失，或者严重变形，达到了令人触目惊心的地步。传统农业科学技术也同样面临严峻的形势。应该指出，传统农业科学技术中有些东西在农业现代化的过程中消失或发生变化是不可避免的。现在的问题是要防止玉石俱焚，防止在现代化浪潮中把传统中有价值的东西毁掉。这些东西一旦毁掉，就可能造成不可挽回的损失。

在这样的大形势下，在即将到来的新世纪中，中国农学史学科将如何发展？中国农学史研究者应该怎么办？这是值得我们思考的问题。我认为，起码有如下三个方面的工作是我们应该努力去做的。

第一，认真开展农学史与文化学相结合的研究。中国传统农业和传统农学是中国传统文化的基础和根柢；过去，无论是研究文化史的学者，或是研究农学史的学者，对这个问题是注意不够的。如前所述，中国传统农学的重要特点是以富于哲理的思想为其统帅，这种农学思想与中国传统文化、传统的思维方式关系非常密切；在这方面还有许多问题值得探讨。这是一方面。同时，只有把传统农学的研究与社会文化的分析结合起来，才能深刻揭示农学发展和变化的规律；才能进一步弄清在现代化条件下，传统农学中哪些东西应予继承，哪些东西必须改变；而继承的依据、改变的方向又是什么。从文化学的视角研究农学史，还有一个应予重视的课题，这就是中西农学的交汇。这个问题的研究，迄今仍然是比较初步的。现在大学课堂中的农学体系，基本上是搬西方的，如何与中国传统农学相结合，建设具有中国特色的现代新农学体系，仍然是需要探索的。在这方面，农史工作者应该是有工作可做的。

第二，认真开展传统农学与现代科学技术相结合的研究。传统农业科学技术中有许多有价值的东西，但必须用现代科学加以总结和改造，才能使它们得到继承和发扬。首先是需要现代科学去论证其科学性、合理性和存在的价值；其次是需要用现代科学去改造和提高它，使之具备现代科学所要求的精确性，适应现代社会的条件。只有这样，它才会被人们所承认，才能存在和发展。这不但是农史工作者的责任，也是现代科学工作者的责任。

第三，认真开展农业科学技术史知识的普及和宣传工作。现在的影视和文学作品中，由于缺乏农史知识而闹的笑话是屡见不鲜的。从农史工作者的角度看，是我们普及和宣传的工作做得不够。同时我们要继承和发展传统农学中有价值的东西，就不能只在学者的小圈子中进行研究，而必须把有关知识普及到广大农民和农业工作者中，否则这种研究是起不了作用的。农史知识的普及和宣传，更重要的意义应在于此。

原载《学术研究》1999 年第 1 期